中野真也
Shinya NAKANO

吉川 悟
Satoru YOSHIKAWA

編

家族・関係者
支援の実践

システムズアプローチによる
さまざまな現場の実践ポイント

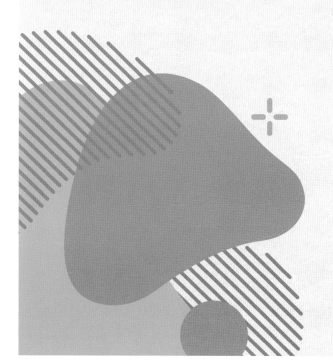

ナカニシヤ出版

はじめに

　本書は，さまざまな臨床現場の実際をわかりやすく示します。大学のテキストにもなるように，専門用語をなるべく用いずに学生でも読みやすくなるように工夫しました。ここで紹介するのは，本人だけではなく，その家族や関係者を含めて対応して問題解決・治療に臨んだ臨床実践を紹介するものです。その中には，あまり公には語られていないようなそれぞれの臨床現場の実際と臨床上の重要ポイントがわかるように，また，リアルにそれを想像しやすいように具体例を示しています。現場を知っている人なら「あるある」なのに，学生には知られていないことで，他の書籍には載っていない専門家同士のすれ違いへの対応，一般に治療・問題解決は難しいとされるような複雑・重篤とされる問題・疾患の解決・改善例が含まれています。とても欲張りな内容ですが，自信をもってお勧めできる充実した一冊となりました。

　もともとは人間関係を扱うアプローチとしてのシステムズアプローチ（家族療法）の実践集の企画でした。本人との1対1のカウンセリングに留まらない，家族や関係者を含めた臨床実践についてのものです。非常に有用で現場で役立つアプローチなのですが，学ぼうとするとシステム論などややこしいリクツに触れることもあり，なかなか広まりません。しかし，実際の臨床現場では，応用範囲も広く，従来のカウンセリングでは対応困難な複雑な人間関係の事例にも対応しうる，社会的にも求められているアプローチです。そこで，ややこしいリクツは他の書籍に譲り，さまざまな現場でいろいろな場面や困難事例にも対応できるものとして，実践的な事例を多く提示し，その具体的なポイントがわかりやすく伝わることを意図していました。

　企画を変更したのは，編者である私が大学で教鞭を取るようになったことが一因です。現在では，公認心理師法の成立により，大学・大学院において，その養成カリキュラムに沿った教育が行われています。公認心理師などの援助職を目指す学生からすると，「実際の現場はどうなっているのだろうか」「現場で仕事をしていくために，何をどう学んだらいいか」というのは大きな関心事でしょう。しかしながら，そのカリキュラムは基礎的な心理学的知見をステップ

アップで学ぶ構成になっており，多くの大学での教育課程だけでは，現場の実際はわからないままです。公認心理師の5領域（〔保健医療〕〔福祉〕〔教育〕〔産業〕〔司法犯罪〕）の科目はあっても，関連法規が載っていたり，抽象的な説明が多かったりと，実際の姿がイメージできない。せいぜい実習に行ってその一端を垣間見る程度と思われます。クライエントなどのプライバシーを守ること，個人情報や機関の守秘性といった理由もあるでしょう。各科目を概論的に歴史的に順を追って学ぶのも大事でしょう。しかし，学ぶ側からすると，ずっと「お預けをされている犬」のように「知りたいことがわからないまま」ではないでしょうか。また，難しい専門用語で書かれた本は山のようにあれども，わかりやすい本は少ないものです。現場で役立つ心理師や援助職になることを目的とした臨床教育という点からは，望ましくない現状と思われます。

　こうした経緯から，本書のコンセプトは「実際の現場ってこうなっているんだ」「いろんな人間関係を扱いながら，『問題』や『病気』ってこういうふうに改善していくんだ」とわかるようにすることにしました。現場の実態を知り，そこでのポイントをイメージできるようにする。困難とされる問題や病気でも解決することができる一例を知る。システムズアプローチ（家族療法）による関係・かかわりへのアプローチがわかる。このように読者にとって参考例となるような現場での対応を知り，それぞれの学びへとつなげてもらえたらと考えています。そのために，非常に優れた臨床実践をしている先生方に執筆いただき，その有効性を展開していただきました。

　本書を読むにあたって，ひととおり現場の実際を知る参考にするも良し，関心のある領域から読み進めるも良し，さまざまな事例の実践集として使用するも良しです。もちろん，有効な臨床実践を行うには，本書をただ真似すればできるようになるような簡単なものではありません。ですが，現場の実際にせよ，具体例にせよ，システムズアプローチにせよ，読者にとって「わかった」「面白い」「頑張ろう」と思える一冊になれば幸いです。

中野真也

本書の構成

・Ⅱ～Ⅴ章は，各現場や問題ごとでまとめられています。そこでは，各現場の実際や課題，問題のポイントについての説明（前半部）と，その実践対応となる具体的な事例と対応ポイント（後半部）から構成されています。

・本書で扱う事例は，プライバシー保護の点から，実際の事例を念頭に置きながらも，個人が同定されないようにいくつかの事例を組み合わせたり，趣旨を損ねない範囲で変更を加えたりするなど適宜修正を行っており，実際の事例そのままではありません。一方で，その分野の課題やポイントを説明するに値する特徴的な事例を用いて説明しています。

・事例部分において，初回面接は「＃１」，第２回面接は「＃２」と，＃の後の数字は面接回数を意味する形で表記しています。

・かかわる人たちのやりとり（相互作用，あるいはコミュニケーション・パターン）を，次のように表します。

　　　例：「母：声をかける⇒子：動かない⇒母：大きな声で呼ぶ⇒子：「なに？」と返
　　　　　事する⇒母……」

この場合，「母が声をかけると，子どもは動かず，その様子を見て母が大きな声で呼ぶと，子どもが『なに？』と返事をし，それで母が……」と，「：」の前が主語で，後が言動，それを矢印の相手に対し行い，それを受けて相手が……，という一連の複数の人たちのやりとりとその順番を意味しています。

目　次

第Ⅰ部 - 第1章

臨床現場で求められる家族・関係者支援：
人間関係を扱う必要性

1．現代日本における臨床的な問題と社会的要請

　2017 年に施行された「公認心理師法」では，国家資格である公認心理師とその業務について定められています。その主たる業務の4つの中に「心理に関する支援を要する者」だけでなく，「心理に関する支援を要する者の関係者との心理相談による助言・指導」が明記されました。つまり「（家族を含む）関係者への支援」の必要性に言及されたものと言えます。なぜ家族・関係者支援が入れられるようになったのでしょうか。その理由は，以下に述べる臨床的な問題に対応・支援することが求められているからです。

　今の日本では「心の問題」がさかんに取り上げられています。学校・教育の領域では，「不登校」や「いじめ問題」が挙げられ，いじめによる子どもの自殺事件がメディア等で報道されることもあります。福祉領域では，「児童虐待」によって幼い子どもの命が犠牲になる事件を誰もが見聞きしたことがあるでしょう。「発達障害」を有する子どもや大人の生きにくさや支援も話題になっています。保健医療領域においては，うつ病などの「心の病」を患う人の増加，その患者さんにどうかかわったらいいか悩む家族などがいます。家族の問題では，「ドメスティックバイオレンス（家庭内暴力：DV）」は，直接的な暴力を受けての心身の苦痛だけでなく，その後のトラウマなど心身に影響を与えます。近年では「デートDV」と言われる，カップル間での暴力の問題もあります。芸能人などでよく話題になる「浮気・不倫」「離婚問題」もあります。他にも，子育て不安やその困難さ，働く人の心の病による休職者の増加と職場復帰の困難さ，ひきこもりの人の増加となど，挙げればキリがないものです。

　こうした問題に共通することの一つは「人間関係」がかかわっていることです。学校であれば先生たちやクラスメート，友達，先輩後輩などが学校生活を

するうえでかかわっています。日常の生活も，一人だけでなく家族や地域の人などとかかわりながら成り立っている。働いている人であれば，その会社の職場の上司，同僚，部下や取引相手の人たちがいます。「いじめ問題」や「家族問題」は，一人では起こりようのないものです。その中には個々人の要因が大きい事例もあるかもしれませんが，周りのかかわりが良いか悪いかだけでなく，周りの人も「悩んでいる人を何とか助けたい」「どう接したらいいか困っている」ということもあります。また，ストレスの最たるものが「対人関係」と言われており，臨床的な問題には人間関係が多かれ少なかれかかわっています。

　そのため，人間関係を含めて，これらの臨床的な問題を現実的に改善・解決するような対応が心理職などの対人援助職に求められています。心と対人関係の問題へ対応し，それが起こらないように，あるいは改善するように働きかけていく。悩んでいる本人への支援・対応はさることながら，家族や関係者へも働きかけ，できるところから改善していくこと。本書における「家族・関係者支援」は，こうした社会的な要請に応えるべく，本人を含めた家族・関係者へ今ある問題が解決・改善するような支援を意図したものになります。

2．伝統的な来談型の心理支援モデルとその限界

　心の健康に関する種々の領域で汎用性のある役割が期待される公認心理師においては，従来のクライエント（相談者；以下 Cl）との治療契約に基づく心理療法では限界がある（黒木・村瀬，2018）とされています。言い換えると，心の健康や問題への対応・支援にあたっては，Cl の来談を前提とした従来の心理療法の枠組みを超えた，より柔軟で幅が広い心理支援が求められるとなります。では，なぜこのように言及されているのでしょうか。

　一般に「カウンセリング」と言うと，例えば美容や結婚，就職，キャリア，さらには発毛などさまざまな分野で「〇〇カウンセリング」と言われるように，「専門家が相手の話を聞いて，相手の状態に適した専門的なアドバイスをする」というイメージです。しかし，心理カウンセラーが行う「心理カウンセリング」となると，「助言をせず，傾聴して話を聞くこと」とされたりします。これが心理学を学ぶ際の基本とされ，一般のイメージと非常にギャップがありますが，これには歴史的な経緯が関係しています。

　心理療法の始まりは，フロイト，S. による精神分析です。「無意識によって抑圧された葛藤を，自由連想法などによって洞察することで問題が解決する」というものでした。患者さんがリラックスして自由に連想したことを語り，自身が気づいていない無意識的な葛藤に気づくことが目的とされるため，自由な連想を妨げないように，家族など他の人が同席することは禁忌とされていました。心理療法がこうして生まれたこともあり，伝統的な来談型の心理支援モデルでは「Cl がカウンセラーに自由に語るなかで，Cl が自分の問題を整理し，課題に気づくこと」が目的となり，そのために「カウンセラーは助言をせず，Cl の語りを受容的に聞き，共感しながら，Cl が気づくのを支えること」とされています。また，これが成立するために，普段の生活や仕事，人間関係といった日常から離れ，「1 対 1 で，特別な空間・場所で，特別な関係で，決まった時間にカウンセリングを行う」ことが重要とされています。

　こうした従来型の心理支援モデルによって，多くの Cl が支えられ，問題解決してきたことは事実でしょう。非日常的な空間で，カウンセラー（以下 Co）に自分の立場に立って話を聞いてもらい，支えられながら，Cl は自分の問題を語り課題に向き合う。ただし，これが成立するためには，例えば以下のような Cl 側の条件が必要になります。

　① ある程度定期的にカウンセリングに通えることこと
　② Co と Cl が 1 対 1 で行うこと
　③ Co に支えられながらでも，Cl が自主的に課題に向き合える
　④ Cl がこれらを行える健康状態や生活状況であること

　まず①は，Cl を「来談者」と訳すように，相談者が自ら相談の場へ定期的に訪れることを意味します。当然のことと思われるかもしれませんが，もしあなたが何か悩んでいたら，見知らぬ Co のもとへ訪れるでしょうか。「カウンセリングは困っている人が受けるもの」とのイメージがあったり，話すのが苦手で「何をどう話したらいいのか」とためらったり，「わかってくれなかったらどうしよう」と心配があるなど，実際には心理的な抵抗があることが多いのも事実です。また，例えば不登校や引きこもりの場合，その状態にある本人は家から出たがらず，スムーズに来談することは少ないのが現実です。すると，家族など周りの人が本人を連れてくることが必要ですが，そう簡単にはいきません。さらには，虐待などであれば，待っているのではなく支援者が訪問し，相手が

望んでいなくても働きかけなければなりません。「相談の場に継続的に来る」ということは，決して容易なことではないのです。コロナ禍でオンライン・カウンセリングを見聞きするようになりましたが，移動などの負担は減っても，Cl が画面の前に現れることは同様のハードルがあります。

　②は，1対1の支援モデルであることです。病院の診察では，親子や家族で医師に相談することもしばしばあるでしょう。学校では，三者面談として，先生と親子での相談が日常的に行われています。児童相談所などでは，支援者側が複数で対応に当たることがしばしばあります。つまり，他の専門家との間では，1対1に限らない相談が日常的に行われています。そのため，Cl や家族などの相談する側からすると，複数で一緒に相談したいというニーズがしばしばありますが，1対1の支援モデルでは，これに応じられないことになります。また，先に挙げた人間関係が関与する問題では，1対1のみとなると，支援するのに限界が生じてしまうのは，想像に難くないでしょう。夫婦，親子，カップル，先生と生徒（あるいは保護者），上司と部下など，2人以上を相手にした場合，それぞれに対応することが求められるため，対応に困ってしまうことになります。

　③は，Cl が自主的に自分の問題を語り，課題に向き合うことです。Cl には，「自分の問題として考え，自ら変わろうと意欲をもって相談に来る」という自主的な Cl だけでなく，「（家族など）誰かのせいにして不満を述べ，相手が変わるべきだと訴える」という Cl や，「誰かから言われて来たが，意欲がなく無関心である」かのような Cl もいます（De Jong & Berg, 2013／邦訳，2016）。その他にも，さまざまな経緯や事情を抱えているため，困っていることや問題を自分のこととして受け止めるのが困難で，辛すぎて押しつぶされそうで話せないといった Cl もいます。中には，自らは変わらずに専門家や誰かに助けて欲しい，本気で取り組もうとまでは思っていないなど，さまざまな Cl がいます。Co に支えられながらでも，Cl が主体的に自らの問題として取り組むことは，簡単ではないことも多いのです。

　④は Cl の健康状態や生活状況によるものです。例えばあまりにうつ状態がひどく，いろいろなことが考えられない Cl であれば，自分の話をすることすらままなりません。そうした場合，一般の病気が重い場合と同様に，何よりも病状の回復を最優先で取り組むことが求められます。精神疾患であっても病状

が良くないと，医師や心理師が患者さん・家族を治療へ導くことが重要になります。医師が病状の重い患者さんに「（Cl が自らの課題に向き合う）カウンセリングはまだ受けるべき状態ではない」と伝えることがあるのは，このためです。また，無料の相談機関以外では，通常カウンセリングを受けるのにある程度の料金がかかるので，それを支払い続けるだけの経済状況にないと受け続けるのが困難になります。相談の場への交通手段といった条件もあります。

　これまでの伝統的な来談型の支援モデルは，その有用性がありながらも，Clなどの支援を要するユーザーからすると，さまざまな制約があるものです。もちろん，Co に支えられて自分の課題に向き合いたいという Cl のニーズには適しますが，そうでない場合も多いのが実情です。社会から要請される問題への対応をするためには，伝統的な Cl 来談型の支援モデルのみに留まらず，より柔軟に幅広く支援できることが望まれています。

3．大学教育における学びと課題

　大学で応用心理学である臨床心理学を学ぶ場合には，上述した伝統的な来談型の支援モデルに近いものを中心とした学習となり，「カウンセリングって助言しないのか」「思っていたのと違うけど，これが正しいのか」といった学生の声をしばしば耳にします。このことは心理職に限らず，精神保健福祉士や社会福祉士，看護師などの対人援助職の初期学習でも似たような違和感を覚えるという話を耳にします。そのため，カウンセリングを学ぶということが，一般的なイメージや現実的な問題への対応と異なる印象が強くなることも少なくありません。

　その理由の一つは歴史的な経緯によるものです。臨床心理学や心理療法の成り立ちや経緯は基礎的な事柄であり，押さえることは欠かせません。歴史的な経緯を知ることは，さまざまな心理療法とその考え方・方法がどう生まれたのか，その良し悪しも含めた流れを理解することになります。時代的・文化的な背景が大きく影響しているため，昔の欧米向けの個人主義には当てはまっても現代日本には通用しない部分もあります。ですが，順番として基礎的なものから学ぶのは，ごく自然なことです。

　次に，表面的な理解による誤解があります。心理療法（サイコセラピー）の

定義の一つとして，乾（2005）は「来談者からの依頼・要請に応じて，一定の構造化された枠組みに基づいて，ある治療理論と技法を使って，来談者の問題の修正，改善，解決などに導く職業的な役割関係や方法のことである」としています。言い換えると，心理療法であるためには，ただ Co が話を聞き，Cl を支え Cl が気づくのを待つのではなく，Cl の問題の修正，改善，解決へと導くことが要件となります。これを行うためには，Co の話の聞き方や態度が重要なのは言うまでもなく，それで改善や解決に導くための Cl の問題を見立てる力や，それにどう対応するかを伝えるための優れた臨床コミュニケーション力が必要となります。精神分析的心理療法であろうとクライエント中心療法であろうと，優れた臨床家はこれを有しており，かつ現実的な問題であればそれに合わせた柔軟な対応をしているものです。表面的な学習に留まっていると，「ただ Cl の話を聞き Cl を支えていればいいのだ」と誤解してしまう危険性があります。カウンセリングを受けたことのある Cl から「話を聞いてもらっただけで，なんの役にも立たなかった」という声をしばしば見聞きしますが，誤解に基づいた実践がこうした印象を与えている要因の一つと考えられます。

　臨床教育上の課題も挙げられます。公認心理師養成カリキュラム（大学）では，「心理演習」といった演習を主とした科目が設置されています。そうした演習科目では，Co や Cl になっての疑似的なカウンセリングのロールプレイが行われています。体験的な学習として，まずは１対１による面接の構造で，相談が成立するように，Co 役は Cl 役に配慮しつつ話を聞きながら，「問題」を理解しようと努めていくことになります。演習に取り組んでみると，はじめは慣れず緊張するものです。また，学部生でも院生でも，「どこまで何を聞いたらいいか」「Cl の負担になっていないか」など悩んだり迷ったりして，１対１での相談もなかなかスムーズにはいきません。また，本来 Co 側が主体的に働きかける指示的なアプローチの場合は，Cl や「問題」に対するアセスメントを行い，そのうえで改善の方向に働きかけるための助言を行います。しかし，学生の演習では，目の前の Cl に向き合う不安や焦りからか，十分なアセスメントをせず，かつ表面的なアドバイスに留まることが多く見られます。そのため，臨床教育上のステップとして，複数相手の面接や治療技法の学習などは，１対１での面接が行えるようになってからのものであり，大学付属の臨床相談室などで行われる実習は，伝統的な心理支援モデルに近い形にならざるをえないと

されています。

　心理支援や心理療法は，言語を介した互いのコミュニケーションによる創造的な活動ですから，相手や時と場合によって柔軟にその対応を変える必要があり，目に見えにくく明確な正解が示しにくいものです。したがって，その学習や実践的演習には，まだまだ課題が多いのが実状です。一方で，社会的な要請に応える公認心理師などの対人援助職になるためには，支援を要する人たちと実際の問題への対応に寄与できることを念頭に置きながら，ステップを一つずつ積み重ね，研鑽し向上させていくことが求められているのです。

4．「関係」のまなざしへ

　ここで簡単な事例を紹介します。自分がスクールカウンセラー（以下SC）だったらどうするか，少し考えてみてください。

事例：学校を休み始めたA君
　家族構成　A君（中学1年生），父（40代，会社員），母（40代，専業主婦）の3人家族
　事例の経過　A君は，学年1クラスの小さな小学校の出身で，おとなしいながらも優しい性格で，仲のいい友達と楽しく過ごしていました。中学校に入ると，仲のいい友達はみんな離れてしまい，クラスには他の大きな小学校出身のヤンチャな男子が騒がしい様子でした。なかなか馴染めずにいたA君は，ある時ヤンチャな男子たちにふざけてからかわれ，それで怖くなってしまいました。朝起きると腹痛がして，心配した母が病院に連れていくと，医師より「ストレスでは？」と言われました。数日休んで処方された薬を飲んでも，お腹の調子はよくなりません。母が学校のことを聞くと，A君は泣き出してしまい，母は困ってしまいました。担任（20代後半男性）は，母から電話で様子を聞き，どうしようか迷ってSCに相談をもち掛けました。

　みなさんはどのように考えたでしょうか？
　一般に問題が起きた時に，「何が悪かったのだろう」と原因探しをするものです。「いじめたヤンチャな男子が悪い」「それで学校に行けなくなるA君の『弱さ』が原因だ」「A君の『弱さ』は母の子育てのせい」「男子のいじめを止めなかった担任の力不足」などなど……。どれも的を射ているようですが……。

　こうした「問題には原因がある」「その原因によって，今の悪い結果になっている」と考える思考法を，「因果論」と呼びます。これはごく自然な考え方で，誰もがもっているものです。科学はこの考え方をベースに発展してきました。病気の原因を研究によって探求・判明させ，それを取り除くための薬剤を発明することで，治療が可能になる，といった手続きを踏むことになります。

　科学はこの考え方で発展してきましたが，「人」の心理的な問題はそう簡潔には整理できません。この事例で原因を探して，「A君の弱さが原因」とした場合，それは取り除いて治せるものになるのでしょうか，また，実際にどのような行動をしたらいいのでしょうか。ましてや，「母の子育てのせい」となると，過去に戻って子育てをやり直すわけにもいきません。

　このように，何かの原因がわかったとしても，心理的な問題や人間関係の問題では，原因の除去が解決につながるとは限らないのです。TVのコメンテーターは，悲惨な事件などで「原因となっていることを改善すること」との発言をよくします。それは，事件を理解するためのわかりやすさを優先し，視聴者を納得させるための考え方であって，その事件の当事者たちに対する対応はまったく別の対応が必要です。ましてや「母の子育てのせい」などと母に伝えたら，困っている母を余計に苦しめることにもなりかねず，より大きな困惑を生み出してしまうだけになってしまいます。

　ここで重要なことは，1対1モデルであれば，SCが直接A君と会うことが前提となり，会えなければ働きかけられないことになります。専門家とはいえ，見知らぬSCが訪問したとして，A君がすんなり会って話ができるでしょうか？

　仮に，そうするにしても母などにうまく仲介役をしてもらわなければならないかもしれません。またそれを担任に依頼すべきなのかもしれません。そうした，誰が誰にどうアプローチすることが効果的なのか，という「関係・かかわり」を考慮するという視点で考えれば，さまざまなことが考えられます。

　仮にA君の「弱さ」へかかわるとして，

・母がA君の「弱さ」にうまくかかわり，元気にする
・母が父に頼み，父がA君の「弱さ」に対応する
・担任が母（あるいは父）の仲介を経て，A君とかかわり，対応する
・担任が母の相談に乗り，母が元気になってA君に対応できるようにする

・担任が仲のいい小学校の時の友達に依頼し，友達からA君に働きかける

　他にも情報にない人物（学校で対応が上手な先生，父母の頼りになる祖父母や親戚，地域の人）などが出てきてもいいでしょう。A君の「弱さ」でも「自信のなさ」でも問題の内容はさておき，誰かがA君とプラスになるかかわりを築き，それを強めていくなかで，A君の「弱さ」に対応できるようにしていく。それができるなら，ある意味誰でもいいのです。現実的に，例えば父は仕事でメチャクチャ多忙で，A君にかかわる時間が取れないという場合など，できる・できないはあるかもしれません。

　しかし，このように考えると，A君へのアプローチの視点が広がるはずです。SCがA君に直接働きかけなくても，できることが増えるのではないでしょうか。このように，かかわっているさまざまな人や要素とその全体（これをシステムと言います）を考え，これがうまく機能するように考えるのがシステムズアプローチの視点です。「原因⇒結果」ではなく，さまざまな人や要素がお互いに影響を与え，かかわり合っている（相互作用）として考え，原因が何かにこだわらず，問題解決に役立つための手続きを探索しようとすること（実用主義；プラグマティズムと呼びます）も含まれます。

　もう一つ重要なのは，こうした「関係」への視点をもっていても，支援を要する目の前の人たちと，この場合の支援者であるSCが，良好な関係を形成することです。例えばSCが担任と作戦を立て，担任が実行してみるという方法を検討した場合，SCと担任の関係がよくないと実施できません。長年の信頼関係といった仲になる必要はありませんが，仕事（A君の問題への対応）をするうえで，最低限の話し合える関係や，相互の持ち味を認め合える関係をつくる必要はあります。こうした支援を要する人たちと仕事をするための関係づくりを主体的に行うことを「ジョイニング」（東，1993）と呼びます。

　ごくごく簡単に「関係・かかわり」の視点について例示しました。問題を関係の視点から見ていくこと，援助する人自身が支援を要する人たちの間にうまく加わり関係をつくること，の二つのポイントは，どんな場合にも重要になります。実践にあたっては，もっと細やかな配慮やポイントなどありますが，本書では現場での具体的な実践例とともに，その活かし方が随所に出てきます。

5．現場で求められる支援のために

　本書では，なかなか公には語られないような保健医療や福祉，教育の現場の
状況が示されています。どのような人を支援の対象としているのか，そこで働
く専門職とその動き，組織の特徴，関連する機関など。加えて，そこから必然
的に生じる現場の特性や課題が明らかになります。これらを具体的にリアルに
イメージし，そこで支援する側に求められることを事前に知っておくことは，
その現場で働くことを希望しているなら，学びつつ準備するのに有益でしょう。
実習に行く前のイメージづくりにも，どこで働くかを考えるのにも役立つかも
しれません。

　また，具体的な事例を示すことで，それぞれの問題と支援を要する本人や家
族，関係者の動きを知ることもできます。どのように問題となったのか，どの
ように改善・解決に至ったか。教科書的に精神医学でのさまざまな疾患に触れ，
虐待などの問題を学ぶと，リアルさに欠けているだけでなく，大変で悲惨なこ
とのように思え，圧倒され，何をどうしたらいいのかわからなくなってしまう
かもしれません。特に本書で扱っている「死にたい」という考えが離れない重
く複雑な精神疾患や虐待の事例，浮気や再婚家族といった家族問題は，治療や
解決が無理なのではないかと思われるかもしれません。しかし，改善・解決に
至るまでの対応が示されています。一例でも，改善・解決の流れがわかるよう
になることは，これから支援者を目指す人にも，現場で実践している方にも，
参考となり，勇気づけられるものとなるでしょう。

　最後に，本書には「関係・かかわり」の視点が，現場でも具体的な実践例に
おいても，随所に示されています。支援の現場には，さまざまな支援者や専門
家がかかわっています。それらの人たちは，治療や問題解決を目指すことは共
通していても，それぞれの専門職としての前提や目的，立場があり，異なった
専門性をもつ者同士です。それぞれの認識や立場から「正しさ」を主張したと
しても，うまくいかないばかりか，時には対立してしまうなど，支援者間での
関係が損なわれてしまうこともあります。

　しかし，こうした立場や考えの違いが存在することは，支援を要する本人や
家族，関係者も同様です。「それぞれの立場や認識の違いを理解し，問題解決

へと関係をつなぐアプローチ」（中野，2018）としてのシステムズアプローチは，問題にかかわるさまざまな関係者の立場や認識を理解し，関係をつないでいくのに有用です。これを本格的に学ぶかは別としても，今後の学びや実践に寄与するものにつながると考えます。

文　献

De Jong, P., & Berg, I. K. (2013). *Interviewing for solutions* (4th ed.). Belmont, CA: Brooks/Cole, Cengage Learning.（ディヤング，P.・バーグ，I. K.　桐田　弘江・住谷　祐子・玉真　慎子（訳）(2016).　解決のための面接技法：ソリューション・フォーカストアプローチの手引き（第4版）金剛出版

東　豊（1993）. 支持としてのジョイニング　こころの科学, *63*, 82-88.

乾　吉佑（2005）. 心理療法の教育と訓練　乾　吉佑・亀口　憲治・東山　鉱久・氏原　寛・成田　善弘（編著）心理療法ハンドブック（pp. 13-24）創元社.

黒木　俊秀・村瀬　嘉代子（2018）. わが国における心理職の職域と役割　臨床心理学, *18*(4), 387-390.

中野　真也（2018）. 学校におけるいじめ問題の理解と対応に関する研究：システムズアプローチの視点から　文教大学学術リポジトリ

第Ⅰ部－第2章
システムズアプローチによる家族・関係者支援：
基本と応用

1. システムズアプローチの認識論

　システムズアプローチが家族や関係者の支援に有益であるのは，「関係」に焦点を当てる考え方であり方法論だからです。「関係に焦点を当てる」考え方自体は，支援の現場において特殊なことではなく，むしろ欠くことのできない視点としてこれまでも取り入れられてきています。援助の方法論にかかわらず，「親子関係」「夫婦関係」「友人関係」「教師と生徒の関係」「職場の人間関係」などさまざまな関係が扱われます。しかし，システムズアプローチでは，従来の視点とは異なるものの見方で「関係」を理解します。本章では，システムズアプローチ独自のものの見方に基づく「関係」の見方，扱い方について説明します。

[1]「かかわり」の円環的理解
　システムズアプローチは，「人」や「問題」などのあらゆることを，個々に独立したものではなく，互いにかかわり，関係し合っているものと考えます。ここで言う「互いにかかわり合っている」とは，「原因があって結果がある」という因果論のような，一方向的で直線的な関係性ではなく，「相互に影響し合っている」という関係性です。システムズアプローチでは，「何が問題の原因で」「その原因を取り除けば解決する」という「因果論」の発想はとりません。「原因」と考えられそうなことが何かの「結果」だったり，「結果」と思っていたことが何かの「原因」になる，というつながり（円環論）で理解します。この発想に基づけば，「真実は何か」「本当の原因は何か」といった「絶対的な何か」は存在しないことになります。臨床サービスとしてのシステムズアプローチも，原因や真実を探ることではなく，物事が「どうかかわり合い，つながっている

のか」を理解し，そのうえで，「何が問題解決に有用か」「変化のためには何を
すればよいか」ということを目的に実践されます。

　他の方法論と同様，システムズアプローチも対象者の「話を聞く」ことが援
助の基本です。しかし，「本当の問題は？」「その問題の原因は？」といった因
果論的発想をとりませんので，話を聞く時は「対象者は何を『問題』としてい
るのか」という理解をし，「対象者が『問題』としていること」を「問題」とし
て扱います。ある意味で対象者に合わせた「問題」の理解をするのです。また，
語られる話には対象者以外の人々も登場しますから，「それぞれの人は何を
『問題』にし，どうかかわっているのか」という，かかわりに関する情報を集め
ます。場合によっては，複数の関係者が直接，相談の場に同席することもあり
ます。その時にも，同様の理解をしながら話を聞きます。しかし，関係者間で
「問題」に対する見解やかかわりに違いがある場合もあります。時にはそれが
もとで，目の前で対立が起きたり，話が紛糾することもあります。システムズ
アプローチでは，それも「問題へのかかわり合いの結果起きていること」とし
て理解し，大切な情報として集めます。ここでも，「誰が正しく，誰が誤ってい
るか」という因果論的な立場はとりません。

　このように，「『問題』についてのかかわり合いはどうなっているのか？」と
いう視点に立ちながら，時には目の前で起きていることも情報として集め，
「結果として何がどう行き詰って『問題』となっているのか」というアセスメン
トをしていきます。「問題」は人々や物事がかかわり合って円環的につな
がっていると理解する捉え方や，その理解に基づいて，援助者が主体的，積極
的，具体的に情報収集とアセスメントをし，現実的な対応を想定しながら話を
聞くという進め方は，システムズアプローチに独自のものです。

［2］システムとして考える

　システムズアプローチでは，すべてを「システム」として考えます。「システ
ム」とは，「さまざまな人や要素が互いに影響し合い，かかわり合ってまと
まっている全体」のことです。ある事柄にせよ人にせよ，「個」として他から切
り離した存在として扱うことは不可能と考えます。人一人を考えても，他者か
らの影響や関係を排除することは難しいでしょう。「私は一人で生活している
し人付き合いはまったくない」のだとしても，仕事や学校に行っていれば，た

とえ交流しなくとも「交流し合わない」という他者との関係があります。買い物に行けば，店員と言葉は交わさなくとも支払いをして品物を受け取るという関係があります。また，「さまざまな人や要素」とあるように，人以外との関係も含まれます。その人が部屋に入り「寒い」と感じたらどうするでしょうか。エアコンのスイッチを探し，暖房をONにして室温を上げることで部屋が暖かくなり，その人は部屋で過ごすことができます。「部屋の温度」という環境が人に影響を与え，人がエアコンに働きかけて，エアコンが部屋の温度に影響を与えることによって，人がそこで過ごせるという一つの「まとまり」ができるのです。このように，環境と人との関係も「システム」と見なすことができます。ある要素だけを完全に切り離して考えることは不可能であり，それぞれがどう影響し合って全体としてまとまっているのかを見ることが「システム」というものの見方になります。

　このように「システム」は「まとまり」すなわち「秩序をもった集まり」です。「まとまっていない状態（カオス）」はシステムとは言いません。システムとして維持されるためには，そのシステムを構成している人や要素それぞれに，働きや役割，ルールなどの秩序が必要です。身近な「システム」には，家族，学校，会社などの集団があります。家族であれば，「親」「子」を役割と考えることができます。親は子を養育，指導する役割があり，家族を養うために仕事や子育てといった働きがあります。子は親の養育や指導を受けながら，社会的な学習をし，自立していきます。子の役割ということもできるでしょう。また，親には親としての，子には子としてのルールがあります。社会的に明文化されているルールもありますが，家族の中で自然と成立しているようなルールもあります。いずれにしても，一定の役割や働き，ルールに基づいて親，子が動くことで「家族システム」としてまとまるのです。

　会社であれば，社長などの取締役がいて，営業，経理，人事などの部署があります。各部署には部長，課長などの役職が置かれ，その下に普通の社員がいます。会社としての方針が取締役会によって決まり，各部長に伝えられ，それが課長に指示として出される。課長から指示や目標という形で社員たちに伝えられ，それに基づいて社員が働きます。これがそれぞれの役割や働きであり，会社組織のルールに基づいた動きです。各部署が目標を達成して役割を果たせば，会社としての方針も達成されることになり，「会社システム」はうまく

いっている（システムが機能している）ということになるのです。

　また，「システム」には目的があるという点も重要です。家族には，親が子を養育し自立させる以外にも，社会参加の一つの単位として，経済的な基盤として，心理的情緒的なつながりの対象としてなど，さまざまな目的があります。会社にも，利益の追求，経済活動の活性化，雇用，社会貢献などがあります。このように，「ある目的のために一定の働きや役割，ルールがある」ということは，「システム」として成立するために必要なことであると同時に，「何のためのまとまりか」という「システム」の特性を示すことにもなります。

　支援の現場について言えば，「症状」や「困りごと」を抱えた患者さん，利用者などの「要支援者」も，個として切り離された存在ではなく，さまざまな関係の中にあります。家族，学校，職場などもともと身近だった関係や，医療機関，福祉施設，行政機関，司法，訪問サービスなどの支援者との関係もあります。それぞれを一つの要素とすれば，要支援者の支援を目的とした「支援システム」と捉えられます。「システム」はそれぞれが影響し合ってまとまっていますので，支援者が要支援者に直接働きかけるだけでなく，支援者に働きかけることでも「支援システム」をうまく機能させることができるのです。

[3]　相互作用でかかわりを理解する

　このようにシステムは，「さまざまな人や要素が影響し合い，かかわり合ってまとまって」いるわけですが，「二つ以上の要素が影響し合うこと」を相互作用と言います。システムズアプローチでは，すべての事柄を相互作用で理解します。ある2人の人の間で起きた出来事であれば，「どういう状況で，誰がどうして，次に誰がどうして，次に誰がどうして……その結果どうなったか」という行動の連鎖で捉えるのが相互作用の理解の仕方です。例えば「朝，子どもがなかなか起きない」という出来事を相互作用にすれば，母：1階から「時間よ」と声をかける⇒子：反応しない⇒母：部屋まで行きドア越しに「起きてる？」と声をかける⇒子：反応しない⇒母：入室して「起きなさい！」と声をかける⇒子：布団にくるまる⇒母：「いい加減にしなさい！」と布団を引きはがして窓を全開にする⇒子：ベッドの上で上半身を起こす，という連鎖で示されます。この例では，母からは言葉によるメッセージが発信されていますが，子からは発信されていません。しかし，母の行動が子の行動に，その子の行動

が次の母の行動に，さらにその母の行動が……と，互いに影響を及ぼしながら続いています。言葉でのメッセージにかかわらず，「影響し合っている」と見る視点が相互作用的理解です。

　したがって，相互作用は人同士に限りません。Aさんの外出時の出来事を例にとれば，A：最寄り駅に着く⇒乗る路線の案内に「30分遅延」と出ている⇒A：スマートフォンで別のルートを探す⇒スマートフォンに迂回情報が出る⇒A：時計を確認し，別の路線の改札に向かう。このように，Aさんと物や情報も相互作用します。人，物，情報など，あらゆることが相互作用し，つながっていると考えます。

　ところで，上で例示した母が母親同士で「子育ての悩み」について話している場面を想像してみましょう。母は，「うちの子は自分では何もしなくて……」と話すかもしれません。一方で，子が同級生と「親の愚痴」を話している場面では，子が「うちの親は口うるさい」と話すかもしれません。朝，起きていることは，母と子2人の相互作用でしかありませんが，このように個人が任意の意味づけをすることで，「意味を伴った情報」として描写されます。この意味づけのことを，システムズアプローチでは「枠組みづけ」，意味づけられた内容を「枠組み」と呼び，「相互作用」と区別して理解します。日常的な人のコミュニケーションは，それぞれの人の「枠組み」を示し合っているとも言えます。

　母子が朝の一件で口論になっている場面を想像してみましょう。母は「自分で起きないから何度も言わなくてはいけない」，子は「何度も言われるから起きる気が失せる」，母は「何も言わなかったら起きようとしないでしょう」のように，各々の枠組みに基づき，「自分の行為の原因は相手にある」という因果論的なやりとりが展開されるかもしれません。しかし，「枠組み」はあくまで枠組みづけている人の任意の見方であり，そこにどのような「相互作用」が起きているのかを理解することが，システムズアプローチのコミュニケーションの読み取り方になります。

　さらに次のような例を考えてみます。Bさんが，駅の階段で大きな荷物を抱えている高齢者を見て，「持ちますよ」と声をかけ，荷物を持って一緒に階段を上ったとします。また，Bさんは同僚が一人で大量の資料をコピーしてまとめている様子を見て，「手伝うよ」と声をかけ，作業をともに行ったこともあ

りました。さらにBさんは，叱責を受けた後輩がため息をついている様子を見
て，「大丈夫？　何があったの」と声をかけ，話を聞いたこともありました。こ
れらは，Bさんの他者へのかかわりについての相互作用情報です。Bさんには，
「困っている人がいると声をかけて手助けをする」というかかわり方があると
言えます。このように，似た状況で表れる同じかかわり方を相互作用パターン
と言います。

　ある一つの場面を見た人は，Bさんを「優しいな」と感じるかもしれません。
すべての場面を見た人は，Bさんのことを「優しい人だ」と捉えるかもしれま
せん。このように，「性格」や「特性」といった個人に内在化された特徴と考え
られるようなことも，ある相互作用を人が意味づけたものとして理解します。
逆に言えば，意味づけられたことはすべて「かかわり」「相互作用」に変えて把
握することができるのです。

2．支援者も含むシステム

　「すべてが影響し合い，かかわり合ってまとまっている」というシステムの
視点では，支援をする専門家自身も「影響し合う一つの要素」です。システム
ズアプローチという独自の視点をもった専門家だからといって，特別に「個」
として切り離されることはありません。支援の対象者や，他の支援者と相互作
用しながら「支援システム」を形成していくことになります。ここでは，実際
の「支援の現場」を想定しながら，「支援者も含む支援システム」がうまく機能
するために重要な事柄について説明を加えます。

[1] ジョイニング
　対象者と援助・支援のための関係形成を目的に行われるものです。ジョイニ
ングによる関係形成は，情緒的な面での信頼関係を示す「ラポール」とは異な
ります。セラピーであれば，患者さんや家族が話しやすく，動きやすくなるよ
うに，また，援助者とのやりとりもしやすくなるように援助者が振る舞います。
そのために，対象者（達）が行うコミュニケーションを観察しながら，それに
意図的に適合させていきます。具体的には，話の内容に合わせ，話題を遮らず
についていくこと，目の前に複数の人がいる場合は，誰が主に発言して誰がど

のタイミングで入ってくるかなどのコミュニケーションのルールに合わせて進めること，発言の間合いやトーン，表情や所作といった非言語的な部分を合わせることなどです。わかりやすく言えば，「治療システム」がうまく機能することを目的に，治療者が「治療に来た人たちにうまく溶け込む，あるいは仲間入りすること」（東，1993）です。「ジョイニング（joining）」はその名のとおり，援助者の主体的，積極的かつ継続的な関係形成のための行為です。

　このように，ジョイニングは双方にとって「やりやすい」場や関係をつくることですから，セラピーに限って行われることではありません。援助者が所属する「職場システム」を考えた場合，その組織の動き方やルール，意思疎通や決定のルートなどに合わせ，職場システムへのジョイニングをします。また，複数の支援者からなる「支援者システム」の場合，専門性の異なる職種が対象者にかかわっていますので，それぞれの領域の考え方ややり方を尊重しながら，自分の支援がどうできるか考え，振る舞います。支援者システムへのジョイニングです。このように，援助者が置かれているいくつものシステムにジョイニングし，それぞれが「やりやすい」関係を形成することが，機能的な「支援システム」の土台となります。

[2] ニーズ

　ニーズとは要望や要求という意味です。「問題」がどうなればよいかというものから，自分はどうありたいかといった希望も含まれます。支援の対象者は何かしらのニーズをもっていることが一般的です。しかし，「問題」が同じだからといってニーズも同じとは限りません。例えば，人と接するとひどく緊張し，動悸や発汗，頭が真っ白になる「社交不安障害」になった人のセラピーを考えてみます。医学的な立場では，症状の軽減をまず考えますし，本人にとっても一つのニーズであると考えられます。しかし，症状以外についてもニーズはあります。症状がすっかりなくなったうえで「心置きなく人と交流できるようになること」「雑談くらいはできるようになること」「これを機に人と接することの少ない環境に身を置くこと」など，人によってニーズが違うこともあります。

　また，問題にかかわっている関係者によってニーズが違う場合もあります。不登校の中学生の支援を考えた場合，本人は「学校には行きたくない」，父は

「元どおりに登校してほしい」，母は「無理をしてほしくない」，担任は「少しで
も登校してほしい」などのように，程度の差はあれ，ニーズが違うことは珍し
くないのです。複数の支援者がいる現場では，「対象者がいい方向に行くよう
に」と大まかには一致していても，職種によって「ニーズ」が異なる場合もあ
ります。ニーズを決めつけたり，固定的に考えることはもちろん，異なるニー
ズを一致させることが有益とは限りません。システムズアプローチによる支援
では，対象者のニーズ，支援者それぞれのニーズをしっかり把握し，違いがあ
るならばそれを扱い，活用しながら「支援システム」が全体として機能するよ
う進めていきます。

3．システムズアプローチによるセラピーのプロセス

　対人援助の専門家が行う相談に共通する点を挙げるとすれば，対象者と相談
を行ううえで必要な関係を構築し，話を聞きながら問題や対象者の理解をし，
適切な働きかけをするという点でしょう。理論や方法論によってやり方はさま
ざまに異なりますが，システムズアプローチにもこれらに相当するものがあり
ます。それは，「ジョイニング」「情報収集」「仮説設定」「戦略設定」「介入の下
地づくり」です。これらは固定的で定式化された手続きではありませんが，あ
えて治療プロセスと呼べば，図1のようになります。これが対象者との間で循
環的に行われ続けることがシステムズアプローチのセラピーです（吉川，2001）。
それぞれについて説明します。

　ジョイニング　　詳細は上で述べたとおりです。初回面接で関係形成のため
に重要であることはもちろんですが，治療での働きかけの結果，家族の動きも
変化をしていきます。その時々の動きに合わせ続けるため，ジョイニングはセ
ラピー終了までの継続的な行為となります。

　情報収集　　「情報」と一言で言っても，面接の場で観察される家族の動き，
相談に至るまでの経緯，問題や主訴の概要などさまざまにあります。システム
ズアプローチの情報収集に独自と言える点は，そのような多様な情報を「かか
わりとして押さえる」ことにあります。システムというものの見方は「すべて

図 I-1　システムズアプローチの治療過程の概略

がかかわり合ってまとまっている」ため，「問題」も，誰かや何かのかかわり合いの結果まとまっている「問題システム」と考えます。しかしすでに述べたように，患者さん・家族は「問題」を個人的に意味づけされた「枠組み」で語ります。したがって，個人の意味づけはそれとして押さえつつ，どのような状況で誰がどうかかわった結果「問題」になっているかという「相互作用」で押さえる必要があるのです。「子どもが学校へ行かない」ことを主訴に両親が来談したら，「子どもが学校へ行かない」とはどのようなやりとりで，家族にどのような枠組みがあるか把握します。このように押さえることで，「問題となっているかかわり合いはどのようなもので，どこを変えるとよさそうか」という，仮説設定と戦略設定につながります。

　仮説設定　いかに「問題」が「問題」として続いているかを把握することが仮説設定です。得られた情報から，「問題」に関するいわゆる悪循環のパターンや家族の枠組み，それぞれの家族と「問題」との距離などが把握されます。これが現状の「問題」に関する仮説です。図1にあるとおり，情報収集と仮説設定，戦略設定は循環的に，同時進行で動きます。治療者は提示された情報から仮説を立て，家族とのやりとりを通して検証し，その結果が新たな情報として仮説の設定につながり，さらにそれを検証する，ということを繰り返します。

　例で言えば，母は毎朝起こすが，子は体の不調を訴えて起きず，母はそれ以上促すことができない。医者からはストレスが原因と言われ，母は子に尋ねるが口をつぐんで何も言わない。父は厳しく叱責し，子は何も言えずに泣き出して余計に口数が減る。そのために母は父にそれ以上相談ができない，といったことが情報収集から得られたとします。ここから想定できることとして，登校にせよストレスの原因にせよ「子に働きかけるが，子が応じない」「父と子のや

りとりで子が黙りこむために父にも働きかけられない」といったことが「母にとっての問題」で，「子が心配」「父は厳しすぎる」という枠組みがあるかもしれません。同様に，「子に働きかけるが，子が応じない」ということが「父にとっての問題」で，「子は怠けている」「母は甘い」という枠組みがあるかもしれません。これが続いている結果，「学校へ行かない」という問題のシステムが続いているという一つの仮説が設定できます。

　戦略設定　　立てた仮説に基づいて，「変化の方向性としてどうなるとよいか」「そのためにどこ（誰）にどう働きかけるか」という，治療的な働きかけを治療者が設定することです。「変化の方向性」といっても，セラピーの終結を意味するような大掛かりな変化ではなく，現状の問題システムが「少しでも機能的になるような小さい変化」についての戦略を立てます。しかし，それはあくまで治療者の想定であり，患者さんと家族にも「こうなりたい」「そのためには誰がどうすればいい」というニーズがありますし，それぞれにニーズが異なる場合もあります。例で言えば，母から「登校してほしい」「無理はしてほしくない」「何かあったのか知りたい」「父は子に対し少し優しく接してもらいたい」，父から「早く登校させたい」「何かあるなら話してほしい」などのニーズが示されたとします。治療者は，家族のニーズを活用しながら，自身が設定した戦略に基づいて，具体的な介入につなげていきます。

　介入の下地づくり　　治療者が治療的な戦略に基づく介入をしていくにあたり，患者さんと家族がその方向性で動きやすくなるように展開するのが介入の下地づくりです。治療者が頭の中で想定していることを，患者さんと家族と共有していくプロセスとも言えます。
　まずは，治療者が把握した「問題」や「問題のパターン」を共有し，「どのような改善を目指して進んでいくか」という治療の方向性も共有します。時に，ニーズの違いなどから，簡単に「問題の共有」が図れない場合もあるかもしれません。そのような時には，家族間で一致をつくれるような問題に焦点化したり，問題を再構成する場合もあります。共有がされたら，患者さんと家族が変化に向けて動きやすくなるよう「動機づけ」を高めます。患者さんと家族が「それならばやってみようか」と思えるように，治療者が「いかに大切なこと

か」「いいことがあるか」といったプレゼンテーションやセールストークを行うイメージです。

　例で言えば，父，母それぞれにとって「問題」があり，ニーズも異なります。「登校していない」という問題は共有できるかもしれませんが，「登校させる」という治療の方向性にした場合は，両者のニーズの違いからすぐには共有できないかもしれません。どちらかのニーズだけを取り扱うのも，治療者との関係がアンバランスになります。そこで治療者が「今後ますますだんまりが続いてしまったら」と取り上げれば，これも父，母ともに問題として共有ができそうです。この新たな問題に対して「学校以外の話題でいいので少し口を開いてくれる時を増やす」という治療の方向性を提示したら，両者の理解が得られるかもしれません。これが問題の再構成です。さらに，「何かストレスや理由があるとしたら，本人にとって言いやすい状況が必要です」「何事も自分から言えるようになることは今後のためにもなります」という説明をすれば，両親の納得度は増し，一致して取り組もうとするかもしれません。これがプレゼンテーションです。このように，治療者が問題やニーズを活用しながら，治療戦略に基づいた方向に患者さんと家族が動きやすくすることが下地づくりです。

　以上のような「プロセス」を，治療者と患者さんと家族の間で繰り返し，循環的にやりとりした結果が「介入」であり，「介入」が独立して存在するわけではありません。やりとりすることで，治療者の設定した仮説や戦略が患者さんと家族の反応によって修正されたり，修正に基づいて働きかけが変わることで患者さんと家族にわずかな変化が生じる，といったことが治療者にとってみれば「介入」であり，患者さんと家族に「治療的に小さな変化」を生んでいることになります。面接の終了時に，「課題提示」をすることもありますが，「課題」がこれまでにないような変化を起こす「介入」ということではなく，あくまでセラピーでのやりとりによって生じた変化が，セラピー外でも維持，増幅できるような目的で提示されます。

　このようにシステムズアプローチのセラピーのプロセスは，治療者が主体的，意図的，積極的に働きかけていくものです。そして，どの段階においても，焦点としているのは「関係」についてであるという特徴があります。

4．まとめ

　以上のように，システムズアプローチのものの見方・考え方は，「関係を見る」視点そのものですし，セラピーのプロセスは「関係を扱う」ことそのものです。「関係を見て扱う」アプローチであるため，広く人間関係の問題に対して有用であると言えます。人間関係の問題は，セラピーの場だけで扱われるものではありません。人間関係の問題が起きている日常のその場面であっても，システムズアプローチの視点に基づいて問題を理解し，解消を図ることができます。当然のことながら，多くの人がかかわっている「支援の現場」においてもその有用性を発揮します。「支援の現場」と聞くと，何となくのイメージは浮かぶかもしれません。しかしマクロなシステムで見れば，その領域は，医療，教育，福祉，司法など多岐にわたり，それぞれに社会的要請と役割が課されています。領域ごとの特色や特性といったものもあります。そのような現場に，職能が異なる多くの専門家が存在し，多数の対象者がサービスの利用に訪れているというのが「支援の現場」です。システムズアプローチの実践者は，このように無数の関係が存在する現場に置かれていることを自覚しながら，関係を見て扱っているのです。問題そのものや問題を抱えた対象者達の関係だけを見るのではなく，自らを含んだ援助する専門家との関係，時には専門家同士の関係を見て，扱うこともあります。さまざまな所に「関係」という視点をもちながら，「システム全体として機能すること」を目的に実践するのが，システムズアプローチによる家族・関係者支援であると言えます。

　本章ではシステムズアプローチの概要と，実践のポイントのいくつかに触れましたが，より詳細な学習には，以下の本を手に取ることをお勧めします。

東 豊 (1993). セラピスト入門　日本評論社
東 豊 (2010). 家族療法の秘訣　日本評論社
吉川 悟 (1993). 家族療法：システムズアプローチのものの見方　ミネルヴァ書房
中野 真也・吉川 悟 (2017). システムズアプローチ入門：人間関係を扱うアプローチのコミュニケーションの読み解き方　ナカニシヤ出版

　なお，これらの本は，本書全体を通して参考としている文献であることも付

記しておきます。

文　献

東 豊（1993）．支持としてのジョイニング こころの科学，*63*, 82-88.

吉川 悟・東 豊（2001）．システムズアプローチによる家族療法の進め方（p. 36）ミネ
　　ルヴァ書房

II　保健医療

introduction

　「ストレス」「うつ病」といった言葉が一般的なものとなり，「こころの病気は誰にでもなる可能性がある」と言われるようになりました。以前より心療内科や精神科に通うことに心理的な抵抗がなくなってきていて，悩んだらお医者さんに相談する，カウンセリングを受けると思われるかもしれません。

　しかし，一般的なイメージと現場の実際に大きなギャップが生じているのが医療現場です。心療内科や精神科でも，医学モデルに基づき，病気の原因を取り除く・和らげるために投薬による治療を行うのが医師の治療の基本になっています。また，こころの病気はどこまでを病気とするかが曖昧になりがちでもあり，「必ずこうすれば治る」としにくいものです。そのため，原因が明確な身体の病気と違い，「うつ病だからお薬を飲めばいい」と単純なものではなく，患者やその家族などの〈こころ〉や〈人間関係〉を考慮して対応にあたることが求められます。また，心理師一人でなく，医師や他の医療スタッフとの連携も重要です。

　本章では，精神科医による現場の実際から始まり，医療現場における心理師とその役割，医療スタッフとの連携，児童精神科，困難事例への治療・対応をテーマに，現場の実際とその対応例を具体的に取り上げています。それぞれの実際を垣間見つつ，イメージしてみてください。

第Ⅱ部 – 第1章
精神科医療における医師の仕事と関係性

1．そもそも精神科での治療って？

　精神科の治療とは，一般的にどのようなイメージでしょうか。どのような治療手段があるのでしょうか。言葉だけ列挙すると，薬物療法，カウンセリング。詳しい方だと作業療法とかデイケア，訪問看護といったものを連想されるかと思います。

　こうした治療の数々は，もちろん存在します。しかし，現実的な話をしてしまうと，一番大きいもの，メインとなるのは薬物療法，つまり薬の処方です。本格的なカウンセリングやデイケアのないクリニックはありますが，薬の処方をしないクリニックはまずないと思います。またあたりまえの話ですが，手術もないし，胃カメラどころか聴診器も使いません。MRIとかCTといった画像検査も，多くの場合は参考程度です。だから，基本は問診しかない。つまり，検査手段も治療手段も身体科に比べて圧倒的に少ないのです。

　また，精神科でよくある誤解の一つは，カウンセリングとの混同ではないかと思います。「カウンセリングをするところだろう」と。もちろんカウンセリングは精神科医療での重要な治療手段の一つですが，本格的なカウンセリングを受けている患者さんは実際には一部です。「精神療法」という言葉がありますが，その意味する内容は，本格的なカウンセリングから医師の普通の診察まで，幅広いものを含んでいます（また，これも誤解や混乱が多いと思われるのが「心療内科」「心療科」「メンタル科」「こころのクリニック」などの呼称です。実は，これらはほぼ「精神科」と同義です。なぜこうなっているのかという理由は単純で，イメージの問題が大きい。この中で「心療内科」だけは，専門的には本当に「心療内科」という分野も別にあるのですが，ここでは詳しくは書きません。ただ本当の心療内科を行っている医療機関は数としてはむしろ少数です。「精神科・心療内科」と併記してあるならば，実際は精神科であると考

えて間違いありません)。

　したがって精神科の治療とは基本的には，患者さんの話を聞いてそれをもとに薬の処方や調整を行う，その繰り返しという非常にシンプルなものなのです。

　ただこの薬に関する事情が非常に特殊です。後にも書きますが，処方というのは資格の問題で，医師しかできない行為となっています。逆に言うと，非常に極端な見方をすれば，先ほど挙げたカウンセリングとか作業療法とかデイケアとかは特別な道具も必要ないため，精神科以外のところでも同じようなことをすることは物理的には可能です。薬が必須でない人なら精神科以外の何らかの治療機関やサポート施設への通所で代替可能な部分がある。けれど薬の助けが必要な場合は，精神科に受診しないといけない。

　さてその薬ですが，精神科の場合，薬によって違いますが，例えば抗うつ剤などは，効果の判定に4週間程度必要とされます。だから処方して翌週に来てもらって，状態が変わらなくても下手に動かず同じ薬を処方することも珍しくありません。1ヶ月程度見ても思わしくなかったらそこで薬の種類を変えて，また経過を見ます。

　よって，上記のことから想像してもらえばわかるのですが，精神科治療は比較的地味で，時間がかかる分野と言ってよいでしょう。

　「薬が《心》に効くのか」と疑問に思われるかもしれません。効き方の一例として不眠に対する睡眠薬を考えてみましょう。借金が気になって不眠になっている人が来院されたとします。借金を精神科でどうこうはできません。しかし睡眠薬で多少眠らせることはできるかもしれない。よく眠れたら，狭くなっていた視野が少しは広がり，よい解決策をその人自身が思いつく可能性はあります。また，心ではなく，精神病，いわゆる「臓器である脳の疾患」としての精神病もあります。この場合は，むしろ薬が必須であるとされています。臓器としての胃の病気，胃潰瘍に対して「気の持ちよう」などといったもので対処するのではなく，有効な薬を用いる。それと同じで「臓器としての脳」のバランスの異常を是正してやるために薬を使う，という考え方です。典型的には統合失調症と呼ばれる病気がこれにあたります。

　患者さんにとっても，(本人に自覚があるかどうかは別として)実は簡単な解決方法として薬の要望は多い。理由は単純で，楽だから。これも似たような例を挙げるとすれば，ダイエットがイメージしやすいでしょう。最も効果が確

実なダイエット方法である食事制限と運動を実行・徹底するよりは、「○○をとればやせる」という類の健康食品の方が魅力的なのは、できれば楽をしたいからだと思われます。楽自体は悪いことではありませんが、「楽」という言葉が不適切と感じられるなら、「お互いにとってより負担の少ない方法」と言い換えてもよいでしょう。患者さんにとっても負担は少ないが、医師にとっても負担が少ないのです。

2．精神科医の仕事

　そして、そうした患者さん側のニーズに加えて、医療提供者の側にとってもそうした簡便な治療手段が必要という現実があります。現状としては、精神科の外来は、たいてい30分で4〜6人程度の密度で予約が組まれています。単純計算で1人平均5〜7分ということになります。「そんな短い時間できちんとした診療ができるのか？」という疑問も生まれますが、逆で、それだけの需要がある以上その短い時間が前提であり、そのうえできちんとした治療を行うことを求められているのです。

　考えてみてほしいのですが、友人との些細な連絡や相談でも、毎回5分で済ませられることは不可能です。それなのに、患者さんの悩みを数分で聞いて、判断の手助けとなるような検査の種類も乏しいなかで処方を調整して、次回の予約を入れる。それが素人目には非常に荒っぽい作業に映るに違いないのですが、事実としてはある程度有効であり、必要とされているのです。一つ加えるなら、安定した後は再発防止のために服薬の継続が必要なだけのケースも多く、その場合は「変わりないです」の一言で済んでしまいます。それも上記のような診療時間を可能にする背景にはあると思います。

　だから精神科のイメージとしては、椅子に座ってじっくり相談にのるというよりは、流れの良いスーパーのレジに近いです。レジで第一に求められるのはスピード。次に加えるなら、正確さ。いくら店内の商品のことに熟知していても（もちろん急に「こんな商品はありませんか」と尋ねられることはあるのでいろいろな知識の勉強は必要ですが）、「半日で10人しか対応できません」ということでは成り立ちません。

　精神科医の仕事は上記がメインとなります。特に、クリニック等だとデイケ

アや作業療法を併設しているところは少ないので，余計にそうなります。午前
9時頃から診察を開始して，ずっと座りっぱなしでお昼まで。昼休憩を挟んで
また午後から夕方まで同じ事をして……。繰り返しになりますが，精神科医療
のなかで，処方だけは資格上医師しかできないことなので，精神科医は結局上
記の作業に忙殺されることが多いわけです。「本格的なカウンセリングが有効
そうだ」と思っても，それだと短くても30分，しっかりやるなら1時間は必要。
待合に，薬を求める患者さんが溢れてしまうから，自分は診察・処方の対応に
回り，カウンセリングはカウンセラーに依頼というのが適切な業務分担と言え
るでしょう。

　もう一つ，精神科医には，「決定する（指示する）」という役割もあります。
決定するということで，一番大きいのは病気の診断です。どれほど何かの病気
を疑ったとしても，医師以外の人が勝手に病名を付けることは認められていま
せん。診断こそは病気の専門家である医師の独占業務となっています。しかし，
それ以外の「決定する」ということについてはイメージしにくいと思うので，
もう少し説明しましょう

　医療という業界は，何事でも「医師の指示が必要である」という決まりに
なっています。処方が医師しかできないのと同じで，指示も医師しかできませ
ん。作業療法でも訪問看護にしても，医師が指示を出さないと，コ・メディカ
ルは動けないのです。これは医師がワンマンに物事を決めてよい，という意味
ではありませんが，例えば訪問看護なら，看護師さんが「この人には訪問看護
が必要だ」と考えた場合でも，勝手に訪問に行くことはできないのです。必ず
医師に，「この患者さん，訪問看護はどうでしょうか？」と持ちかけ，話し合い
で意見の調整はあるにせよ，最終的には医師が「わかりました。やってくださ
い」と依頼・指示する必要があります。看護師同士で「必要ですね」「やりま
しょう」とか，ケースワーカーが独断で「訪問看護お願いします」と依頼する
ことはありえません。カウンセリングも同様で，院内で行うなら，医師からの
依頼の書類が必要となります。この「決定」も，医師が行う大事な仕事なので
す。

　この「決定」という仕事（これには治療方針など主治医の考えを示す，とい
うことも含まれますが）は，処方などと違って，患者さんへの直接の治療行為
ではないのであまり仕事として意識されることはありませんが，医療の世界に

おいては，スタッフにとって非常に影響力の強い要素と言えます。と言うのも決定によって治療全体の方向性，行く末が左右されるわけですから。先ほどの例で言えば，医師が訪問看護を「必要ない」と判断すればスタッフは，訪問看護なしでその患者さんの治療の組立を考えなくてはなりません。

　このことを別の言葉で言うと，医師の決定は良くも悪くも絶対的，ということになります。良い面としては，混乱が少なくてすむ。今後の方針で賛否両論が出た場合に最終的に決める人がいないと，いつまでも進まないとか，バラバラな対応になってしまうといった事態が起こり，結果的に患者さんに大きなデメリットが生じます。そうした事態は避けることができます。悪い面としては，医師の判断がいつでも正しいわけではない（もちろん正しい判断をしようと努力はするのだけれども）から，経過がまずい方向に行っても，医師の方向転換がないうちはチーム一丸となってそのまま進まざるをえない。かなりつらい状況となる。そうした場合でも，実情としてはコ・メディカルから異議申立てはしにくいのですね。また，医師自身がそういった声を拾い上げる気がないと，一種の独裁となってしまう危険性があります。

　私が日常でよく遭遇する「医者の言うこと絶対」場面を二つ挙げますと，一つは休職の診断書。うつ病の治療で休職が必要なことがあって，よく「３ヶ月の休職が必要」などと書きます。精神科医になりたての頃は，「３ヶ月なんて（当時はすごく長く思えた）書いてしまっていいのだろうか」とか思ったりしました。職場で１人の人が突然３ヶ月もいなくなる，というのは大変なことのはずなのです。ところが，これまで会社等から「３ヶ月では困る。せめて１ヶ月にしてくれ」「本当に３ヶ月必要なのか」という要望・質問が来たことがありません。医者が３ヶ月と言ったら３ヶ月なのです。

　もう一つは，他の職種が患者さんや家族から無理な要望を聞いたとき。例えば，外来の待ち時間が長い，薬が多めに欲しい，など。看護師さんや事務の方から「（要望に）応えられない理由を説明したのですが，わかってもらえなくて。先生から言ってもらえれば……」とくることがあります。別に医師が説明上手なわけでもなく，同じ理由を繰り返すだけなのですが，患者さんも神妙に聞いて帰っていかれたりします。スタッフだけでなく患者さんにとっても，最終的な決定者である医師さえもそう言うのであれば，という了解がはたらくのだと思われます。

3．精神科医にとっての関係性

　さて，以上のような立場にある精神科医は，一般的に関係性というものをどのように捉えているのでしょうか。

　少し堅い説明になりますが，精神科の前提は，心理学よりは，他の身体科と同じで，あくまで自然科学がベースとなっています。社会科学に対しての自然科学です。

　第一に，自然科学とは基本，物－つまり，自然相手の科学です。人間という対象について，その社会活動（人同士のやりとり）というより，生物（生命維持）としての側面を重視するのです。そこでの観察の主対象は病気であり，病気は基本的にすべてその人－生物の中に存在するものとして見ます。

　ただ，そこで問題になるのが「精神」というものが体のどこにあるのか，ということです。直感的には脳なのでしょうが，脳が精神のすべてかと言えば，他の身体疾患と違い，検査で証明されてはいません。そこで，「脳＝精神」かどうかの結論は当面保留として，とりあえず脳とは別に「心」というものを想定し，その「心」がどうなっているか調べる，という考え方のうえでの工夫をしているのです。ただ，やはりこれまでの科学の考え方を前提としているので，どうしても「心」が，心臓とかの臓器のように，一人ひとりの人間の体の「どこか」にあって，その「心」にどこか異常が生じている，という見方をしてしまう。

　精神科の実際の臨床場面では，いわゆる見立てのとき，時折「母親が全然かわらないので治療が膠着している」とか「この環境にもどると結局同じことになる」とかいった表現をすることがあります。これはやはり，心が環境の影響を受けると認めてはいるわけです。ただそうした見立ては断片的であることが多く，体系だった記載はどの教科書にも書いていないように思われます。

　したがって，一般的な精神科医の基本的な考え方は，「体のどこかに内在する心の乱れを突き止め，治療する」というものであって，関係性は重視しない，もしくは体系立てて考えない，というものとなります。具体的には，夫婦間のトラブルで片方が「うつ状態」となったとき，うつ状態となった本人に対しては，処方を行ったり本人の認知の修正を試みたり，といったアプローチをしま

す。しかし治療の対象はあくまで本人であり，夫婦間のトラブルそのものに対しては無関心であることが多いでしょう。「夫婦関係が問題である」と見立てたとしても，「それは夫婦で話し合って」と医療とは無関係のものとして本人たちにすべて返して干渉しない，という態度となります。

　第二に，自然科学には，自分の対応次第で相手が変わるという考え方がありません。自分がどうしようと星は星だしプラスチックはプラスチックだし，石は石。石は一定の力を加えれば，必ず動く。病気に対しても同じで，血圧の薬をのめば身体が反応して血圧は下がるはず，と考えます。これを関係性という点から考えてみると，精神科医は，第一のような理由で関係性については重視しないうえにさらに，関係性の中に精神科医自身を含めないことになりがちである，ということです。「治療関係」という言葉もありますが，やはり「治療関係が良い／悪い」程度の断片的な見立てや評価としてのみ使われることが多いように思われます。

　しかし精神科医も社会の中で，つまり人同士でかかわりの中で生活している以上，関係性を感じないということはありません。普通に暮らしている以上，人とかかわらない＝関係性を考えない，ということはできないからです。普通に暮らせば暮らすほど，関係性を意識するようになる可能性は高いでしょう。ただしそれが治療に活かされるのは，精神科の専門的な訓練の成果というより，人として生きてきたその人のプライベート（職場での人間関係も含む）での経験の蓄積という要素が大きいと思います。これも一例を挙げますが，ある統合失調症の入院患者さんがいました。薬で症状はある程度改善しましたが，夫のもとへ外泊をさせると必ず病状が悪化し，もう一歩のところで退院ができず1年以上経過していました。夫の本人への対応がよくなかったのです。夫への疾病教育や再三の薬の調整でも成果は得られず，むなしい外泊を繰り返した後，主治医が方針を変え当座の退院先を本人の実家に変更したところ，すみやかに退院が実現しました。非常に単純ではありますが，薬の調整以外の，本人を取り巻く家族との関係性が視野に入っていればこその方針転換と言えます。

　このようなことができる精神科医は，何か特徴があるでしょうか。関係性を重視するような治療技法を特別に勉強したのでないならば（そして大多数の精神科医はそういう勉強に時間を割くことができません），プライベートでの経験の蓄積によってそれが可能になったわけですから，対人関係において非常に

「普通の人」に見えることが多いと思います。つまり，人とのかかわりが常識的，ということです。

4．精神科医が関係性を治療に活かす

　それでは精神科医が意識的・体系的に関係性を扱うと，どうなるのでしょう。精神科医以外の方には意味の薄いことかもしれませんが，掘り下げて考えてみたいと思います。

　臨床上のメリットという点では，先に挙げたような夫婦間のトラブルといった問題への対処が可能になると言えそうです。それだけでも患者さんにとって利益が多いでしょう。夫婦カウンセリングなどといった大げさなことを避け，初診で会った主治医の段階で問題が解決する可能性が生まれるのですから。また実感として，治療中断が減ります。自分と患者さんや患者さんの家族・関係者との関係性を考えるということは，平たく言えば第一に相手に気を遣うということです。医師の専門性は病気の診断と治療にありますが，専門性さえ高ければそれで十分，という単純なものでやはりないのです。

　一方で，精神科医という仕事の特徴は，処方がメインであること，外来が多忙であること，決定する立場にあること，などでした。そうした自身の役割を加味して関係性を考えた実践を行うとしたら，まずはあくまで薬を主な治療手段としつつ，患者さんにとって利益が大きいと思われるときに関係性を扱う，時間的余裕があれば医師自身で扱い，なければ他職種に依頼や指示によって実践を委ねる決定をする，という形になると思われます。

　ここまで書いたことが実際にどんな形になるのか，以下に具体例を挙げます。精神科医という立場を踏まえて扱ったと考えられるものを挙げました。

　まず，薬物療法が主となる病気であっても，関係性を扱うことで治療がスムーズにいきやすい，という例です。

症例①：家族のいない，施設入所中のケース

　事例概要　60代男性（以下Aさん）。病名は統合失調症。単身者で家族なし。3年前まで通院していたが，重度の心不全で内科入院の後，施設入所した際に通院中断となっていた。妄想や興奮・衝動性が再燃増悪し，3年ぶりに施設職員同伴で筆者

(以下 Dr) の勤務先を再初診となった。施設職員からの主訴としては，「暴言，決まりを守らない」。行動化が激しく，心不全が改善してから他の入居者を追いかけまわしたり車椅子を邪魔だと蹴ったり。共有スペースにあった面会用のテーブルを自室に持ち込んで私物化する。注意すると「指図するな」「ぶん殴ってやる」と大声を出し職員に摑みかかったりする。

　＃１：Dr が診察で A さんに聞くと事実と認める一方，「ぼくは長嶋茂雄さんからは一目置かれている。東京では伝説になっています」などと，誇大的であったり妄想が活発であったりした。

　精神病症状とそれに伴う情動不安定で対処困難になっているのは明らかだった。一方で，施設側は約束事をつくってはそれらを一律に守ってもらおうとして，してもらえないことに困惑していた。A さん自身も約束事があることを理解はしつつも衝動性が高く行動が伴っていなかった。

　投薬再開と同時に，次回その約束事の紙を持ってきてもらうように施設側に依頼した。

　＃２：施設が持参してくれた９項目ある約束事の紙を見つつ，Dr が，一律ではなくどの項目からなら始められそうか，A さんと交渉。それを施設の職員が見ている前で行った。A さんは「働きに出たい。新聞配達で稼いで競馬をやれば，５万を１億にする自信がある」という。働くためにはステップを踏むべきで，具体的には施設できちんと生活できることから始めるのがよいのではないかと説明。A さんが納得しているのを確認しつつ，自室に持ち込んだテーブルの対処を提案したところ，本人から「持ち込んだ家具は，全部もどします」と言ったので，それを次回までに実行してもらうことや，今のような形の話し合いを A さんと施設側で試みてもらうように（施設職員の「やってみます」という了解のもと）依頼した。

　＃３：施設側も A さんとの間で，今できそうなことでの約束を交わすこと（「食堂でみんなといっしょに食事する」など）に変更していき，以降回を重ねるごとに薬の効果で逸脱行動も減少していった。就労の希望も出されなくなった。

　５回程度ですっかり落ち着き，以後外来では処方するだけの５分診療，長期フォローに移行していった。

　統合失調症の治療は薬物治療が大きな柱となります。しかし，「薬さえ再開すればよくなるよ」という方針だと，施設職員にしてみれば「自分たちの努力は無意味なんだ」ということになりかねないし，対応は主治医に全面的に任され，結果として「まだおちつかないからその間は入院を」という展開もありえ

ました。

　そこで最初は主治医がモデルになり，「働きかけることが問題なのではなく，働きかけ方の問題である」という無言のメッセージを伝えました。かつ，主治医が本人と約束の話し合いをするのは見本としての1回にとどめ，すぐにその役割を施設側に振る（依頼する）ことで，生活の場である施設と本人のみでやっていくよう促しました。おそらく他職種であればこれほど直接的な依頼の仕方はしないものと思われます。安定した後は，病状の確認と薬の処方という役割のみを担う，一般的な精神科医の仕事に徹することになりました。

　精神科の外来は多忙です。そのなかで，十分にかかわる時間をそう頻繁には確保できないのなら，他の職種に支援をお願いしたり，適切な相談機関があればそこに依頼したりする，そうした振り分け（依頼・指示）を行うのも，精神科医の仕事と言えます。

　一方，振り分けをしたのなら，その際は最終責任者として，いわゆる「丸投げ」は許されない。次の症例は，そうしたさじ加減についてのものです。

症例②：他の支援者が医療の関与を求めてきたケース

　事例概要　中2女子（以下Bさん）。両親は精神科通院中で，支援関係者の間では有名な家族であった。母は感情的に不安定になりやすい。Bさんは以前から不登校ぎみであったが，中2から悪化。最近はたまに登校しても他の生徒たちと話がかみ合わず，自分の腕を噛むなどの奇異行為があった。同時期，母が学校に電話し「一家心中する！」と言い，Bさんが巻き込まれるのではと学校が児童相談所や市，病院に連絡。児童相談所が家庭訪問を繰り返しBさんとの関係をつくり，児童相談所と母同伴でDrの勤務先を初診した。

　#1：Drが直接診察したところ，Bさんの疎通に問題はなく，料理が好きで夕食の支度など家事手伝いもしているという。学校には行きたいが現状もそれほどつらくはないと語った。一方で面接中，「母：登校を説得⇒Bさん：黙る」というパターンが見られた。そこで，「Bさんは問題ないというが母は不登校に不安を感じている。この違いはきちんと話し合ってお互い納得できることが必要」と伝え，月1回母娘での定期通院を設定した。

　#2：母のみ来院。

　#3：事前に連絡があり児童相談所と市の家庭児童相談員が同伴し，母娘と4人での診察となった。フリースクールに通い始めたと報告があり，母娘とも満足していた。

またBさんは夕食を作り続けていること，スーパーの安売り商品を買うことなどが語られ，面接中も母やDrへの配慮を見せた。Drは「Bさんはしっかりしている・気遣いができる」と評価し続けた。

　＃4：順調な様子で，終診も可能な雰囲気であったが次回の予約を入れた。その後受診はなかった。約1年後，市からの情報で良好な経過が判明した。好条件が重なり中3から毎日登校が始まり，家政科のある高校に進学したとのことだった。

　このケースでは精神科医の狭い意味での仕事なら，「精神病ではない」と宣言して，初回かせいぜい＃3で受診不要と言って終了しても，職務を全うしたとは言えます。しかしすでに複数の関係者が支援を開始していました。主治医としては，自分がどのように対応すれば中心的な支援者である彼らが「より」動きやすいかを考える必要があります。受診前の情報から，「通常の支援のみでは対応困難で医療の関与が必要」「家族状況から，改善しても今後も心配」といったBさんへの見方が支援者間で形成されていると思われました。そのため，＃1で課題を設定し定期受診につなげ，課題が達成された＃3ではBさんの健康的側面を強調しつつも外来継続としました。この意味は「支援者への支援」とでもいうべきもので，第一に，Bさんが「しっかりしている」と評価された事実が同席した支援者に印象づけられ，「健康な子なら通常の支援で対応可能」という文脈を強化したと思われます。第二に，母娘にとってはフリースクール開始でニーズは満たされたが，その時点で主治医が治療終結を提案すればそれは支援者の「今後も心配」と対立することになる。そこで，母娘からの自主的な治療終結行動＝受診中断を待つ形がとられました。これにより「精神科医が支援システム内にとどまり，関与するスタンスを維持している」という文脈となり，支援者にとって「何かあればまた受診（医療機関の利用）が可能」という一種の保険がかけられる形となったのです。

　ただ，症例①はやはり薬物療法が主であり，症例②であれば実際に当事者の支援を行ったのは児童相談所や市でした。これでは，精神科医も関係性を扱えた方が得であるというだけで，関係性を扱うときに精神科医であることが得であるとは言えません。診断と処方という，「病気を扱う」ことが専門である医師が，「関係を扱う」という分野の積極的な意味での一員となるのでしょうか。まだ検討の余地はありますが，やはり鍵となるのは診断と処方，そして決定権

なのだと思います。

症例③：夫婦間のトラブルへの診断・処方を通じての介入

事例概要　30代既婚女性（以下Cさん）。Drの勤務先に緊急受診した。同伴した家族によれば数ヶ月前からイライラした様子が目立つようになり，ここ数日は「いなくなりたい」などと泣いたり声を上げて叫んだりするとのことであった。本人はうつむいてほとんど話さない状態だった。うつ状態として入院となった。

入院後，Cさん一人から話を聞くと，「近所に住んでいる夫の母と去年大喧嘩してからぎくしゃくしている。そのことについて夫に話してもきちんと取り合ってくれない。子育ての疲れも重なってイライラしたり，どうしようもなく空しくなったりしていった」とのこと。ときおり感情的になって泣き出したりした。

きっかけはどうあれ症状的にはうつ病の可能性があると告知し，抗うつ剤を開始。うつが強いときは考え過ぎないことが治療上大事と伝え，家族との面会は控えてもらい病院でのんびり過ごすよう指示した。

夫と面談したところ，夫もCさんが自分の母との関係をストレスに感じていることは薄々気づいてはいたものの，どう対応してよいのかわからないと語った。夫にも，うつ病の可能性を伝え，しばらくは休息が必要と説明した。

2週間後，Cさんは気分も安定し，「私が義母とのことで思い切って遠方への転居とか夫に提案しても，夫は『なんでそんなことが必要なんだ』とか言うだけでピンときていない。すると私も焦って『じゃあこれは？』とか，次々と提案を出してしまう。そのうち，あきらめて黙ってしまうようになっていた」と自ら最近の夫婦のパターンを話せるようになった。うつ病の再燃防止にストレスとなりそうな要因を除去しておくのが大事と伝え，主治医同席のもと夫婦面談を設定した。面談では，双方から確認されたパターンに陥らないよう適宜介入した。具体的には，Cさんが焦って次々と提案を出し始めたり，夫の返事がずれて話題がそれそうになったとき，割って入り二人の会話をやり直してもらうよう依頼した。1回目は1時間ほどで同様のパターンで平行線となったが，2回目で，互いに冷静に話し合うことができた。そうして夫婦の会話のパターンが変化すると，Cさんのなかで義母へのわだかまりも小さくなり，転居などと考えることもなく現状のまま安定して退院することになった。

夫婦面接自体に限れば，外来で処方に追われる精神科医よりも，同様の症例に巡り合う機会の多い心理士の先生の方が，1回の面談で終了できてしまうとか，よりスマートな治療が可能かもしれません。しかし面接を設定するまでの

過程は，精神科医という立場でこその介入であったものと思います。うつ病の
可能性という説明，抗うつ剤の投与。それを根拠とした，話し合いの保留とい
う独断的な決定。かなり強引ではあるが，非常に強力な，また独自性の強いか
かわりの一形態と言えると思います。またそれは，決して方便でもありません。
入院時の状態を聞いてうつ病の鑑別を行わない精神科医はいないでしょうし，
希死念慮が生じているときに抗うつ剤を開始することも妥当な判断と言えます。

　ただ一連の流れが自然科学であり，同時に関係性を扱っているという両立が
自然に見えるような，配慮は求められます。私自身はこの事例は夫婦面接が決
定的に重要だったと考えていますが，抗うつ剤が奏効した可能性も否定はしま
せん。どの要素が必要でどの要素は不要だったかということではなく，強調点
をどこに置くかの問題と考えれば決定的な矛盾はありません。いずれにせよ，
かかわりを扱う際，患者さんや家族に，病気モデルおよび投薬の必要性から入
るというところに，精神科医独自の利点があると思われます。

第Ⅱ部－第2章

心療内科クリニックにおける実際と心理師の働き方：
医師との付き合い，患者さんのクレーム対応

1．患者さん・家族から見た医療のイメージ

　はじめに，一般的な内科や外科のクリニック・病院での治療をイメージして
みてください。病気になって病院に行き，簡単な問診票に記入して，待合室で
しばらく過ごし，名前を呼ばれたら診察室に入る。医師から「どこが具合悪い
ですか？」などと問診票を見ながら尋ねられ，身体のどこが悪いか，どんな症
状があるかなどを答える（場合によっては，必要な検査を行う）。その後医師
から「あなたは○○の病気なので，このお薬を3日間飲んでください」と伝え
られる。その後薬局へ行って，処方薬をもらい，決められた日時（朝昼夜の毎
食後など）で薬を飲んで，様子を見る。そして多くの場合は，病気が治る。こ
んなイメージではないでしょうか。

　誰でも病院で診察を受け，このような患者さんとしての体験をしたことがあ
ります。そこでは，患者さんの状態について医師が診察し，何が原因でどんな
病気かを調べて診断し，それに基づいた医学的な治療としての処方・処置を行
います。「原因を特定し，それを取り除くための特別な手立てをする」のが医
学的な治療です。例えば検査などによって，インフルエンザと診断されれば，
それを治す薬が処方されます。検査し，がんや腫瘍などの存在がわかれば，手
術で悪い部分を取り除くこととなる。これらを行うにあたっては，高度の医学
的な専門的な知識と技術が必要です。インターネットなどで多少の知識が得ら
れたとしても，一般の人がそこまで専門的な知識を習得することは困難であり，
素人感覚で判断するのは危険です。それゆえ，病院にかかった場合，基本的に
患者さんは医師の指示に従うことになります。

　心理学や福祉学を学んでいると，「カウンセラー（援助者）とクライエント
（利用者）は対等な関係である」との文言を見かけることがあります。このこ

とは，何かに悩んでいたり，体調が思わしくなかったり，社会的に弱い立場である人たちを援助するにあたって，援助職の専門家が権威的に振る舞うことでクライエントを傷つけることなどないように，歴史的な経緯から戒めるためのものでもあります。また，援助職にせよ社会的に立場が弱いにせよ，どんな人とであってもお互いが対等であり，尊重されることを示しています。しかし，医療となると様相は異なり，人と人としては対等であっても，患者さんは医師に治療を求め，早く元気にしてもらうことを期待します。医師も専門的知識と技術を用いて，それに応じるのが仕事です。そもそも専門家は，その道の知識や技術について専門性を有していることが期待されています。人には向き不向きがあり，時間の制約がある以上，すべてのことに詳しく対応できる必要はありません。パソコンが故障したらパソコン修理のプロに，法律の問題は弁護士などの専門家に，家を建てるなら大工さんにと，その道のプロに任せることで，私たちの生活は成り立っています。医学は高度な専門性が求められるため，患者さんは医師に治療を任せ，その指示に従うのが通常です。

　「患者さんは医師に治療を任せ，その指示に従う」ということは，「病気は医師に治してもらうもの」と言い換えられます。もちろんすべて医師任せにしない方がいいこともあるでしょうし，健康管理など患者さん側の努力も必要です。しかし，専門的な医療行為は医師などの医療スタッフが行うものであり，この点では対等ではありません。医師が権威的になりやすく，患者さんが頼りがちにならざるを得ない面が，こうした関係の構造から生じているのです。

２．心療内科・精神科における患者さんの期待と実際のギャップ

　心療内科や精神科のクリニックなどにまつわるエピソードとして，「医師が話を聞いてくれない」「毎回薬を出すだけだった」といった患者さんからの不満がしばしば語られ，SNS 等でも見聞きします。なぜこうしたことが起こるのでしょうか。

　患者さんからすると「病気は医師に治してもらうもの」として，心療内科や精神科においても一般の医療のイメージの延長で，過大な期待をもっていることが理由の一つです。例えば，学校での人間関係がうまくいかない，いじめに遭った，職場でパワハラを受けたなどがあって，落ち込みうつ状態の患者さん

がいるとします。その患者さんは，診察し処方されるだけでなく，自分の辛い気持ちをすべてわかってくれる，悩みや人間関係の問題の解決方法を教えてもらうことまで医師に期待し求める，といった具合です。心療内科や精神科の医師であれば，病気を治すために親身になって話を聞いてくれるはずで，さらにはいいアドバイスをくれるはずと考える。カウンセリングという言葉が一般に広まったことも背景にあって，学校の先生たちや学生に研修や講義でアンケートをとってみると，医師がカウンセリングをしてくれるとの誤解が過半数を超えています。また，地域特性などによって，他で相談する場所がなければ，心の病気ではないが困ったことを相談する場所として，心療内科を訪れる患者さんもいます。加えて，心の病気自体が曖昧でハッキリしないことや，不安で助けを求める患者さんや家族ゆえに何とかして欲しいという気持ちが強いことも要因の一つです。

　しかし，多くの患者さんを次々と診察し，心身の状態を把握して薬の処方をするのが，心療内科・精神科の医師の診察です。診察時間は短いこともありますが，これは一般の内科・外科などでも同様です。そもそも医師は医学的に心身の状態を治療するのが仕事です。科学として多くの客観的な研究結果に基づく治療で発展してきた医学からすると，ある意味「話を親身に聞く」といった気持ちや姿勢が重視されるカウンセリングは，曖昧で科学的に信用性があるものではありません。一説によると医師の70％がカウンセリングによる治療効果がないと考えているとのことです。

　心の病気であるのかあるいはそうではないのかが判然としないなかで，不安定で助けを求める患者さんや家族であれば，何とかして欲しいという気持ちが強いこともうなずけます。このような患者さん側の抱くイメージと，実際の心療内科や精神科における医師の治療とのギャップは，患者さんからの不満の声を生む大きな要因になります。いずれにせよ，患者さんや家族が実際以上に期待するのが当然である一方で，医師や医療機関の立場に立てば実情が違うのはやむを得ないことでもあり，ギャップの大きさや曖昧さによって，すれ違いや不満が生じやすくなる傾向が見られます。

3．さまざまな医療現場と心理師の働き方

　病院やクリニックなどの医療機関は，医師を中心としたスタッフで構成され
ています。医師の診察がその業務の中心となるため，心理師などのスタッフは，
医師を中心とした治療の一環として働くことになります。ただし，医師の多く
がカウンセリングによる治療効果に疑問をもっている状況で，心理師の仕事が
重視されるか，役割や裁量がどれぐらいあるかは，医療機関によって大きく異
なり，待遇もまちまちです。稀に心理師によるカウンセリングで非常に重宝さ
れ好待遇となる場合もあるようですが，薬だけで良くならない患者さんのカウ
ンセリングを任される場合，話を聞いて欲しい患者さんへの対応を主として担
う場合，診断のための補助としての心理検査を主とする場合などもあります。
待遇としても，常勤職として安定した雇用のこともあれば，日給や時給，ある
いは歩合制（カウンセリングや心理検査一件あたりいくらとして計算される）
などさまざまです。また，例えばアルコール依存症などの特定疾患の専門外来
の医療機関では，患者さんやその家族への対応が求められたり，地域に一つし
かない心療内科であれば，広くさまざまな疾患や問題への対応を求められるこ
ともあります。そのため，一口に心理師が医療機関で働くといっても，良くも
悪くも非常に多様な実態があります。
　このように医療機関によって実情はさまざまですが，心理師が医療機関でう
まく働くためのポイントが二つあります。それは，①その職場となる医療機関
のシステムにうまくジョイニングする，②医師の立場を理解してかかわる，で
す。
　①は，その医療機関のシステムがどのような構造でどう機能していて，そこ
で心理師がどのような役割を求められているかに応じて，うまく加わり働くこ
ととなります。病院の長がすべてを把握して指示して動いているのか，ベテラ
ンの看護師が医師のスケジュール調整をしているかなど，スタッフの構成や動
き方は異なります。また，診察は予約制なのかどうか，どこまでの疾患を対象
として受け入れるのか（断るのか），他機関を紹介する方法，緊急時の対応の
仕方なども違います。緊急時の対応では，どこまでの疾患を対象とするのか，
また患者さんの受入れを断ったり，他機関を紹介したりする場合などのルール

も違います。そのため，まずは与えられた役割・仕事に応じて働き，スタッフの一員として認められるように，患者さんへのカウンセリングや心理検査だけでなく，医療スタッフと関係づくりを行うことが重要です。与えられた役割や仕事にただ甘んじるということではなく，やりたい仕事を増やすなどの場合にも，病院の長やスタッフなどに認められたうえで新たな役割が得られることにもなります。

　②について，医師は多くの患者さんを診察しながら，スタッフへの指示を行っています。非常に多忙であり，指示をする立場でありながらも，同時に責任も抱えています。患者さんから「医師が話を聞いてくれない」と言われても，安易に患者さんと一緒になって医師を責め，対応を変えるよう求めるといったことは，患者さんのためを思っても，医師の立場を理解した対応とは言えません。精神療法（医学では心理療法と言わず，精神療法と呼びます）に長けていて心理師の立場を理解しようとする精神科医もいますが（当然，心理師からは人気があります），それはごく一部です。医療機関は医師が中心となって動く組織である以上，立場を理解したうえで心理師の側から医師に合わせていくことが現実的かもしれません。このことは，医師の指示に一方的に従うことを意味するのではなく，異なる専門家として立場を理解してかかわるということであって，これはどの現場においても重要なことです。

　なお，患者さん側の「病気は医師が治してくれるもの」というイメージは，医師だけでなく，医療機関全体に向けられており，心理師にもその期待が向けられることになります。また，病状が悪い患者さんは，苦しく辛い状態から少しでも早い改善を求めます。精神疾患の場合は，それに特有の疾患パターンを有しており，精神医学の知識を踏まえた治療・対応が重要です。そのため，いわゆる「お話を聞き，支える」「患者さんが気づくのを待つ」といったカウンセリングは，患者さんと家族のニーズに合わないだけでなく，治療として効果がない場合もあります。心理師による心理治療はコミュニケーションなので，形の見えにくいものです。それゆえ非常に難しい部分が多々ありますが，一方投薬では治らない人間関係の問題を扱い，精神疾患を改善に導くなどができると，心理師の専門性とその有用さを示すことができると考えられます。

4．医師の方針とどう付き合うか

　医療機関では，医師を中心とした治療の一環として，心理師によるカウンセリング（心理療法）が行われます。入院患者さんを対象とした治療では，看護師などのスタッフもかかわり，スタッフ間で話し合いが行われることもありますが，外来のクリニック等では，医師の診察以外にはカウンセリングのみ，といったこともしばしばです。後者の場合，医師が治療の一環としてカウンセリングをオーダーすることで，心理師の出番になります。そのため，医師から示される治療方針に，心理師は応じる必要があります。一方で，心理師が患者さん・家族とカウンセリングを始めるにあたって，医師の治療方針とどう付き合うかが，ポイントになります。患者さん・家族から任せられ，方針が心理師の考えに沿うなど，まったく問題にならない場合も多いのですが，心理師が目の前の患者さんと向き合うのに，考え方の異なる医師の治療方針を気にしながらだと，不自由になってしまいます。医師の治療方針，患者さん・家族のニーズ，心理師自身のアプローチや考え方など，三者の意向がうまく折り合いをつけられるように，それぞれの主張を活かせるようにすることが重要です。

　うまく付き合うためのポイントとして，「医師による治療方針をニーズとして捉える」ことが挙げられます。その際には，提示された発言内容そのものではなく，それによってどうしたいかという発話者の意図・要望として捉えることが大切です。例えば，一緒に食事をするにあたって，友人が「お蕎麦が食べたい」と話したとします。でも，あなたはお蕎麦の気分ではないかもしれません。その場合，友人が「お蕎麦が食べたい」と言った理由・意図を尋ねて，それが「あっさりしたものの気分だから」であれば，あなたの気分と友人の「あっさりしたもの」に合う他の食事だと，両者の合意ができ，二人とも満足するかもしれません。医師の治療方針もこれと同様に捉えることができます。医師からのカウンセリング依頼時に「じっくり話を聞いてあげて」と言われ，でも心理師は何かしらの働きかけを望んでいる場合，医師のその発言内容そのままに心理師がじっくり話を聞かなければならないわけではありません。医師の意図を尋ねて，「とても焦っている患者さんの話を聞いて，落ち着かせて欲しい」であれば，心理師は話を聞きつつも落ち着かせるための対応をすること

が，より医師の要望に応じることになります。医師の指示にただ従うというのではなく，医師のニーズに応じつつも，心理師も動きやすくすることが，よりよい治療につながります。

　以下，心理師が医師の治療方針に悩んでいることにどのような対応が可能か，スーパーヴィジョン（事例の対応などをより経験のある心理師などに相談し，指導を受けるもの。以下SV）の事例を用いて説明します。

事例①：若手の心理師 X さんとの SV 事例──主治医の方針について

　X さんは 28 歳で，心理師となって 3 年目の男性です。療育などの現場で 2 年ほど働いた後に，この 4 月から心療内科のクリニックで非常勤カウンセラーとして働き始めました。また，2 年目になってから，家族療法に興味を持ち，N 先生（以下 N）の SV を受けるようになりました。働き始めて 1 ヶ月の SV で，X さんは「主治医（以下 Dr）の方針を受けて，これからどう CI さんとかかわるか」と以下の内容を N に相談しました。

　勤務先のクリニックの Dr から X に A さん（30 代女性）のカウンセリングの依頼があり，「A さんは家族関係に問題があるので，カウンセリングで対応するように」と指示されたそうです。A さんには 3 歳と 1 歳の 2 人の息子がおり，子育てに奮闘中に過呼吸が起き，情緒不安定になって心療内科を受診しました。「不安症」と診断され，抗うつ薬と安定剤が処方されるも，あまり改善が見られない。A さんは具合が悪いなかでも，「母から自分（A）がされたような寂しい思いをさせたくない」「愛情をかけて子どもを育てたい」と話し，一人で何とかしようと無理して具合が悪くなる。Dr が無理せず誰かに任せて休養する時間をとるように指示しても，A さんは「夫はわかってくれない」「（近隣に住む）母には預けたくない」と頑なに拒否したため，Dr がカウンセリングを勧め，A さんが渋々了承した。なお，この SV の 1 週間後に A さんとの初回面接が予定されてます。

　ここまでの概要を聞いたうえで，N は「何をどう相談したいのか」を尋ねました。すると X は「Dr から『家族関係の問題』と言われたが，どう対応したらいいのか悩んでいる」と答えました。Dr の治療方針を受けると「A さんの家族関係の悪い問題を指導するかのようにしないと」と思うが，X さんは CI の良いところを引き出して A さんと関係づくりをしたい意向であり，Dr の意向との矛盾が生じてやりにくい。Dr はやや一方的なところがあり，指示を簡単に伝えるのみで，普段は話す時間もない。Dr に勧められて A さんは渋々カウンセリングに来るようで，「これではうまくいかないのでは」と困った様子でした。

　N は X さんの「関係づくりを重視したい」意向を認めたうえで，「Dr はどんな意図で『家族の問題への対応を』と言ったのだろうか」と問いかけました。X は不思議そうに「どんな意図で？」と返し，N は「Dr の発言内容をそのまま受け取ると，家族関係を問題視してかかわることになるかもしれない」が，「そもそも Dr は A さんにどうなって欲しいと思っているのだろう」と質問しました。X は考え込みながら「A さんがうつで，それを治そうとして……」「具合が悪くても無理して休まないから……」と答えました。N は「そうそう。Dr は治療が目的で，休んで回復してもらいたいのに，A さんが一人で子育てを抱えて無理しているんだよね」「休めず無理してしまうのは，夫や母との家族の関係が要因・障害になっている，と Dr は考えていて……」と伝えると，X はハッとして「A さんが無理しないように，ってできればいいのか」と話しました。N から「Dr の意図を，A さんが抱え込んでいて休めないことをカウンセリングで対応するように。その要因として家族の事情も考慮すること，と受け取ったらどうだろう」と問うと，X は「それなら何とかやれそうな気がします」と答えました。

　X は「Dr から言われると，そのとおりに従わないといけないと思っていた」「でもすべてそのままでなくてもいいんですね」と安心した様子で語りました。N から補足として「Dr は忙しいし，短い診察の中で細かい事情まで聞くのは難しい。それもあってのカウンセリング依頼なのだから，そこを X が心理師として役割を担うこと」「A さんの意向も押さえたうえで関係づくりから始め，いろいろ事情を聞くなかで，なぜ抱え込んでいるか，どうやったら無理しない子育てになるかを家族の事情も考慮しながら対応すること」と説明し，X さんは納得した様子を見せ，初回面接に臨むこととなりました。

　解　説　　Dr の方針は A さんの治療のためのものであり，診察での様子から医師の立場で示されたものです。恐らくは心理師をやりにくくさせようというわけではないものの，X の立場からすると，そのまま指示に従うと矛盾が生じ，不自由なものになってしまっていました。そこで Dr の発言の意図をつかみ，それに応じつつ X さんが動きやすくなるように協議した SV になりました。あまり公にされることは少ないですが，実際の現場ではよくある話であり，こうして Dr の治療方針，患者さんのニーズ，心理師のやりやすさの三者のそれぞれの意向を折り合わせられると，実践でも活かせるものになると考えられます。

5．患者さんからのクレームにどう対応するか

　クレームとは，ここでは「その人が不当な扱いを受けたとして，その不満を主張すること」とします。例えば，後から来た患者さんが先に呼ばれて，「自分の順番を飛ばされたのではないか」と受付に訴える。約束したのに，そのとおりに相手がしてくれないので，「おかしい」と訴える。このように，クレームを訴える人には「言い分」があり，時に怒りも込めながら主張してきます。対応する側からすると，自分が悪いわけでもないのに怒られたり責められたりするので，あまり扱いたくはないものでしょう。しかし，心療内科・精神科の現場では，患者さんのイメージと実際のギャップが大きいこともあり，すれ違いも含めて，しばしばクレームが生じ，対応することが求められます。

　クレームの内容の是非はともかく，冷静に丁寧に対応することがポイントです。感情的になって言い争いにならないよう，落ち着いて話を聞くこと。そのうえで，患者さんのクレームも「それを訴えることでどうして欲しいのか」というニーズとして捉えること。クレームの内容を聞きながら，それを訴える患者さん・家族の意図や事情を把握していきます。クレームには，医療者側にミスがあるなど正当な理由がある場合だけでなく，認識の違い・すれ違いによるもの，患者さん側の過剰な期待によるもの，患者さんの不安定さによるものなどがあり，中には悪意のある場合もあります。対応する側が丁寧に話を聞き，クレームをする意図や事情のアセスメントを行い，それに応じた対応をすることが求められます。実際の医療現場では，多かれ少なかれクレームの対応は避けられないものです。

　以下の事例は，心療内科クリニックにおいて，初回面接の冒頭から患者さんが不満を抱えた様子を示し，対応したものです。冒頭の様子とそこでの対応のポイントを示した後に，把握した患者さんのクレームの理由による対応を3例挙げて説明します。

事例②：心療内科での職場復帰が近づくＢさんの事例——患者さんのクレームへの対応

　Ｂさんは40代の男性です。仕事に行けなくなり，うつで休職中。職場復帰に向けて，

不安な様子なので，カウンセリングで対応するように，と医師（Dr）のカルテにあり，筆者（以下Th）が担当になりました。以下，初回面接の冒頭です。

（面接室に入室して，自己紹介・挨拶を交わした後で）

Th：カウンセリングはDrに勧められて，でしょうか？

B：……ええ（憮然とした様子）

Th：すいません，何かございましたか？

B：いや，あのカウンセリングって何をするんですか……（イライラした様子で）

Th：Bさんのお困りのことを，話を聞かせていただきながら，一緒に良くなるよう相談を進めていくものですが……。カルテには「職場復帰に向けての相談」とありましたが？

B：薬を出すだけで，全然話を聞かないし……。こっちで話せってことですか？

Th：そうしますと，Bさんからすると，医師が全然話を聞かず，理由も説明しないままカウンセリングを勧められた，ってことでしょうか？

B：……まあ……。

Th：そうでしたか。それは失礼いたしました（頭を下げる）。理由も説明されずに，ですとご不満に思われても当然です。

B：……いや，あなたが悪いわけではないんだけど，若い先生（Thのこと）だし，Drはちゃんと治す気があるのかって思って……。たくさん患者がいるのはわかるけど……。

Th：そうですよね。BさんにとってはDrは一人ですし，大事なことです。どうしましょうか？　カウンセリングは無理して受けるものではないですが，せっかくいらっしゃったのでお話しをお聞きして何かできれば，とも思いますが……？

B：……まあせっかく来たので，話はしますよ（少し肩の力が抜けた様子で）。

Th：ありがとうございます。それでは医師のことも含めて，こちらから聞かせていただいていいでしょうか？

B：はい。

　　対応のポイント　　冒頭からイライラした様子を示したBさんの例です。Thからすると理由もわからず，戸惑うかもしれません。しかし，Bさんの不満や苛立ちをそのままにしておくとカウンセリングそのものが成立しないので，不満や苛立ちに対処する必要があります。Thはクレームの理由も含めて，まずは話し合いができるようにやりとりしていきます。

　　対応のポイントとしては，まず冷静に丁寧に対応することです。何か医療者

側に不備があったかもしれない，それで怒りや不満を示す相手に対し，丁重に
慎重にやりとりしていくことです。それで少しずつやりとりしながら，理由を
聞き出していく。次に謝罪についてですが，理由がわかる前に不要な謝罪をす
ることは避けるべきです。怒られると早く収まるように謝ってしまうものかも
しれませんが，理由がわからず非を認めてしまうと，それをもとにより責めら
れたり，要求がエスカレートすることもあります。事例では，Th は「Dr が理
由を説明しなかった」という真偽は確かではないが，B さんからするとそう感
じられた，というコミュニケーション上のズレへのお詫びに留めています。あ
る意味譲歩できるところはし，相手に合わせるものの，一方で Th は駆け引き，
交渉しながら「どうしましょうか？」と話を展開し，クレームの意図・理由を
引き出すよう促しています。クレームとして表出された主張を，やりとりしな
がらニーズに置き換えていくことがポイントになります。

　以下，冒頭の逐語の後に語られたクレームの理由と対応例を三つ挙げます。

対応例①：医療者側に非があった可能性がある場合

　診察時に Dr から心身の様子を聞かれ，B さんが答えた後に，Dr が早々に話を切り
上げようとした。B さんは休職延長のための診断書を書いてもらう必要があり，その
ことを話題にしようとすると，診察が混みあっていたこともあってか，Dr が「いろ
いろ話したいことがあるならカウンセリングで」と言われ，次の患者さんの名前を呼
ばれてしまい，取り合ってもらえなかった。
⇒ B さんの一方的な話であるため，Dr の対応が事実かどうかはわからないものの，
「診断書の記載」は，Dr しかできないことであり役割でもあります。これがないと B
さんは休職を続けるのに不都合が生じてしまい，困ってしまいます。Dr の対応の是
非はともかくとして，診断書の記載という B さんの要望が叶えられるように，Th は
不備があった可能性をお詫びしつつも，Dr や受付を通じて，診断書の記載をなるべ
く早期に応じてもらえるよう対応することが望ましいと考えられます。

対応例②：一方に非があるとは言えない，スレ違いなどの場合

　職場復帰を予定していた期限があと 1 ヶ月に迫っており，B さんは焦っている一方
で，復帰してうまくやっていけるか不安も抱えていた。診察時に見解を求めたところ，
Dr からは「であれば休職を続けるか」と部分的な返答に留まり，B さんもうまく言
葉にできずにいると，Dr より「復帰についてはカウンセリングで」と言われ，診察が
終わった。

⇒ B さんの焦りや困りごとは理解できるものの，短い診察時間で Dr が B さんの要望に応じた相談をするのは無理があるかもしれません。こうした場合には，例えば「職場復帰」にかかわる本人の焦りや不安，職場の様子，復帰してうまくやっていけるかなどはカウンセリングで，服薬や診断書などは診察で，と役割を分けて B さんの治療に当たれるようにすること，それを B さんに説明し，三者で合意が取れるようにすることが有効と思われます。また，B さんが Dr に短い時間で聞きたいことをうまく尋ねられるように，予め質問を記したメモを診察時に Dr に渡す（受付に前もって渡しておく）など，効率的な工夫を協議するのも一つの方法です。

対応例③：患者さん側の無理な要求の場合

　B さんは何としてでもあと 2 ヶ月で復帰しないと，と焦っており，診察時に Dr に対し「何とか復帰できるようにしてくれ」と強く訴えた。Dr は「今の状態では厳しいのではないか」「プラスの手を考えるなら，カウンセリングを受けてみては」と伝え，要望が叶わなかった B さんは，話を聞いてもらえなかったと不満をもった。
⇒ B さんの復帰に対する気持ちは尊重すべきではあるものの，焦りだけではうまくいくかはわかりません。Dr からしても，すべてをすぐになんとかできるような魔法をもっているわけでもなく，B さんの診察時の要求は無理なものと考えられます。こうした場合には，なぜそこまで 2 ヶ月での復帰を望むのかについて事情を聞いたうえで，できることとできないことを示し，カウンセリングで「職場復帰」について相談を続けていくかについて話し合うことになります。どうしても B さんがすべて解決する魔法を望むのであれば，心理師から応じかねることを伝え，継続にならなくてもやむを得ないものと考えられます。

6．まとめ

　本章で述べた医療現場とそこでの心理師の役割や対応は，他の医療専門職についても当てはまるものです。心療内科・精神科という現場は，スレ違いも生じやすく，それゆえ Dr などの医療スタッフや患者さん・家族の多様なニーズを把握しつつ応じ，自分も働きやすく仕事がしやすいようにしていくことが求められます。心理師は，1 対 1 でのカウンセリングや心理検査の技量を伸ばすことも重要ですが，それ以前にスタッフとのかかわり，患者さんからのクレーム対応などへの交渉等，さまざまな場面で柔軟に対応することが現場では求められています。

第Ⅱ部 − 第3章

医療スタッフのかかわりを考慮して行った多職種連携：
入院中の摂食障害の事例から

1．多職種がかかわる医療の現場

　医療機関には，多くの診療科をもつ総合病院，一つの診療科からなる単科の病院，入院設備をもたない診療所（クリニック）などさまざまな形態がありますが，どの場合でも，医師以外のスタッフがいることが通常です。風邪で診療所に行った場合を考えても，受付で看護師から問診を受け，レントゲンを検査技師に撮ってもらい，薬剤師から薬の説明を受けます。医療機関の規模や病気の程度にかかわらず，患者さんが医師以外の専門的なスタッフとかかわることは常識です。このような専門スタッフを「コ・メディカルスタッフ（co-medical stuff）」と呼びます。その名のとおり，医師と「協働して治療にかかわる医療スタッフ」で，多くの職種があります。それぞれの専門領域を学んで資格を得ていることがほとんどですので，患者さんへのかかわり方にも当然，専門性による違いがあります。この違いを，専門家同士が理解，尊重して治療を進めることが「多職種連携」による治療です。また，医師を中心に多職種連携し，より良い治療やケアを提供することが「チーム医療」となります。

2．コ・メディカルスタッフにはどのようなものがあるか

　いくつかのコ・メディカルスタッフについて，どのような専門性に基づいた働きがあるのか，医療機関における一般的な説明をします。

　看護師　　病院と診療所で行うことに違いがありますし，患者さんの状態によってもかなり幅がありますが，患者さんの看護のための多様な仕事を担います。主には患者さんの身体の状態を管理し，医師が指示した治療や処置を行う

ことが重要な仕事です。体温や血圧など日々の基本的な身体状態の把握から，食事，入浴，排泄，服薬などのサポート，治療や処置の後の状態観察なども行います。入院患者さんに対しては定期的な巡回，室内の環境整備，ベッドメイキングなども担います。また，患者さんの話を聞くことで気持ちを楽にさせるといった心理的なケアを行うこともあります。このように，患者さんの心身と生活のさまざまな面のケアを行うため，患者さんとは最も近い場所で，長い時間接するスタッフです。病院では交替制での勤務（日勤，準夜勤，夜勤などのシフト）が一般的です。文字どおり，24時間入院患者さんの近くにいて状態を観察していますので，逐一，その状態を記録に残し，看護師間で申し送りをし，必要なら医師に報告することも大切な業務です。このため，看護学や医学をはじめ，さまざまな医学的専門知識が必要となる職種です。また，病院の看護師の場合は患者さんの状態観察だけではなく，「看護計画」という看護師としての治療計画を立てます。看護の専門的知識に基づいて患者さんの現在の状態を評価し，問題点を見つけ，改善のための介入プランを立案し，日々の看護業務で実施します。ある問題点が改善したら次の問題について介入を立案し実施，という流れで退院まで患者さんの援助をします。

　薬剤師　　医師が出した処方箋に沿って，正しい薬を患者さんに届くようにする（調剤）ことが主な仕事です。患者さんによって出るか出ないかはさまざまですが，薬には副作用があります。また，ある薬とある薬を絶対に併用してはいけないとか，ある病状の患者さんには使ってはいけない「禁忌」というルールがあるものもあります。患者さんが今飲んでいる薬のすべてをチェックし，新たに処方された薬もチェックし，問題がないかどうか判断します。間違いがあってはいけないので，時には，処方箋を出した医師に対して処方内容の確認や見直しを求めることもあります。そして，患者さんに対して何がどのための薬であるか，飲み合わせはどうか，副作用や効果はどういうことが考えられるかを説明し，どの薬をいつ服用するかという服薬指導をして調剤された薬を渡します。患者さんの体に入るものを管理する仕事ですので，重要な役割です。薬の総合的な事柄は薬学が，人体への影響や薬同士の影響ついては薬理学や化学などの知識が必要となります。

管理栄養士　　患者さんに対する栄養指導が主な仕事の一つです。栄養指導は，病状や経過，検査結果，食事摂取状況などの情報や，直接面談をして患者さんの状態を評価し，治療に必要な食事，栄養素について指導を行います。もう一つは，患者さんの状態にあった食事を提供する仕事があります。病院食の献立をつくり，調理する仕事です。患者さんの病状によって，適切なエネルギーや必要な栄養素は異なりますし，これらの調整自体が治療となる身体の病気もあります。また，患者さんの状態によって食形態（普通か，軟らか目かなど）も変わることがあるため，その管理もします。治療と食事をつなぐ重要な役割です。栄養学，調理学，身体の構造の知識，薬の知識なども活用し，患者さんの状態を理解します。

理学療法士　　理学療法とは，身体に障害のある人に対して，基本的な動作の回復を目的に，治療，体操，運動などを実施することです。例えば，事故や病気によって入院し，けがや病気自体は手術で治ったものの，後遺症や入院生活が長くなったことでうまく歩けなくなったとします。この時，患者さんには，立つことや歩行する動作の回復が必要です。そのための筋力を回復する必要もあります。理学療法士は，患者さんの身体のどの部分が機能していないのかについてさまざまな動作項目などから評価し，それに基づいたリハビリテーション計画を立て，運動，トレーニング，治療を実施します。また，高齢者に対しては，基本的動作が低下しないよう予防的なリハビリテーションを行うこともあります。どちらにしても，日常生活動作（ADL）や手段的生活動作（IADL）と呼ばれる，患者さんが自立して生きていくうえで不可欠な身体機能の回復や維持を目的とします。

作業療法士　　理学療法士と同じように，身体機能の回復や維持のためのリハビリも行いますが，作業療法が主な仕事です。作業療法の目的は，「人々が日々の生活の営みに参加できるようにすること」とされています。身体の基本的な動作が回復したうえで，応用的な動作（服を着る，料理を作る，掃除をするなどの生活上の動き）も回復させることで，日常生活を取り戻し，社会復帰が可能となります。作業療法はこの応用的動作や社会復帰に関係するリハビリテーションのことです。主には，木工や折り紙などの手工芸，塗り絵や書道な

どの芸術，ゲームやスポーツなどの余暇活動があります。1対1で行う作業療法のほか，グループで行う集団療法もあります。集団療法には「社会」と類似の環境を提供する意味があります。作業療法士はその目的から，身体の障害だけでなく精神の障害のある患者さんにリハビリテーションを行う場面が多いです。

　　精神保健福祉士　　精神科領域専門の福祉職です。広く言うと，患者さんと医療機関，地域，社会生活との橋渡しをすることが主な役割です。具体的な仕事としては，患者さんの医療機関への入退院や転院調整の窓口，入院治療や退院後の社会的サポートについての相談，社会復帰のための訓練などです。他の医療機関や福祉施設，行政などとやりとりすることや，患者さんの相談業務，デイケアでの集団療法を行う場合もあります。社会福祉学を中心に，精神障害者の権利と自立，社会保障制度などが専門的な知識として必要となります。

　このように，それぞれの職種で，専門領域，現場で求められる知識，役割が異なります。患者さんの「病気（悪い部分）」や「改善」について考える場合もまったく異なる視点で捉えますし，アプローチの仕方も異なります。しかし異なるということは，それぞれが他の職種にはない専門性をもっていることを意味し，それらを組み合わせてより良い治療を行えるよう多職種連携が求められるのです。
　どの医療機関にもこれらすべてのスタッフが揃っているわけではありません。リハビリテーション病院では，理学療法士や作業療法士は中心となる職種で複数いますし，精神科病院では，精神保健福祉士はほぼ必ずいますし，作業療法士も複数いることが多いようです。その医療機関が専門とする領域に必要なスタッフがいることが一般的です。しかし最近では，多職種によるケアを目指すため，リハビリ病院に心理師が，精神科病院に理学療法士がいることも増えています。

3．実際の現場で他の職種との連携はどうなっているのか？

　すでに述べたとおり，コ・メディカルスタッフは多くの仕事や役割を担って

いて多忙です。また，病院の場合は職種ごとに所属部署があり，所在も業務の
流れもまったく違うことがあります。このため，職種同士が密に話し合う場面
はそれほどなく，患者さんにどうかかわっているかをカルテの情報で得ること
も多いです。しかし，カルテの情報は限られた内容であることに加え，一部の
職種では専門領域に特化した記録形式があり，内容が専門的すぎる場合もあり
ます。カルテだけで他の職種のかかわりを十分理解するのは難しいと言えます。

　このような事情を乗り越えて多職種連携を形にする方法として，「カンファ
レンス」を実施している機関も多くあります。カンファレンスとは，医師や
コ・メディカルスタッフが一堂に集まって，患者さんについてそれぞれの立場
から意見交換し，治療方針などを共有することを目的とした場です。カンファ
レンスによって，患者さんとそれぞれの職種のかかわりについて理解が深まり，
有益な多職種連携につながることも多くあります。しかし，カンファレンスに
も問題がないわけではありません。十分なカンファレンスをすべての患者さん
に対して行うことや，日々刻々と変化する患者さんの状態に合わせて行うこと
は困難でしょう。また，実施されているとしても，スタッフが書いた資料の内
容を読み合わせるだけの報告会になっていて，本来の目的を果たしていないこ
とも実際には起きています。

　また，コ・メディカルスタッフそれぞれに専門的な考え方と方針があること
はすでに述べたとおりですが，この「それぞれの専門性」が多職種連携を妨げ
てしまう場合すらありえます。それぞれの職種なりにある「この患者さんには
このような問題がある」「だからこうするとよいはずだ」という方針が「食い違
い」に至るケースです。例えば，抑うつ状態で休職し，入院した患者さんがい
るとします。入院生活は問題ないものの，自身の抑うつについて触れることは
なく，発言も少なく活気がない状態で経過しているとします。看護師は「自ら
抑うつの原因に触れて整理できること」を看護計画とし，「発話を促す」介入
をします。作業療法士は，「入院生活で気分転換の仕方を身につけること」を
リハビリ計画とし，「手工芸などの場の提供」の介入をします。精神保健福祉
士は，「復職に向けた準備」を入院支援計画とし，「復職支援機関との調整」の
介入をします。どれも大切な方針で，正しいと言えそうです。しかしそれぞれ
が，「自分の方針こそが治療において正しい」と考えたらどのようなことが起
きるでしょう。「『抑うつの原因に触れる』ことこそが正しいのに『気分転換の

仕方を身につけること』に意味があるのか？」「『復職する』ことこそ正しいのだから『本人が原因を整理する』ことは必要ではない」など治療方針が相容れないものとなり，他のスタッフの方針を軽視したかかわりになってしまいます。これとは逆に，それぞれが自分の方針を重視せず，「治療計画は立てるが，他のスタッフの方針に任せてしまおう」と考えたとしたらどうなるでしょう。それぞれの職種だからこそ見ることのできる部分が抜けてしまい，ある職種の領域に偏った治療になってしまいます。どちらにしても，せっかくの方針があっても動きはバラバラという状況になるのです。カンファレンスでは，ここまで極端ではないにせよ，どちらもある程度生じているのです。互いに「とりあえずあの職種の方針はこうなのか」程度の理解に留まり，「自分たちの方針が，治療のどのタイミングでどう活かされると全体として良い治療になるだろうか」ということまで考えていることは，意外と少ないと思われます。

4．スタッフそれぞれの方針に基づく「動き」を生かした多職種連携の事例

　筆者が以前勤めていた病院は多くのコ・メディカルスタッフが在籍し，多職種連携によるチーム医療を目指していました。摂食障害や依存症など，治療に積極的でなく，再発や悪化を繰り返し薬物治療と休養だけでは改善しない問題を抱えている患者さんが多いという事情もあります。現場のスタッフの感覚で言えば，「なかなか良くなったところが見えない」「治療が難しい患者さんが多い」という印象です。したがって，コ・メディカルスタッフは常日頃から「協働して治療にあたりたい」「方向性を共有したい」と思っていますが，ご多分にもれず，上述の「多職種連携やカンファレンスの実際問題」があり，なかなかうまくいっていませんでした。ここで挙げる事例は，そのような状況でも，工夫をすることで多職種連携をうまくつくり出して改善につなげることができたケースです。

[1] 摂食障害について

　事例として挙げるＡさんの診断は「摂食障害」です。事例の理解の手助けとなるよう，少し摂食障害について説明をします。

　摂食障害は大きく二つに分けられます。極端なやせ願望やボディイメージの障害
（正常範囲を超えて痩せているにもかかわらず太っていると認識すること）があり，
通常の食事量，内容，時間で摂取することを拒む「やせ症（拒食）」と，大量の食べ物
を短時間の内に次々に摂取する「過食症」です。「過食症」には，過食による体重増加
を避けるため，嘔吐や下剤などによる排出行為が伴うこともあります。また，「やせ
症」患者さんに，過食と排出行為が併存する場合もあります。「やせ」も「過食嘔吐」
も著しくなると，脈拍や血圧などの体の基本的機能や内臓機能に大きな影響を与える
ため，摂食障害は生命の危険がある病気です。
　摂食障害の患者さんには，常に「太っているかいないか」「食べるか食べないか」と
いう両極の考えが頭にあり，家族や医療関係者もこれらの考えに振り回されることに
なります。やせ細る患者さんに家族は食事を促すものの，本人は何かと理由をつけて
拒否をする。逆に食事を摂るタイミングや内容，量などを家族に細かく指示をする。
家族は，少しでも食べてもらうために本人の指示に従う。入院治療では，医療スタッ
フ（主に看護師，管理栄養士）が食事を促し，摂取量を細かくチェックする。患者さ
んは拒否しつつも完全に拒否をすれば点滴などの処置が行われるため，少ない摂取量
が長く続くことになり，スタッフからすれば「入院しているのに治ろうとしていな
い」状況になります。主に身体や栄養の管理を行うコ・メディカルスタッフは，家族
と同じように「食べさせる，食べない」の悪循環に置かれるのです。過食の場合，患
者さんの「食べたい，でも食べたら太る」という発言の対応に，周囲は困窮します。
「食べてもよい」と言えば「太ったらどうする」となり，「では我慢したらいい」と言
えば「それができたら苦労しない」となります。入院治療になれば，医療スタッフに
「過食したい，でも，したら治療の意味がなくなる」という類似の問いが向けられます。
家族と同じように，「いいか，ダメか」の堂々巡りに置かれるのです。
　このように摂食障害に対応するコ・メディカルスタッフには，患者さんと「食事と
いう問題」を通した関係に置かれやすい職種がいます。問題を中心に据えた関係です
ので，当然行き詰まりも起きやすいです。だからこそ，摂食障害の治療は多職種が連
携し，さまざまな関係を活用して進めていく必要があるのです。なお，事例のＡさん
は，「やせ症」で過食，嘔吐も併せてもっている患者さんです。

［2］事例と面接経過

　1）事例の概要　Ａさんは30代女性。家族構成は，母，義父，弟。Ａさんが20
代の時に母が離婚し，義父と再婚。弟は結婚して妻と生活。Ａさんは10代で拒食が
出現した後，過食嘔吐が出現。しかし，過食嘔吐は病気ではなく「単にだらしない行
為」と思い誰にも打ち明けずにいた。仕事は続かず経済的に困窮し，Ｘ－1年10月，

母に過食嘔吐を告白して治療開始となるが，断続的であった。Ｘ年 7 月には拒食に転じて入院。多少の体重増加があって退院したが，直後に過食嘔吐が再発。Ａさんは再発を母に言えないまま，当院をセカンドオピニオンで受診。その後入院となり，筆者（以下，Th）との面接となった。

　2）**面接経過**　　Th は面接前に，カルテなどから情報収集をした。看護師の記録には，入院前は日に数回の過食嘔吐があったこと，入院して回数は減少しているが過食衝動は強いことなどが書かれていた。「過食嘔吐になる前に言語化を促す，思いを傾聴する」という看護計画が立てられているものの，どの看護師の記録もＡさんとのやりとりの記載は少なく，担当看護師も「どう思っているのかよくわからない感じです」と苦笑いで話していた。管理栄養士の記録では，食事摂取量の増加は順調だが，過食欲求への恐怖心から余計に過食に意識が向いている状態とされていた。作業療法士の記録では，集団療法にはほぼ毎回参加し，積極的で楽しそうに取り組んでいることが記されていた。また，主治医の記録からは，入院中に家族面談を予定していることなどがわかった。

　＃ 1：主治医から心理検査の依頼もあり，面接と同時に開始。入院生活についてＡさんは，「集団療法や栄養指導はためになる。この病院で治したい」と語る一方で，「同部屋の患者さんから大きな声で病状を聞かれ，断ることもできず困っている」と話した。Th は，治療のスタートは順調で，この調子でいろいろと学んで活用していくことを提案したうえで，「入院生活で困ることは遠慮なく看護師さんに話してほしい」と伝えた。

　＃ 2：Th は性格検査の結果について，「言いたいことがあっても遠慮して言えない」「ぶつかり合いが起きないように周囲に合わせ過ぎてしまう」傾向を伝えた。Ａさんも納得し，「自分さえ我慢すればいいとずっと思ってきた。それが溜まると爆発する。小出しにできればいいが，悪口を言うのも苦手」と話した。Th は，言いたいことを言わないでいるストレスが過食嘔吐にも影響するため，意思表明していくことを治療方針として共有した。

　＃ 3：Ａさんが過食嘔吐への対応策を求めたため，Th は過食をしそうだったがせずに済んだ時のことが手掛かりになるので覚えておくよう依頼をした。また，病室の移動が予定されていて，環境が変わることに落ち込んでいるものの，どうにもならないことと思い誰にも話していないことがわかった。Th は，「『どうにもならないし我慢しよう』では，検査の結果と同じことになる。話すだけは話そう」と提案した。

　＃ 4：部屋のことを看護師に話したところ，「治療を頑張っているから似た環境にする」と言ってもらえたと笑顔で報告された。また，「過食嘔吐をしないで済んだ時ではなく，しないで済む方法が見つかった」と話したため，Th が驚いて内容を聞くと，

「読書，アクセサリー作り，マッサージ，温かい飲み物を飲む，好きなものを一つだけ美味しく食べる」などを挙げ，実践して効果があったと話した。Thは，これらが集団療法や栄養指導で得たものであるとわかったため，「注意が自分の内面に向いていると悩みが続きやすく，外側に向く何かをすると切り替わる」「気持ちが落ち着くような行動だとなお良い」と説明のうえ，「Aさんの過食予防の方法は，心理学的にも理にかなっている」と有効性を強調し継続を勧めた。

　#5：面接前，Thはカルテの情報から，主治医と母の面談が行われたこと，主治医は母に病状の理解を求めたが，母は終始自分の傷つきを訴えて折り合わなかったことを確認した。Aさんとの面接では，過食衝動については予防法を実践して有効だったこと，食事の完食も続いていることなど改善が報告された。一方，主治医と母の面談で，母が理解をしてくれなかったことに焦りを強めていて，「このまま退院しても元どおりだ。過食嘔吐のことも含めて，自分の本当の状況を早く告白したい。そのタイミングを教えてほしい」と問いかけてきた。Thは，母がすぐにAさんに理解を示すとは考えにくいこと，主治医もAさんに「母とはまだ距離を取るように」と助言することを想定し，「早く告白したいことを，まずは診察で主治医に伝えよう」と提案した。

　#6：Aさんより，主治医から告白は待った方が良いと言われたため，まずは弟夫婦に話したところ理解してくれ，弟からも母への告白は待つように言われたことが報告された。また，友人にも初めて事情を話し，理解して味方になってくれたと話した。Aさんは，「『自分をだらしない』と思っていたのは自分だけだった。やっと自分が病気だと受け入れられた。母に認めてもらう前に，まずは自分が認めないと」と語った。Thは，「今までは『母はこう見ているんじゃないかな』という母の見方で自分を見ていたのでは」と整理した。

　#7：退院までに家族同席の面談を行うことが決まった。Aさんは，母が病気を理解してくれるか，義父は経済的援助を認めてくれるか，面談の前に弟が親に根回ししてくれないだろうか，など心配しやきもきしていた。Thは，「自分の知らないところで話が進むと，いつか秘密ができてしまう。今まで秘密にしたことで苦しんできたのだから，今回はAさんからすべてきちんと言う方がいい」と助言した。

　#8：家族面談で，Aさんは病状や借金のこと，生活援助の要請などすべてを話した。母も理解を示し，その後は弟を交えた話し合いとなって「みんなで協力して解決しよう」との結論になった。Aさんは「全員の中で隠しごとがなくなった」とすっきりした様子で話した。#4以降，過食は消失し，食事も完食が続いて体重，BMIともに改善していた。Aさんは退院後の再燃の不安も漏らしたが，Thと入院で得たことを振り返り，引き続き実践してくことを確認した。退院後，外来通院とフォローアッ

プ面接に移行した。

[3]「多職種連携」を生み出す工夫

　Aさんは「治療を受けて治りたい」という動機づけは高かったと言えます。しかし病歴は長く，入院前の状態も深刻で生活もひっ迫していました。入院後，これまでの治療は何もしてもらえなかったと話していたことからも，変化が感じられなければ焦りを強めて治療意欲が下がることも考えられました。Aさんに限らず，治療継続のためにはなるべく早い段階で，コ・メディカルスタッフのかかわりが「連携」するよう工夫する必要があります。

　1）情報を集める時の工夫　　面接前の情報収集で中心となるのはカルテの記録ですが，直接話して得られる情報も多くあります。初回面接前に担当看護師がAさんの印象を話してくれたように，ちょっとした立ち話のような情報収集もあります。むしろその方が「記録には残せなかったけど」という大事な話が聞ける場合もあります。そのように得た情報と，カルテの記載，患者さんの話をつなげながら聞くことで，状況の理解がスムーズになります。情報収集に決まった形はなく，どのように集めたものでも情報と考えることが，工夫の一つ目です。

　二つ目の工夫は，集めた情報をどのようにつなげるかに関することです。それは，部分的，断片的な情報から「何が想像，想定できるか」という視点をもつことです。この視点によってわかることが増えます。Aさんの「誰にも打ち明けるができず」や，「再発を母に言えないまま」という部分から，Thは「Aさんは何かを言えずに，言わずにいることが多いのかな」と想像しました。また，「過食嘔吐になる前に言語化を促す」「思いを傾聴する」という看護計画からは，「Aさんに言葉で表現してもらいたい」という方針が想定されました。ところが，記録上のAさんとのやりとりの分量は少ないですので，「あまり言ってきてくれないな」という状況だろうと想像できるのです。また，担当看護師の「よくわからない感じです」との発言からも，Aさんからの発話が少ないと想定されます。部分的な情報でもさまざまな想定や想像によって，他の情報とつながっていくのです。

　2）「連携」を構成するための見立て　　得られた情報から，Thも「心理士」としてAさんの心理面の見立てをします。1）で述べたことや心理検査から，

Aさんは「意思表明を抑えがち」「他者に合わせすぎる」ことが考えられました。また，母に過食嘔吐を言えずにいたことは「葛藤的な交流は回避したい」傾向があると考えられました。重要なことを他者に言えない状況が続けば，「対人関係で緊張感を強く感じやすい」ことも想定されます。これらがストレスとなって，過食嘔吐に影響していると考えられます。以上の見立てから，「思っていることを率直に口に出せるようになること」「過食症状の軽減や対処ができること」「その援助としてのカウンセリング」という心理士としての治療方針を立てました。

　「心理士」としての見立てが立ったら，そのようなAさんが「治療環境ではどうであるのかを知る」ことが大切です。「入院治療環境とAさん」についての見立てとも言えます。これが，「多職種連携」をつくるために重要な点です。Aさんは集団療法に毎回参加し，栄養指導も受けて「ためになっている」と話しています。これはAさんの治療が良い方向にいっていることを示すだけでなく，作業療法士や管理栄養士との関係が，大まかに言って「うまくいっている」ということを示しているのです。多職種が関与する治療では，スタッフの数だけ「患者さんとの関係」があります。当然，うまくいく場合もそうでない場合もありますが，すべての関係がうまくいかないと多職種連携ができないわけではありません。コ・メディカルスタッフのかかわりが，患者さんが良くなることに活かされればよいわけです。Aさんの場合，うまくいっていないわけではないですが，看護師に対して言語化が少ない状況がありました。看護師の視点だけで見れば，「言語化を促す計画は未到達。患者さんの現状にあったプランに変更する」と評価されるかもしれません。看護師とAさんの関係だけで評価した場合，「できなかった」となってしまうわけです。しかし，多職種連携の現場では，Aさんとかかわるスタッフは大勢います。Aさんとそれぞれのスタッフとの間で，大まかに「うまくいっている」「普通」「うまくいっていない」くらいの整理ができます。このように，入院環境において，患者さんとどのスタッフとがどうつながっているかについて，大体でも把握できることが「連携」を考えるときに役立ちます。

　3）どの関係をどうつないで活かすか考える　「Aさんの心理面」と「入院治療環境とAさん」という二つの見立てができたら，これらのどの部分をどうつなぐことができるだろうか，ということを考えながらAさんとの面接に臨

みます。多職種連携した動きになるように，具体的に働きかける段階です。

　Th は，A さんの心理面の見立てを伝えると A さんにも自覚がありました。しかし看護師は A さんを「言語化が少ない」，「どう思っているのかよくわからない」と見て，A さんからの言語化を待っています。そして A さんには「同部屋患者さんについての悩み」という，身近な看護師に相談するにはうってつけの問題があったわけです。Th はこの状況を活用して，「入院環境で困っていることは遠慮なく看護師さんに話してほしい」と A さんに伝えることが，「連携」にとって良い選択だと判断しました。経過には書きませんでしたが，面接後に看護師にも「同室患者さんのことで困っているようなので，看護師さんに話すように言いました。少し待っていてください」と伝えておきました。この後，A さんは看護師に相談して対応してもらうことになりました。このように，A さんの困りごとと看護師の方針をつなげることで，「言えない A さんと，言うことを待っている看護師」の関係が変化しました。A さんの治療に看護師が「連携」して動いていると言えます。部屋移動の不安でも，同じように A さんと看護師をつなげています。この時の看護師の「頑張っているから」という対応は，A さんにとって力強い応援となりました。

　＃ 4 では，「過食嘔吐の対処」という話題から，A さんと作業療法士，管理栄養士のつながりを「強める」ことをしています。A さんは，集団療法や栄養指導から得たことを主体的に活用して過食の対処をし，効果も出ていました。Th は，これを後押しすることで「連携」が強まると判断し，A さんの取り組みを驚きと関心をもって聞いています。さらに，心理学的な観点からも有効と説明することで，A さんは納得を強めました。作業療法士，管理栄養士の「連携」を強めると同時に，Th が心理士として「連携」したと言えるでしょう。

　＃ 5 以降は，主治医との「連携」に関する介入が多くなっています。A さんは退院後の生活の見通しに焦りを強め，早く家族の理解を得ようとしていました。しかし，主治医の治療方針では「入院中に家族面談を予定」していますので，最終局面である A さんと家族の話し合いは，主治医に指揮してもらうべきです。Th は，焦って質問する A さんに意見を伝えることは避け，「主治医にわかっておいてもらう」ことを提案しました。主治医が A さんと母のタイミングを見計らって動いていることは記録から想定できたので，Th も迷うことなく主治医の動きと「連携」することができたのです。

　以上のように，Aさんの話からAさんの動きを知り，多職種の方針から動きを知り，心理士としての見立てに基づいて，どこをどうつなげると全体としてうまくいくだろうか，と考えながら面接をすることで「多職種連携」が実現したと考えます。

5．まとめ

　「多職種連携」を生み出す工夫について事例を通して説明しました。「多職種連携」は形が先にあってそれをすればよい，というものではありません。患者さんの経過は変化を伴って進み，スタッフそれぞれとの関係もさまざまに変化します。それに伴って「連携」のあり方も常に変化します。コ・メディカルスタッフそれぞれが，患者さんとの関係を考え，動きを考慮し，どういうつながりにするのかということについて，ちょっとした意識をもつことで，治療に役立つ多職種連携が実現できるのではないかと考えます。

第Ⅱ部－第4章
児童精神科における治療：
解決は《子どもだけ》から《関係者》へ

1．児童精神科ってどんなところ？

　児童精神科は，読んで字のごとく子どもの精神科になります。精神科とあるように基本的には精神症状や精神疾患に対する精神科診療に基づいて診察をしていきます。下は乳幼児，上は思春期年齢が主な対象者になります。あえて思春期年齢と書いたのは，病院によっては中学生までとする場合もありますし，高校生までを対象とする場合もあるのでここでは思春期年齢と記載します。乳幼児から思春期年齢までを対象としているのもあってか，時折，患者さんの中には小児科に近い存在と勘違いをされている方もおられますが，精神科です。

　児童精神科は，小児を対象とした年齢における①精神疾患に対する精神科的対応，②発育・発達に関する対応，という大きな2本柱で構成されていると考えられ，健康的な精神衛生と環境への適応が良くなることを目指します。基本はこの2本柱ですが，療育に力を入れているものもありますし，精神疾患の方に力を入れているものもあり，さまざまなコンセプトがあります。大人の精神科との違いは，大人の場合はどちらかというと何かしらの要因で損なわれた力を取り戻したり，能力低下を防ぐための方略を中心に考えていきます。一方，児童精神科は子どもを対象としているので，考える力，感情表現，日常生活スキルの定着具合などの発育・発達面を中心に考えていきます。また，大人の精神科に比べるといろいろな機関との連携が多くなることも違いと言えます。

　児童精神科に患者さんたちが来院する目的は，親や学校側のニーズが前面に出ていることが大半です。「○○の場合はどうしたらいいのでしょうか？」「この子の考えていることがわからないので，心の内を探ってほしい」「発達障害かどうかを診てほしい」など，さまざまなニーズがあります。特に昨今では虐待やいじめによるトラウマ（PTSD：心的外傷後ストレス障害）のアプローチ

は欠かせないものとなってきています。世間でもいじめや虐待への意識が高まっているなか，そのような深刻な傷つき体験を治療するトラウマ治療を求めて来院される方も少なくありません。ただ，上述したように親や学校のニーズが来院のきっかけになっていることが多いので，子どもからすると「よくわからないけど連れてこられた」や「嫌々連れてこられた」という認識になっている子が多くいます。「男の人だから嫌」と性別で判断して嫌がる子もいるので，子どもにいかに《敵》として認定されないか注意していかないといけない現場です。

2．実際には，どんなことをしているの？——心理士の仕事

　業務は先に述べた2本柱で基本的に構成されているので，それに対応したものになります。中身を伝えると，DSM-5などに基づく精神疾患への心理療法はメイン業務の一つです。トラウマへのアプローチ以外に，親子関係の不和による情緒的な問題や発達障害がベースにあることによるトラブルへのアプローチもしています。ただ，病院内でできることは限られているのでアプローチの方針が決まった際には，学校の先生や支援機関の職員と会議や電話連絡をして協力が得られるように働きかけることも心理療法の一環と含めて行っています。

　もう一つ，発達・知能検査もメイン業務になります。代表的なものにWISC-ⅣやWPPSI-Ⅲ，K-ABCⅡ，新版K式2001などがあります。その他，PARS-TR，Vineland-Ⅱのような発達特性を測ったり，日常生活スキルの定着具合を測るものもあります。これらの検査結果から，どのように日常生活・学校生活においてつまずきが生じているのかを推測し，その支援策を本人や親，場合によっては療育機関や他の相談機関，学校の先生たちなどへ書面や口頭でフィードバックをしていきます。こういった検査は，児童精神科の場合，主訴にまつわる要因を探る手立ての一つとして受診したら必ずと言っていいほど施行します。大体の場合，まず知的発達を調べる検査と発達特性の有無を調べる検査をして，必要に応じてさらに検査をします。

3．なぜ関係性に注目する必要があるの？

　医療という立場上，心理士であってもカルテを作った人を対象にしないといけません。その人以外に目を向けてアプローチをすることは余計なお世話として一般的には言われてしまいます。児童精神科もこういった考えがベースにあるので，カルテのある子を治療するという発想が基本です。もちろん子ども本人へのアプローチは大切なのですが，子どもは《親や友達，学校などとのかかわりを通して育まれていく存在》と考えると，子どもにとって関係性の重要さが伝わるかと思います。そして，子どもにまつわる問題はその子どもと周囲との関係性に何らかのつまずきがある場合に生まれると考えられます。関係性によって問題が生じるのであれば，裏を返せば，治療効果もその子どもと周囲との関係性によって大きく左右されるはずです。その治療効果を最大限に引き出すためには関係性へのアプローチが必要と考えられるのです。

4．事例

　「治療効果は子どもと周囲との関係性によって大きく左右される」と述べたことのイメージをつかんでもらうために，関係性の変化が起こったことで問題が改善・軽快していった二つの事例を紹介します。どちらのケースも架空事例ですが，いくつか参考にさせていただいた事例から昨今の児童精神科で多くみられるであろう事例になるように承諾を得て脚色したものです。ですから，リアリティはそれなりにあると思います。①は子どもにまつわる関係性が変化したことで主訴が解消したケース。②は関係性の改善があったからこそトラウマの治療へと移行することができたと考えられるケース，になります。

事例①：ケンタくん（仮名）小学校 5 年生のケース
　当院に来院するきっかけの困りごとは，「不登校」と「母親に対する暴言・暴力」でした。家族構成は，母親（30 代），ケンタくん，妹（小学 3 年生），祖母（60 代，母親の母親），曾祖父（80 代，母親からみた祖父）の 5 人。母親は，未入籍でケンタくんや妹を妊娠・出産。その後，パートナーと別れたことをきっかけに実家に戻っての生

活となりました。帰省後，母親への暴言・暴力が繰り返されるようになり，ケンタくんが小学校 4 年生の冬休みが明けたころから不登校状態になったという経過でした。

　ケンタくんの生活状況を調べていくと，母親には繰り返されていた自殺未遂，感情の波があることによる不安定な養育（ネグレクト的な養育）があり，母親と祖母との関係がすこぶる悪く，物が飛び交い，包丁を持ち出すような激しいケンカがしばしば起こっていました。さらには曾祖父には軽度〜中等度の認知症があったため，祖母は介護によるストレスが溜まり，激しく罵り合う言葉が飛び交っている，そのような生活環境でした。

　ケンタくんの知的発達を調べてみるため WISC-Ⅳ を施行すると 80 台前半であり，細かく結果を見てみると，言葉の理解力や表現力と耳で聴いた情報を覚えておく力が弱いことが示されていました。つまり，母親からの指示は十分に伝わっていなかったことで母親とケンタくんとのコミュニケーションの食い違いが生じていた可能性や，学校の授業についても学んだことを忘れてしまっていたか，そもそも理解できていない部分が多かった可能性が示されていました。そういった家や学校のストレスが不登校要因として考えられました。本人は「かあちゃんが悪いんだよ，おれ，別に悪いとこない」と述べており，通院意欲は芳しくありませんでした。母親の方は，そんな風に子どもから言われ続け，かつ，祖母からも「あんたの育て方が悪い」と言われていたこともあり自責的になり，完全にうつ状態となっていました。そのような状況でしたので，母親は非常に孤独感も強く「いつ死のうかっていつも考えてる」と述べていました。学校も上記のような家庭状況と母親の状態を知っていることもあって，「虐待的なかかわり（ネグレクト）をしている母親」「いつ，また自死しようとするかわからない非常に不安定な母親」という認識をもって警戒していたため，母親は学校にも相談できない状態でした。

　主治医が診察を進めていくと，母親の通院意欲が非常に高いことがわかってきました。母親は「児童相談所の人からも言われたんですが，私自身がネグレクトを受けて育ってきたから，子どもたちへのかかわり方がわからない。私自身が不健康だから子どもも不健康なんです。私が変わることで何か変わることはあるのでしょうか？」と述べていたそうです。母親の意欲の高さを受けて，主治医が勧めて心理面談となりました。初回では，これまでの経緯の確認と母親のニーズなどを把握していき，図Ⅱ-1のような見立てを考えました。

　そして，主治医と私との話し合いの結果，子ども自身にモチベーションがないので，キーパーソンである母親を中心にアプローチをしていき，ケンタくんにまつわる諸々の関係性の変化を狙うこととしました。具体的には，この母親の「子どもへの接し方は間違っている」という認識や「私自身が不健康だから子どもも不健康」という認識

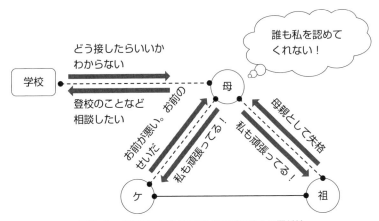

図Ⅱ-1　母親の否定的な認識と自責感を強める関係性

を和らげることでケンタくんとの受け身的なかかわり方の変化を狙いました。それにより「暴言・暴力をする・される関係」が変わるかもしれないと思ったわけです。また，母親自身の治療のモチベーションの高さを祖母と学校に示すことで，祖母と学校の認識が「虐待的な母親」「育て方が悪い母親」という認識から「子どもを何とかしようといっぱいいっぱいな母親」という認識に変わり，「母親をフォローする・される関係性」になるのではないかと考えました。

　そのような方針で治療展開をしていくことになったのですが，母親の養育不安が強いので，支援機関 A（家庭内の悩みや不登校児などをサポートする機関。以下，支 A とします）と連携を取ることにしました。そして，「いっぱいいっぱいな母親を支援する」という文脈を共有し，家庭支援についての協力を要請しました。その支援機関 A の職員さんは母親の受診に合わせて，なるべく付き添ってくれることを了承してくれました。

　このケースは学校や児童相談所もかかわっているケースですが，こういったかかわる人が多いときには，その全員を対象とするのではなく，《現時点で変化を起こすことに必要な人たち》に絞り，かつ，《どの関係性が変化しやすいのか》を考えていく必要があります。今回は支 A と母親の関係性が扱いやすいと判断し，メインの介入ポイントにしました。当院の面接では，支 A に入ってもらい，母親：支 A にこれまでの努力や現在している工夫などを話す⇒支 A：労う，というやりとりが生まれるように配慮しながら面談をしました。途中から，支 A は通院の付き添いは難しくなりましたが，一貫して労う支援をしてくれ，祖母の方にも似たように労いをしてくれるようになっていました。

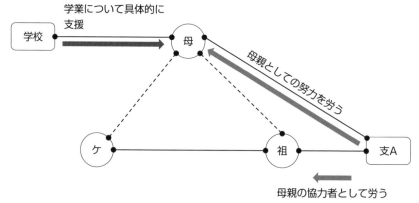

図Ⅱ-2　支援機関が母親への共通認識をもち，支えていく関係性

　また，学校の方には上記に示した WISC-Ⅳの結果や母親の精神状態を伝えたことで，「どうかかわったらいいのかわからない」というような学校の認識がほぐれ，母親とのかかわりを増やしてもらえることとなりました。図Ⅱ-2のようなイメージに展開していったと考えられます。

　関係が変化してくると徐々に母親と祖母の確執が解消されたり，母親との信頼関係ができていた支 A の支えによって孤独感も消失されていきました。そうして母親が安定してくるころには，ケンタくんと母親の関係性も改善し，登校が可能になりました。また，学校も母親への労いを示したり，ケンタくんのポジティブな側面を母親に根気強く伝えたりするなど，学校と母親の関係性にも変化が生まれてきました。そういった変化の影響もあり，ケンタくんは勉強への意欲が出て積極的に勉強のサポートを受けるようになるなど，当初の主訴が改善されていきました。最終的に図Ⅱ-3のような肯定的な関係性，母親からすると「相談して解決策を見出していける関係性」になり，不登校や虐待的なかかわりといった主訴が解決したことから心理面談は終結となりました。

　このケースは，ケンタくんの発達の凸凹などの要因はあるものの，母親と祖母の極度な関係の悪さ，母親と学校の膠着した関係性など，周りの影響を受けて問題が大きくなっていったケースと考えられます。また，ケンタくんは「困ってない」「かあちゃんが悪い」と言っていたように，本人に通院や面談へのモチベーションがなかったため，子どもだけへのアプローチでは難しいケースでした。母親や学校，そして支援者などの関係性に着目し，変化を起こせた

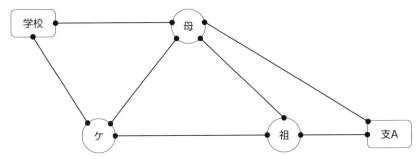

図Ⅱ-3　母親を中心にポジティブなつながりができた機能的な関係性

ことによって主訴までもが変化したケースと考えられます。

事例②：ミユキさん　中学 2 年生

　当院に来院するきっかけの困りごとは，ご両親からは「人と会うのも恐怖でずっと自宅に引きこもっている」で，ミユキさん本人からは「元の状態に戻してほしい」でした。家族構成は，父親（40代），母親（40代），ミユキさん，妹（中学 1 年生）の 4 人。主訴を細かくうかがうと，所属していた運動部を少しでも連想させるワードを聞いたり考えたりすることや，日差しを浴びたり日の暖かさを感じることなどでフラッシュバックが起きていました。フラッシュバックとは，その時の体験が生々しく意志とは関係なく思い出されてしまうことです。ミユキさんの場合は，部活の指導者の厳しい顔が浮かんだり，怒号が思い出されたり，身体を酷使した感覚などが次から次へと止めどなく思い起こされていました。それがあまりにも辛いために，パソコンで言うところの強制シャットダウンのような感じで失神してしまうパターンが生じていました。

　このような症状が生じてきた経緯を訊いていくと，母親から「所属していた運動部は強豪校なので，日々の練習の過酷さや強烈な指導の繰り返しが行われていたようで……心身ともにぼろぼろでうつになっていたと思います。それで学校に行けなくなって……。結局，部活のことを考えると辛いっていうことで辞めることになったんです」と語られました。一方，ミユキさんは強豪校に所属していた自負があり，かつ，コーチから「気合があれば問題は乗り切れる」「精神的にたるんでるから，弱音が出る」「『動けない・やれない』は怠け心の問題」などの信念を叩き込まれ，その影響で彼女の中では精神科を受診＝精神的に弱っている人＝怠け人間・根性が足りない人間というような認識がつくられていました。そのため受診に対して拒否的でした。ただ，失神してしまうことや日常生活で頻繁に起こるフラッシュバックなどのトラウマ症状

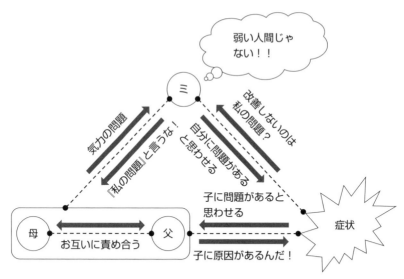

図Ⅱ-4　症状の原因を探すことによって返って症状が強くなる関係性

にはミユキさんも困っていたので，母親の勧めにしぶしぶ応じる形で受診することを決めた，とのことでした。受診には至ったものの診察に納得いかなければ，すぐに通院をやめることも母親には言っていたようでした。

　また，主治医が母親に夫婦の関係性を訊くと，お互いを責め合ってしまい，父親は徐々にミユキさんとかかわることをやめて離れていっていることに不満が募ってきており，夫婦関係はどんどん不仲になっているとのことでした。関係が行き詰ってきたので問題が大きくなっていく流れです。こういった情報を主治医から申し送りされ，心理面談を紹介されたのですが，初めてミユキさんに会ったときには「お前も私のことを弱い人間と評価するのか？」とでも言っているかのようなにらみつける目をして私のことを見つめ，私の発言に否定的要素がないかどうか非常に敏感になっていました。

　心理面談の初回面接で主治医より聴いていた情報の確かめとミユキさんの思いを聴きながら，関係性の方にも注目していくと，①ミユキさん（以下，ミ）：学校に行けない日が続く⇒母親：「気持ちの問題」と叱責⇒ミ：フラッシュバックがひどくなり暴れる，もしくは，失神する⇒母親：どう接したらいいのかわからず呆然とする，というパターン，②ミ：我に返り，症状を出したことに「私は弱い人間なんだ」と自責の念を抱く⇒ミ：「こうなったのはお前らのせいだ」と父親と母親を責める⇒ミ：部屋に引きこもる⇒親：父親と母親はお互いを責め合う，といったパターンが見えてきました。この時点の大まかな見立ては図Ⅱ-4のように考えました。このケースの場合

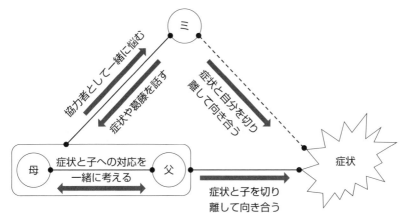

図Ⅱ-5　症状を改善するように親子で動くことができる関係性

は「症状との関係性」も考慮に入れ，症状は擬人化した感じで捉えることにしました。
　医師と相談し「トラウマ症状によって本人も周囲も振り回されて困っている状態」
という発想を説明することにし，「本人の精神面の弱さの問題」や「本人とご両親の
関係の問題」ではなく「トラウマ症状と本人・家族の関係の問題」と問題の再定義を
しました。もう少し具体的に述べますと，両親の不仲の状態に対しては「ミユキさん
の症状に対して二人ともお手上げ状態」であることを確認し，「トラウマ症状が強い
場合は，それが伝わり，周囲の人たちみんなの関係がギスギスしてくるのはよくある
ことです。ご両親の関係性とかどちらか一方に問題があるのではなく，症状に巻き込
まれた結果でギスギス状態になっているんですよ」と「多くの人が同じような経験を
していること」として説明して不安の軽減を図りました。それでもご両親の不安はす
ぐには治まりませんでしたが，ご両親の思いを聴きつつモチベーションを維持できる
よう働きかけたことで「あのときは良かったかも」と良い点にも注目ができ始め，夫
婦でミユキさんの変化を話せるようになっていきました。ご両親の仲が話し合える関
係性に変化し，トラウマ症状との向き合い方を相談し合える関係性ができたことで，
子どもとの関係性も「叱責する関係性」から「トラウマ症状を一緒に悩み，協力し合
う関係性」に変化してきました。それに伴いトラウマ反応の頻度はいくらか軽減して
きたので事例①のように変化が波及することに期待し様子見をしていましたが，失神
はほとんどしなくなったものの身体が勝手にピクピク動いてしまったり，身体が反っ
ていったりする状態は残っていました（ちなみに身体疾患系の検査はすべて異常なし
と言われています）。それ以降は，本人のニーズもあってトラウマ治療に切り替えて
治療していくこととなりました。この時点では図Ⅱ-5のような形に変化したと考え

られます。

　トラウマ治療とその後の展開の詳細は避けますが，このケースの大事な点として，夫婦仲と親子の関係性の変化があったことで，あれだけ拒否的だったミユキさん自身の症状に対する認識が変わり，トラウマの治療へと至れたことが挙げられます。夫婦仲，親子関係の変化がなければ，トラウマの治療へと移行はできなかった。もっと言えば，あれだけ猜疑心や拒否感が強かったので，受診拒否にまでなっていた可能性があったケースと思われます。

5．まとめ

　さて，いろいろと述べてきましたが，最後に関係性の視点が有効だと思う理由として，事例①のように子ども本人にモチベーションがないことがあっても，「その子どもにまつわる関係」と見方を拡げて考えれば，何かしらアプローチできる点が見つかることです。事例②のように子どもにアプローチをするにしても，まず子どもに対する周囲からのネガティブな影響が減らないと，子どもにアプローチした効果は出ないばかりか，逆に「治らないのは私が弱いからだ」というネガティブな認識をさらに強める可能性が生じてきます。こういったリスクを回避しやすくなる点もケースを進めるうえで有効となるでしょう。また，驚くほどの変化が生まれる可能性があります。子ども本人の調子が崩れていても，関係が行き詰っておらず，柔軟な対応ができる関係が構築されていれば，家族の中で，もしくは関係機関の中で自然に変化が生まれ，自助解決できる関係性ができ，いい意味での医療離れをしていくことがあります。

　児童精神科は，子どもと周囲との関係性がすこぶるこじれているケースが多い現場です。そのため，ドロ沼にはまりこんでいる関係性のアセスメントにも，はまり込みを解消して何とかやっていける関係性を構築する手立てとしてもシステムズアプローチが果たす役割は大きいように感じています。本稿の内容が児童精神科の雰囲気の理解と，関係性へのアプローチの有効さが伝わればうれしい限りです。

第Ⅱ部－第5章
大学病院における困難事例への心理支援

1. 大学病院という現場と患者さんとその家族

　病気になると，普通は自宅から近く通いやすく，評判の良いクリニックや総合病院などを受診します。受診先のクリニックや病院は，地域に根ざし日々の生活に密着しながら医療を提供する，いわば「健康の番人」の役割を担っています。しかし，風邪や軽い病気では済まされない病気や持病の急激な悪化が疑われたりすると，より充実した検査設備や専門の医師がいる病院の受診を勧められます。そこでの検査結果などによっては，より高度な設備や人材が揃い，専門的な治療を得意とする病院を紹介されます。その紹介先の一つが大学病院です。大学病院は専門的な検査・治療を行うだけでなく，より良い医療のための研究を行い，医師をはじめとする医療関係者の育成の中心的な役割も担います。各地域の状況にもよりますが，自宅近くにある身近なクリニックや診療所，リハビリ病院などと区別して，大学病院は「地域医療において中核的な役割」と位置づけられることもあります。そのため，患者さんとその家族は，病気の検査や治療が難しい場合に，受診先から紹介状を渡され，大学病院を訪れることになります。こうした経緯から，大学病院は「最後の砦」と言われることも少なくありません。

　大学病院に来院する患者さんや家族は，受診に至るまでに身近な医療機関を受診しても治らなかった，より専門的な医療が必要とされたなどの事情で，紹介されてきた人たちと言えます。重い精神疾患を患っている，非常に多彩な精神症状を呈すといった病気の重さだけでなく，その背景に，非常に複雑な幼少期からの生い立ちがあること，家族関係の問題，知的発達の課題などによる生活の困難さ，などを抱えていることもあります。また，患者さんの数が一定の基準（国の人口の0.1%）より少なく，発病の原因も不明で治療法も未確立な「難病」を抱えた患者さんとその家族が，精神疾患を併せて患う場合など，多

岐にわたります。

2．なぜ困難になるのか

　大学病院に訪れた患者さんとその家族は，専門的な医療が自分を救ってくれるという期待感を抱きます。この期待感と同じかそれ以上に患者さんとその家族は，これまでの検査や治療を通して経験した医療関係者のかかわりによって不満や不信感を抱いていることがあります。こうした気持ちが入り混じっていると，患者さんとその家族は今後の治療を受けること自体に不安を抱いたり，治療を進めていくうえで必要な関係を大学病院の医療関係者と築きにくくなったりします。最悪の場合，必要な治療を患者さんとその家族が受け容れない場合もあり，医療関係者も対応に困ってしまうことさえあります。

　また，上記とは別に，大学病院に来院する前から，患者さんとその家族は複雑な経緯や家族関係の問題を抱えていることがあります。そのような患者さんとその家族に重たい病気がのし掛かってきたことを境に，患者さんとその家族が抱えていた複雑な経緯や家族関係の問題が，さらにこじれた関係に陥ってしまう場合があるのです。例えば，患者さんと家族の関係が良好とは言えない状態のなか，患者さんが重たい病気なった時，家族が良かれと思い行った助言が患者さんの反感を買い，より患者さんと家族の関係がこじれる，といったようにです。他にも，患者さんとその家族の問題となる複雑な経緯や家族関係として，家庭環境の劣悪さや，家族に治らない病気を罹っている人がいたり，学生時代の友人からのいじめなどがあったりとさまざまです。

　このように来院した患者さんとその家族の困難には，病気を患う前から患者さんとその家族を苦しめている，複雑な経緯や家族関係の問題が影響しているのです。

3．困難事例への対応のポイント

　医療への不満や関係者への不信感が強い患者さんとその家族は，医療や関係者とのやりとり自体に抵抗感を示すことなどがあります。医療や関係者はできればかかわりたくないと，患者さんとその家族から遠のいてしまうような関係

を気づかないうちに築いてしまう可能性もあります。システムズアプローチにおいては人と人のやりとりのなかでお互いが影響を与え合い関係を維持していると考えます。つまり，抵抗感を示す患者さんとその家族を直接的に変化させるよりも，医療・関係者が自らやりとりを変えていくことで，患者さんとその家族との関係に影響を与え，治療を協力して進めていける関係を築くことができます。そのために，患者さんとその家族が現在の医療・関係者とどのようなやりとりをしているのかを観察します。一方で，これまでにどんな人と，どのようなコミュニケーションをしてきたのか，という情報を集めていきます。次に，現在のやりとりと集めた情報を比較し，患者さんとその家族はどんなことに不安や不信感をもつに至ったのかを捉えます。それを踏まえて，これまでと異なり，患者さんとその家族と治療についてともに話し合いながら進めていく関係を築くことが重要となります。

　それと同時に，医療関係者は患者さんとその家族が複雑な経緯や家族関係の問題を背景に，重たい病気を抱えながら，どのようにこじれた関係が続いているのかを把握していきます。そこから医療関係者はこじれた関係に対応しようとしている患者さんとその家族の関係自体を変化させることで，複雑な経緯や家族関係の問題に影響された，こじれた関係から脱し，患者さんとその家族が自ら今後の治療や生活に前向きに取り組めることを目指していきます。

４．困難事例の実際

　ここからは，二つの困難事例を提示して，どのような対応をしていったのかを具体的に考えていきたいと思います。提示する二つの事例の内容は困難化した事例への対応のポイントを中心に示しています。なお「　」は患者さんの発言，〈　〉：は筆者（以下，Th）の発言とします。

[1] 複雑な家庭環境を抱えると同時に，重い抑うつ症状を患ったＡさんの事例
　１）Ａさんについて　　女性（30代）の方で，一般企業に会社員として働いていました。大学病院で初めて出会ったときは，ひどく痩せており，疲労感が全身から滲み出ている印象を受けました。
　２）家族とこれまでの経緯　　Ａさんは同年代の夫と二人暮らしをしていました。

夫は外国出身の人で，込み入った内容には通訳が必要でした。夫は命にかかわる重たい病気で，身近な人にもうつってしまう可能性がある感染性の病気を患っていました。

　Ａさんの母親（以後，母）は，Ａさんが物心つく前から行方不明でした。父親（以後，父）は，幼いＡさんを一人で育てられず，Ａさんを施設に預け，Ａさんが中学生の時に病気で亡くなってしまいます。Ａさんは高校生の頃に親戚に引き取られ，夫と出会うまで親戚と生活をしていました。その親戚も数年前から重病を患っていました。

　3）心理面接の導入に至った経緯　　受診の約１年前，行方不明だった母から急に連絡があり，Ａさんは母が重たい精神疾患で精神科病院に長年にわたって入院していたことを知りました。同じ時期に，夫の感染性の病気も明らかになりました。この頃からＡさんには，円形のものが見える（要素性の幻視），抑うつ状態や死にたいという考えが浮かぶなどの症状が出るようになり，それが悪化していきました。Ａさんは近所の内科，心療内科や精神科クリニックを次々と受診しますが，症状は改善しませんでした。その後も病状は悪化の一途をたどり，受診先の医師から大学病院を紹介されたものの，半年間の診察を受けても改善されませんでした。主治医は改善の糸口を探すべく心理面接を提案し，Ａさんは了承しました。

　4）ここまでの解説　　Ａさんが苦しむ症状だけでも困難な事例と考えられるかもしれません。しかしシステムズアプローチでは，関係性のあり方を重視するものの見方をします。Ａさんを取り巻く人々が皆，重い病気を患っているか亡くなっていました。そしてＡさんに母や夫との問題が降りかかることで，家族をサポートしなければならない負担のかかる立場に置かれてしまう関係が想定されます。加えてＡさんは医療機関を受診しても症状が改善しなかったという，Ａさんの思うようにいかなかった経験を重ねています。よってＡさんは，今後，自分の相談をする相手に不信感や抵抗感を抱きやすいかもしれないことが考えられました。

　5）面接経過：Ａさん単独の面接
　#1〜#3
　Ａさんは「私がどんなに大変か誰も理解してくれない」と，一方的に話し続けました。Ｔhが〈Ａさんの気持ちを誰からも汲み取られないのは辛い〉と応じると，Ａさんは，母が雑談の電話をかけてくる様子を語り出しました。仕事中だと説明しても電話をする母に，Ａさんは興味なさげではありましたが返事をしていました。仕事中のＡさんは電話を切ろうとするたびに，母は話を続けようとします。Ａさんは怒りに任せ電話を切り，母への愚痴を職場の同僚に打ち明けます。しかし職場の同僚には可哀想と母の肩をもたれてしまい，Ａさんは自分の辛さが理解されないという状況が続い

ていました。

　次に A さんの怒りは夫にも向けられ，夫の通訳のために，A さんも診察に同席した出来事を語り出しました。A さんは，診察医から感染性の病気を患っていると告げられた夫が，A さん以外の人に病気を感染させていないかを真っ先に心配していたことや，診察医や看護師が，病気の夫を A さんがケアするようにと説明したことについて，「(夫のサポートを) 私がしないといけない」と話す一方で，「(夫は) なぜ私のことをまず心配しないのか」と怒っていました。Th が A さんの怒りに配慮しながら〈(母や夫のことで) 混乱しているなかで，医療関係者にも重荷を背負わされた感じ？〉と問うと，A さんは号泣し始めました。Th は〈問題が重なって整理がつかない状況では？〉と尋ねると，「いろいろな問題のある家族なので，整理したい」という申し出があり，次回の面接は家族関係について扱うことになりました。

　しかし次の面接で A さんは「話を整理できるか」と面接を進めていく不安を訴えました。そこで Th が A さんの過去の受診先や病院での相談について尋ねたところ，次のようなやりとりを経験していました。A さんが母のことについてアドバイスを求めると，医療関係者は家族のことなので A さんが対応するしかないと助言をしていました。それを聞いた A さんは，どこに相談しても同じ返事しかされないと考え，相談や受診を止めることを繰り返していました。

　これまでの各受診先での関係者と Th のやりとりを比較した印象を問うと，A さんは「(これまでの各受診・相談先については) 大変ですね，と言われだけで，意味がなかった」とし，「Th は一方的に話を聞くんじゃなくて，質問をしてくれるので良い」と答えました。Th は A さんの家族の複雑なルーツと，それにまつわる A さんの背中にかかっている重みを一緒に理解しやすくするため，図式化しながら共有することを提案しました。A さんは納得し提案を受け入れました。

　6）ここまでの解説　　A さんは母との電話の場面や夫の診察に同席した場面でも，不遇な状況を職場の同僚や医療関係者に理解されないやりとりが繰り返されていました。案の定，過去の相談・受診先でも同様のやりとりを経験し，A さんは自ら相談や受診を止めていました。加えて A さんは医療や関係者から，母や夫のサポートをするように助言されるやりとりも繰り返されています。A さんの立場を考えると，自分の不遇な状況は理解されないまま，責任と負担だけを押し付けられた関係が続いていることが想定できます。よって A さんはTh の関係も同じことになるだろうと不信感をおぼえたため，「話を整理できるか」と Th に不安を訴えたのです。

　Th は A さんと治療を進めていくために，これまでの医療や関係者とは異な

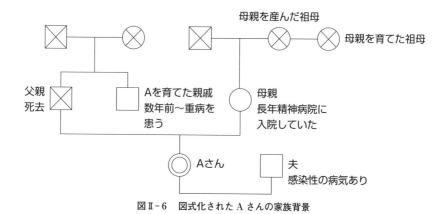

母親を産んだ祖母

母親を育てた祖母

父親
死去

Aを育てた親戚
数年前～重病を
患う

母親
長年精神病院に
入院していた

Aさん

夫
感染性の病気あり

図Ⅱ-6　図式化されたAさんの家族背景

る関係を築く必要がありました。そこで面接開始当初から，Aさんの不遇な境遇にThが理解を示すことでAさんの話す話題が広がるやりとりを活用しながら，Aさんが家族の負担をいったんは背負わなく治療に向き合えるようにすることを目指しました。そこでThはAさんと一緒に取り組める工夫として，Aさんの負担や辛さを一緒に理解しやすくするための図式化を提案しました。

#4～#7

　ThはAさんと協働して，これまでの複雑なルーツや家庭環境を図式化（図Ⅱ-6）していき，併せてAさんはこれまでの経緯を話していきました。

　施設に預けられたAさんは幼心に「私がおかしいから（施設に）入れられた」と自分を責め抜き，人の顔色ばかりうかがい，自分のことを人に相談することを避けていました。この様子は親戚と生活をするようになっても続いていました。

　親戚の看病についてAさんは，疲れながらも「私がしなくちゃと思うけど，上手にできなくて落ち込む」と自分を責めていました。

　Aさんは無理をしてでも夫のために，「毎日，手の込んだご飯を作る」ことを自分に課していました。これもAさんは「負担」と感じ，思うようにできない自分を責めていました。ThはAさんが自分を責めることに苦しんでいることを確認すると，Aさんは「自分を責める気持ちが少しでも晴れるといい」と応じていました。

　家族関係の図式化をすすめる過程で，Aさんは母に会いに行くようになっていきました。そして母と対話を重ねていくにつれて，似たような境遇を生きてきた部分があることや，母なりにAさんを心配していることに自ら気づいていきました。そこで

Th から母からみても A さんの今の状態について〈心配でしょうがないんですね〉と言うと，A さんは「少し頑張りすぎていたのかもしれない」と応じました。次に Th は A さんが行う夫や親戚へのサポートの負担を心配したうえで，日々の夕食を外食に置き換えることができるかを夫と話し合うことを提案し，A さんは了承しました。

　　7）ここまでの解説　　A さんは図式化を通して，Th とともに自分が背負わされた問題やこじれた家族関係を捉え直していきます。その過程で明らかになったこととして，A さんは施設に預けられた自分を責めながら人の顔色ばかりうかがうため，適切に自分を主張できなくなるという，A さんなりの一貫した生き方のパターンでした。このパターンによって，自分が苦しい状態であっても，夫や親戚の世話も無理をしてしまうような関係を築いていったと考えられます。Th は A さんが母との対話を重ねるなかで母が心配していると捉えられるようになった変化を踏まえて，A さんの負担を減らすように夫とやりとりをするように求めました。そうすることで，A さんは自責的にならずに自分の負担を主張することで，無理をすることも解消されると考えられたからです。

　＃8 〜終結面接まで
　　夫との話し合いの結果，夕食を作る回数も減り，「肩の力抜いていいんだ」と実感していきました。次第に A さんは夫と余暇を楽しむようになっていきました。この時から，A さんを苦しめてきた抑うつ症状や死にたいという考えが浮かぶことは消失していきました。そして「母にもイライラしなくなったし，家族のことも整理できた」と心理面接を振り返り，A さんの希望もあり終結となりました。

［2］抑うつ状態と生涯にわたり症状で苦しむことになる難病を患った B さんの事例

　　1）B さんについて　　女性（20 代）の方で，数年前まで一般企業の事務員として働いていました。Th との面接が始まるときには休職中でした。
　　2）家族とこれまでの経緯　　B さんの母親（以下，母）は，B さんが中学生の時に自ら命を絶っていました。それまで母は B さんと弟の身体に傷が残るほどの暴力を繰り返していました。父親（60 代，以下，父）も一緒に住んでいましたが，母の暴力が始まると，決まって家を出て，帰宅しないことが続きました。現在も B さんと同居しており，部屋の片付けもしません。弟（20 代）は大学生になる前に自立をして他県で暮らし，たびたび帰省していました。

　3）心理面接を導入するに至った経緯　　Bさんは入職して間もなく，疲れが取れない自覚症状から抑うつ状態になり，出社ができなくなります。上司の勧めもあって，Bさんは休職することになります。数ヶ月の休職後にBさんは復職を支援する会社のプログラムに沿った生活を始めましたが，数週間経ったときに抑うつ状態が強まり，近くの心療内科を受診し様子を見ていました。しかし，Bさんに疲労感・倦怠感や関節の痛みなどが出現し，死にたいという考えが浮かぶことから，受診先の医師が紹介し大学病院に受診することになりました。大学病院で検査入院をすると，筋肉の炎症が慢性化することで，疲れやすくなり，痛みが生じるなど多彩な症状が生涯にわたり患者さんを苦しめる難病を患っていることがわかりました。退院後からBさんの抑うつ状態は深刻味を増していきます。内科の医師は精神的な状態の改善のため，院内の精神科を紹介し受診を勧めました。精神科の診察でBさんはこれまでの経緯や母からの暴力に関するエピソードを語りました。精神科の医師は家族関係を整理する必要があることをBさんに説明し，Thと話し合うように提案しました。Bさんが了承したため，心理面接が開始となりました。

　4）ここまでの解説　　Bさんが経験した休職は抑うつ状態がきっかけでしたが，その後，難病の罹患も判明する経緯をたどっていました。難病の中には，病気の性質上，精神症状を伴う可能性もあるものもあり，症状の多彩さだけをとってみても，患者さんは複雑な状況におかれてしまいます。加えて，Bさんは母からの暴力やそれを庇うことのなかった父との関係を踏まえると，複雑な家族関係のなかで生活をし続けていることが考えられました。Bさんは複雑な家族関係のなかで難病の療養を強いられるわけですから，Bさんと家族との関係には注意を払う必要があります。

　またBさんには，難病だとわかるまで，抑うつ状態が当初の問題として治療が行われたことや，難病とわかっても精神科に紹介されている経緯があります。Bさんにとっては，抑うつ状態で受診しても改善しなかったにもかかわらず，精神科を紹介されても自分には無意味ではないか，不信感や不満を抱える可能性があります。よってBさんはThとの面接にも戸惑いを感じていることも想定して面接に臨むことが考えられます。

　5）面接経過：Bさん単独の面接
#1〜#2
　Bさんは疲労感を滲ませながら面接室に入ってきました。Thはその様子を心配すると，Bさんは「痛くて……」と難病の症状である全身の倦怠感などを訴えた後，

「ずっと考えちゃいけないことを考えてしまう……死にたいって」と話し始めました。Th が〈それを考えちゃいけないというのは，B さんの考え？〉と尋ねると，「心療内科の人からずっと言われてきた」と返答しました。また，精神科の受診を勧められたことについても「私がいけないんだよね，こんなことを考えているから」と，話しながら落ち込む様子が見られました。Th は〈死にたいと思う考えは，難病が B さんのもとに連れ来た症状の一つなんだと思うんです〉と言うと，B さんは流涙し安堵した様子で「家族の話をするように勧められたけど，話した方がいいのか迷っていた」と話し始めます。Th が B さんに準備ができていないことを無理に話す必要がないことを伝えると，B さんは安心していました。

　　6）ここまでの解説　　心理面接が始まってすぐに，解決したい問題を語るよりも難病の症状に苦しむ様子が見られました。このような時に過去の医療や関係者との具体的なやりとりを細かく把握することは難しいだろうと判断できます。この時にヒントになるのが，面接の場の患者さんとその家族と Th との関係です。B さんは死にたいという考えが浮かぶことについて，「考えてはいけないこと」を考えてしまう自分なので「精神科に紹介されてしまった」と責めていました。このままでは B さんは Th の前で自分を責めるばかりで，治療に関するやりとりができないことが続いてしまいかねません。Th は過去の医療や関係者が B さんの死にたいという考えにどのようにかかわっているのかを尋ねると，過去の受診先で「いけないこと」と指摘されていました。B さんの立場からすると，医療関係者の前でさらに自分を責める悪循環に陥っているため，Th の前でも自分を責め続けていたのです。Th は B さんと死にたいという考えが浮かぶこととの関係を変えるために，B さんがではなく難病が死にたいという考えが浮かばせているという B さんと難病の関係を捉え直し取り上げました。こうすることで，B さんは自分を責めるやりとりをしなくて済むようになると考えられたからです。結果的に，B さんは安堵し，Th との面接を進めるうえでの迷いを話すことができるという，治療に関するやりとりをし始めます。そして B さんにとって，家族関係は話すことを迷うほど重たい内容であると思われました。よって，Th は B さんが安心感を得ながら治療に向けたやりとりができる関係を保証していきました。

　＃3～＃5
　B さんは自ら「うまくいかない」と父との関係について述べていきました。B さん

は自分の身体に負担がかかる家事の一部を父にお願いしますが，父は一度引き受ける
だけで家事は行わないため，結果的にBさんが激怒します。しかし父は気にせずTV
を見続けていました。Bさんは次第に難病の症状が強くなり，何も言わずしゃがみこ
んでしまうと，父はその場から立ち去ります。取り残されたBさんは痛みなどの症状
の苦痛に耐えながら，父がやり残した家事を行っていきます。次第に家事の負荷に耐
えられなくなり，症状が弱まるので自室で動かずに過ごすことを繰り返していました。

　Thが〈そこまでして父の代わりに家事をするのはどうしてか？〉と尋ねると，B
さんは「父は奥さんのように接してくるから」と不満いっぱいに語りました。弟とは
「母親になっている。私もずっと弟を気遣っているけど，いつもありがとうって私の
誕生日じゃなくて母の日にプレゼントをくれる」という関係でした。Thは家族のな
かで〈どんな立ち位置で生活できると安心できそうか？〉と問うと，Bさんは「年齢
相応に扱って欲しい」と話していました。

　同時期にBさんの難病の症状が悪化したため，薬剤を調整し症状の緩和を図ること
を目的とした入院をすることになりました。Thは前回の入院時に我慢してしまった
ことはないか尋ねると，Bさんは看護師に頼ろうとするだけで，「母のように暴力と
か叱られたりするんじゃないかと」と考えてしまうと振り返っていました。

　7）ここまでの解説　　Thとの関係のうえで安心感を得られたBさんは，
家族関係について自ら話をしていきました。家事における父とのやりとりの様
子のなかで，Bさんが何も言わずに痛みを我慢し，父は立ち去っていました。
これは母がBさんに暴力を振るい始めると，父が家を出て行く様子と類似して
います。つまり暴力を受け続けたBさんは人に頼れず我慢し無理を続けるしか
なく，このパターンをBさんは身に付けていったと考えられました。この我慢
し無理を続けることは，難病の症状の苦しさの場合も，自ら他者に頼ることな
く我慢して無理をし家事することになっていると推察されました。我慢して無
理をする様子は前回の入院中にも見られていました。以上から，Bさんは他者
との関係を築くパターンとして，人に頼れず自分の苦しさを我慢し無理を重ね
ていたと考えられました。

#6〜#7

　入院前に弟が帰省することになったとBさんから報告がありました。Thは〈B
さんは体調が良くないなかで，いつもどう迎えてあげるのか？〉と質問すると，「弟が
過ごしやすいように部屋も私がキレイにして，ご馳走も作ります」と答えました。Th
は年齢相応に扱って欲しいというこれまでのBさんの考えを確認ながら，〈部屋の片

付けはせずに弟を迎えて欲しい〉と提案しました。

　Bさんは提案どおり弟を迎えました。父と弟の関係も含めた様子を尋ねると，「弟が部屋の惨状を見て父を叱ってくれた。弟は私にそこまで頑張らなくていいって言ってくれました」と述べていました。Thは弟の意見に同意しながら，次の入院で〈年齢相応に振る舞うとしたら，どんな患者になりますか？〉と尋ねると「痛いときには我慢せずに言うとか。もう少し自分から早めに看護師さんに頼ってみようかな」と考えていました。

　8）ここまでの解説　　Bさんはさまざまな関係のなかで，人に頼れず自分の苦しさを我慢し無理を重ねることを繰り返していました。BさんとThの関係を振り返ってみると，Bさんは重い家族の話をすることに躊躇していたにもかかわらず，自分の気持ちは我慢し無理をして心理面接に来談していたと思われます。Bさんが自分を責め続けるやりとりが続く際に，Thは難病が死にたいという考えを生じさせるという関係を取り上げました。その結果，Bさんは自分を責める必要がなくなり，安心感を得られる変化につながっていきました。このようにBさんにまず変化を求めるのでなく，Bさんの相手からの働きかけが変わると，その影響を受けるBさんの捉え方も変化すると考えられます。この変化の仕方に沿って，家族がこれまでとは異なる対応をする様子をBさんが目の当たりにすることで，Bさんの捉える家族内の役割が変わると予測しました。具体的には，Thは弟の帰省時のBさんの無理をする程度を把握したうえで，Bさんに無理をしない，（片付けをしない）ようにと提案しました。Bさんは提案どおりに振る舞ったことで，弟が父を叱り，Bさんに頑張らなくていいと伝えられたことで，これまで妻や母親役割を担っていると思っていたBさんの捉え方が「年齢相応」に変わっていき，Bさんの無理や負担も軽減していきました。その後，Bさんが無理をすることなく入院を終えることができたり，「年齢相応」な振る舞いや考え方を意識しながら難病を抱えながらでも自分のペースで生活ができるようになっていきました。

　#8～終結面接まで

　入院中のBさんは苦しいと思うことなどの話をしてくれた，と担当看護師からThに伝えられました。Bさんも「人に頼ることはいけないと思い込んできた。でも，そうじゃなくていいんだと思えた」と語っていました。

その後，Bさんは「自分らしく生きたい」と考え始め，父と話し合い，一人暮らしを始めます。一人暮らしに慣れてくると，徐々に死にたいという考えが浮かぶことなども減少し，復職プログラムを受け始めました。一方で難病の症状である疲れやすさなどは続いていました。復職プログラムを受ける際に以前との違いを確認すると，Bさんは「求められる以上のことをやっていた。今回は相談しながら無理のないようにしている」と現状を語っていました。その後，Bさんは会社に復帰することができ，安定した生活を送ることができるようになりました。

5．まとめ

示した事例のように困難事例に対応する際，患者さんとその家族とのやりとりに難渋することが少なくありません。このような場合，患者さんとその家族とこれまでの医療や関係者との具体的なやりとりや，患者さんとその家族と治療者のコミュニケーションのあり方を捉えながら，これまでとは異なる形で，患者さんとその家族が問題を主体的に話し合えるような関係性を築くことが重要です。

Ⅱ　保健医療のまとめ

保健医療分野の支援の特徴

　保健医療分野の支援に関する最も重要な視点の基礎となるのは，その利用者であるクライエントだと考えるのがよいと思います。特に医療領域を考える時，社会的な文脈上の「医療に対する期待」というものがあり，社会常識として見なされているのが，「ある種の期待」と表現する方がわかりやすいかもしれません。意識されることは少ないですが，医療的支援の中心的存在である「医師」に対する社会的な期待です。これは自分にとっての問題，いわば何らかの病気や困りごとに対して，「医師から有効な対処をしてもらえるはずだ」という風評で成り立っています。何らかの疾患や異常など，問題となる出来事が自分に起こった場合，医師からその改善のための方法を具体的に示してもらえるはずだという考えがあり，それがまるで当たり前であるかのように考えられています。

　現状に則して考えた場合，身体医療の場合であれば，多くの場合にその解決はある程度この期待に添った目的を達成することができています。内科的な問題，外科的な処置にかかわる問題，循環器や脳科学など，ある種の「病気」や「疾患」として弁別された場合には，ある程度の処置や対処によって，日常性の回復が約束されています。

　しかし，精神的な問題，特に精神医学や心身医学の領域を考えた場合，もしくは対人関係にかかわるような問題が生じている場合，こうした保健医療分野での期待に添った対応の評価は少ないと言わざるを得ません。すべてがうまくいったり，解消されたりということは，非常にまれだとされています。精神医学の中心的なケアの方法論は，あくまでも脳科学で明らかにされている異常の改善のために，薬物療法を用いることが主となっています。心身医学の基礎は，内科での身体医学に関与する心理的反応として異常を認めており，心理的影響への決定的な対応方法がなく，精神科と同様に薬物療法が主となっています。

　ただ，こうした保健医療領域の支援に関しては，他の領域とは異なる「普遍的サービスの質的担保」が重視されています。それは，どのように異なる地域・年齢・性別・経験の医師からの治療を受けても，一定のサービスを受けることができること，同様にその対価として国民皆保険に基づく保健医療点数に準じた料金設定がなされています。これらの仕組みそのものが保健医療における支援を受ける場合の質的担保の実態になっています。これによって最初に記したような「医療に対する期待」が維持されていると考えられます。

保健医療分野の支援の問題点

　現実的な精神科や心療内科などの「心の問題」が関与していると考えられる保健医療の領域では，身体医学領域での支援や対処の有効性と，結果が大きく異なっています。これは，詳しく考えれば当然のことです。どのような医学的支援であっても，医学は人の「同一性」という前提によって成立しています。いわば，「人は身体・臓器と，そのつながりに関しては，個々人の微妙な差異はあったとしても，普遍的に同一の特性を持つ存在である」という考えに準じて，病気や疾患に対する処置・対処・支援方法が決定しているのです。いわば，概ね「同じ処置・対処・支援方法を実施すること」で，改善が図れると考えられているのです。

　しかし，精神科や心療内科は，こうした身体医学の前提と異なる側面があります。それが「心の問題」の関与があることであり，それが医学の前提とされている同一性のなかの「個々人の微妙な差異」に留まらない大きな影響がある可能性があるからです。

　例えば，同じようなうつ状態で受診したＡさんとＢさんを比較してみましょう。それぞれどのような医師が診断しても，「うつ状態」という診断は「人の同一性」という前提からすれば，間違いなく同一の診断となると考えられます。ただ異なることがあります。Ａさんは，自分がうつ状態になって関係者に多大な迷惑をかけていることを強く気に病んでいるとします。一方Ｂさんは，関係者が十分に対応してくれず，自分が過剰労働をした結果，うつ状態になったと憤っているとします。

　医師は同一の診断ですから，同様の薬物療法が実施されるかもしれません。薬剤の効果そのものを前提とすれば，この二人に同様に効果が現れることが「医学的同一性」に基づいた支援となり，うつ状態の改善となるはずです。

　しかし，実際にはこのような同一の結果に至ることばかりではないことが多いのです。自分のうつ状態に対して，どのように理解し，受け止め，考えるのかは，それぞれの人が置かれている環境や社会的影響など，複雑な要素と，それをどのように受け取り，解釈しているかの違いが生じてしまい，同じ疾患だから同じであるとは言い難いのです。

　「人は，心理的存在である」と表現されることもあり，その考えに準じれば，「医学的同一性」は存在しないことになります。すべての疾患に対してまったく同一性が存在しないとは言い切れませんが，間違いなく医学的前提に準じて「同一性」のみに依拠した考えでは，対処できないこともあるのです。

　より複雑な例を示せば，行動障害の子どものことで困っている保護者への対応では，親子間の心理的問題を考慮しなければならないと思います。しかし，精神科では，いろいろな話をそれぞれから聞きはしますが，結果的に子どもに対する薬物療法が実施され，その薬物療法が有効に機能するかどうかが唯一の「治療の進展」に依拠するこ

とになります。心療内科であっても，子どもの問題が身体化していれば，その身体化した臓器に対する薬物療法が実施され，その効果を見ることが唯一の「治療の進展」を評価する指標となります。

　いずれの診療科であっても，子どもの問題が行動障害であれ身体化症状であれ，子どもの環境的要因との関連性を明確にし，その子の精神的・身体的負荷となっている環境的要因を改善することが必要だと考えることが一般的です。しかし，こうした環境的要因の改善などの行為によって，治療的目標が達成されるとしても，それは「医療的同一性」の中で対処されるべき課題とはされていないのです。

システムズアプローチの有効性

　いずれにせよ，何らかの問題が心理的要因を起因として生じるということは，社会的な理解としては成立しています。同様に，精神的・心理的な問題に関与する問題の多くは，個々人の内的世界，つまり「個々人の心の問題」として理解されていることがほとんどです。例えば，人のものごとの捉え方（認知の仕方）が「心の問題」であるとすれば，その捉え方（認知の仕方）をその人が変えることが求められます。他にも，心理療法の多くの前提は，それぞれの立場での「心の特性」に問題が生じているのだという考え方が前提としてあります。

　しかし，人が社会的な存在である限りは，その多くは，「対人関係の中で生じた問題である」と捉えることもできると思います。ただ，この考え方は，現在でも確定的なものとして言われているわけではなく，「合目的的」に設定されている考え方です。なぜなら，科学的妥当性より，援助の場面での目的である問題解決という目的を達成するために効果的な考え方の前提であり，これがシステムズアプローチの立場の考え方とされている「合目的的」な考え方です（中野ら，2017）。

　したがって，システムズアプローチでは，関係の中で生じているいろいろなコミュニケーションの特性の結果として，問題が生じていると捉えることが前提となります。ただし，システムズアプローチの考え方をそのまま医療の現場に持ち込むことは，相当な困難が生じます。それは，医療の世界が科学的データに基づく直線的因果律を前提として明確に設定されているためです。システムズアプローチが相互作用に着目し，円環的因果律に基づいてそれぞれの場で生じている循環的相互作用の全体を意識し，その出来事の一部を原因として扱うわけではないという前提との対比をすれば，大きな違いがあるのは明らかです。

　これを解消するためには，医療分野が多様な専門性を持つ援助者集団による援助が基本とされていることを活用することです。

　個々の援助者が他の専門職との協働的な中で支援を行う以上，医療現場の共通認識として用いられている直線的因果律の世界を活用し，あえて直線的因果律に準じた説

明用語を用いることが必要です。自らを円環的因果律の中で俯瞰するという立場と，その一部分を直線的因果律に準じて切り取る立場のそれぞれを，可能な限り自由に出入りできるようになれば，システムズアプローチの独自性を活用するのは困難なことではないと考えます。

　システムズアプローチの特徴を考えた場合，医療現場の協働的視点を生み出すためにも，大きく寄与できる点があります。多職種連携が必須条件となる現場では，それぞれの専門家がより良い患者へのケアのために異なる立場からの提案が示されることも少なくありません。また，それぞれの現場での対応をどのように組み立てていくべきかなど，関与する専門職同士の間での意見の違いや手続きの順序性などを整理しなくてはならないことが多く見られます。患者へのより有効な対応を生み出すためには，このような多様な意見や手続きの共通性，いわゆるコンセンサスが重要となります。こうしたコンセンサスをつくり出すこととは，システムズアプローチの立場からすれば，ある意味での「当然の行為」となります。複数の人間関係の中で，異なる立場や考え方，そしてそれに準じた対処や対応など，「援助」という名の下に多様な方法が存在しており，それらの共通性や順序性を整理し，それぞれの立場を重視した全体のまとまりをつくり上げるのは，システムズアプローチにおける「枠組みの操作」です。

　保健医療の世界は，同一性や直線的因果律が絶対視されるなど，いろいろな困難がある活動領域です。しかし，システムズアプローチの立場では，保健医療の前提では拾いきれない環境の調整と称される「人間関係にまつわるさまざまな要因」を扱うことができ，多職種との連携の中で「全体の了解が得られるコンセンサス」をつくることも比較的容易で，それぞれの専門家の立場を尊重したうえでの「これまでにない協働的連携」を構築することもできます。このように，保健医療にかかわる援助組織の要因の多くを効果的に機能させるためには，システムズアプローチの視点を用いて保健医療の全体システムを俯瞰し，それぞれが機能的に活動できるための働きかけができることが，これまでにない有効な点だと考えられます。

文　献

中野 真也・吉川 悟（2017）．システムズアプローチ入門：人間関係を扱うアプローチのコミュニケーションの読み解き方　ナカニシヤ出版

Ⅲ　福祉

introduction

　福祉というと英語の Welfare の訳としての「誰もが幸せな生活を」という意味もありますが，臨床現場では主に子どもや障害者，高齢者，女性，あるいは暴力，貧困，疾病などの影響を受けているなど社会的な弱者とされる人々への支援とそこでの問題を扱うのが福祉領域です。法律や施策などによる「制度的福祉」のシステムが整備され，関連機関による支援・サービスや社会資源の活用により，要支援者の困難さが低減し，問題なく生活できるようにする。しかし，表向きのシステムが整備されていても，個々の事例への支援とその実際にはさまざまな課題があります。児童虐待を例とすると，子どもだけでなく，家族や地域の人たちとの関係とそこでの生活を考慮する必要があります。虐待をしている親など，自ら支援を求めない人たちと関係を築きながら働きかける必要があり，相談に来るのを待っているだけでは対応できません。支援対象となる子どもや家族の関係はもちろんのこと，支援する側の関連機関の連携は言葉にするほど容易ではなく，支援者や関連機関がそれぞれの立場を活かしつつ，有効な支援にするための工夫が求められます。

　本章では，詳細な支援の制度や法律は他の書籍に譲り，関心の高い児童虐待を中心に，養護施設での生活と支援，高齢者介護について取り上げています。なかなか公にされることのない児童虐待や養護施設の子どもの様子の一部がわかる具体例が示されており，リアルな現場の実際に触れてみてください。

第Ⅲ部 - 第1章

児童相談所による児童虐待への介入と家族・関係者支援

1．はじめに

　一般の相談援助活動においては，何らかの困り感をもって相談に来た家族等の話を受容・傾聴して信頼関係を構築し，当事者の同意・承諾を基本として相談援助活動を進めていくのに対して，児童虐待対応においては，最悪の場合には子どもの生命が脅かされる事態も想定する必要があります。それにもかかわらず，保護者に相談意欲・動機づけがなく，児童相談所を始めとした関係機関に対して拒否的なケースも珍しくありません。児童相談所には，保護者の意に反してでも子どもの安全確認を行い，さらに必要なら子どもの一時保護等の措置を行う権限が付与されており，子どもの最善の利益を守る最前線かつ最後の砦となっています。保護者への介入から支援が始まることとなりますが，支援を拒絶する保護者と関係を築きながら，子どもの安全・安心を構築していくことが求められます。

2．児童相談所とは

　厚生労働省によると，児童相談所は，市町村と適切な協働・連携・役割分担を図りつつ，子どもに関する家庭などからの相談に応じ，子どもが有する問題や子どもの真のニーズ，子どもの置かれた環境の状況等を的確に捉え，子どもや家庭に適切な援助を行い，子どもの福祉を図るとともに，その権利を擁護することを目的とした行政機関とされています。児童福祉法第12条等に基づき，都道府県（指定都市を含む）に設置義務が課せられていて，法改正により，中核市や特別区も児童相談所を設置できることとなりました。

　児童相談所には，所長以下，児童福祉司（ケースワーカー），児童心理司（診

断面接，心理検査，観察等によって子ども，保護者等に対し心理診断を行ったり，カウンセリング等を行う所員），児童指導員・保育士（一時保護している子どもの生活指導，学習指導，行動観察，行動診断等を行う所員），医師または保健師や弁護士などの多職種の専門職（必ずしも常勤とは限らない）が配置されており，これら専門職のチーム協議が児童相談所の専門性を支える大きな柱となっています。主に児童福祉司による社会診断（子どもとその家族や親族，学校・保育園等の子どもの所属集団などの地域関係者への調査），児童心理司による心理診断，児童指導員等による行動診断，医師による医学診断など各々の専門職のチーム協議により子どもとその環境を総合的に理解したうえで援助指針（援助方針）を作成し，援助を行います。

3．虐待とは：子ども虐待の基礎知識

　いきなりで恐縮ですが，次の英語を日本語に訳してください。
　①「drug abuse」　　②「alcohol abuse」　　③「child abuse」
　①は「薬物乱用」，②は「アルコール乱用」となりますが，③は「子ども乱用」ではなく，「子ども虐待」と訳されます。「abuse」とは，ab（「離れて」や「逸脱して」を意味する接頭語）と use（使用，利用等）の訳語で，もともとは「逸脱した扱い」を意味します。「abuse」にはなじみのない読者でも「アブノーマル（abnormal）」なら聞いたことがあると思います。
　では，「乱用」とはどういうことなのでしょうか。西澤（2010）は，「大人と子ども，とりわけ親などの養育者と子どもの関係の根底には，つねに子どもの欲求や要求が存在する。子どもに身体的，あるいは情緒的な欲求があり，それを親が満たすというのが関係の基本となる。（中略）一方で，乱用的なかかわりの場合，そのかかわりの基礎には，子どもではなく親の欲求や要求が存在している。つまり，『乱用』とは，親が『子どもの存在あるいは子どもとの関係を〈利用〉して，自分の抱える心理・精神的問題を緩和・軽減する』ことを意味している」と述べています。親が，（子どもではなく）自らの欲求や要求を満足させる行為と言えます。
　日本では，2000年（平成12年）に施行された「児童虐待の防止等に関する法律」（以下，「児童虐待防止法」）において，児童虐待を，保護者がその監護す

る 18 歳未満の児童に対して行う，身体的虐待，性的虐待，心理的虐待，ネグレクトの４つに定義しています。なお，本稿では，保護者，親，養育者を文脈上書き分けておりますが，ほぼ同義として扱います。

1）身体的虐待　　殴る，蹴る，叩く，投げ落とす，激しく揺さぶる，やけどを負わせる，溺れさせる，家の外にしめだす，など。

「虐待」と聞いて多くの人がイメージするのは，この身体的虐待でしょう。本稿では身体的虐待をメインにして話を進めます。

2）性的虐待　　子どもへの性的行為，性的行為を見せる，ポルノグラフィの被写体にする，など。

身体的虐待のように外傷があることが少なく，また子どもが虐待を受けた事実を隠したがる傾向が非常に強いため，４つのタイプのうちで最も発見が困難とされています。

3）ネグレクト　　保護の怠慢・放置，養育の欠如。乳幼児を家に残して外出する，食事を与えない，ひどく不潔なままにする，自動車の中に放置する，重い病気になっても病院に連れて行かない，他の人が子どもに暴力を振るうことなどを放置する，など。

子どもの生命に差し迫った危険があるわけではなく，表面的には重大な事態が生じているとはわかりにくいけれども，将来にわたって子どもの心身に悪影響を残すことが危惧され，長期的な支援が必要となるケースも多いです。

例えば，家庭内の掃除や洗濯が不十分で，子どもは同じ服を何日も着ていて季節にそぐわずサイズも体に合っていません。生活習慣が整っておらず，毎日歯磨きや入浴をする習慣もありません。食事は１日３食を決まった時間にしっかり食べるのではなく，スナック菓子等をのべつまくなしに食べています。学校や保育園等には遅刻や欠席が多く，提出物や持ち物などもなかなかそろわず，給食はがっつくように食べます。しばしば周囲の善意によって何とか支えられています。

4）心理的虐待　　言葉により脅かす，無視する，きょうだい間で差別的な扱いをする，子どもの目の前で家族に対して暴力を振るう，など。

保護者から「お前なんて生まれてこなければよかったんだ」「死んだ方がましだ」などといった子どもの存在を否定する言動を受け続けることにより，自分は価値のない人間だと思うようになります。直接的な暴力を受けなくても脳

にダメージを受けることが明らかになってきました（友田，2017 など）。

　児童虐待防止法の 2004 年（平成 16 年）改正において，児童が同居する家庭における配偶者に対する暴力がある事案（面前 DV）が児童虐待にあたることが明確化され，以降，警察から児童相談所への通告を徹底する動きが広がりました。年々警察からの児童虐待通告件数が急増しています。

　児童虐待防止法では虐待を 4 つのタイプに分類していますが，身体的虐待，性的虐待，心理的虐待の 3 つが，子どもにとって加害を加える行為なのに対して，ネグレクトは子どもにとって必要なニーズを提供しない（あるいはできない）不十分な養育のことで，意味合いが異なります。英語では「abuse and neglect」と直接的な加害行為である abuse と不十分な養育の neglect を別なものとして捉えていて，虐待とネグレクトを包括した概念として「マルトリートメント（maltreatment）」という概念が使われています。「maltreatment」とは，mal（悪い，不十分を意味する接頭語）と treatment（取り扱い）で，「不適切な養育・子どもへの不適切なかかわり」を意味します。

　赤ちゃんを例にすると，赤ちゃんは，おなかがすいたとか，おむつが濡れて気持ち悪いといった不快感を，泣くことにより周囲に知らせます。赤ちゃんが出したこれらのサインを，養育者が敏感に察知して，授乳やおむつを替えるといった適切な対応をしなければ命にかかわりますし，あやすなどの情緒的なかかわりももちろん大切です。赤ちゃんの基本的なニーズを養育者が察し，きめ細やかに提供される（満たされる）という体験（パターン）が繰り返されるなかで，赤ちゃんは自分が生きている世界は安全で安心でき，周囲の人は信頼できるという感覚が育まれていきます。

　赤ちゃんが不快感（例；眠気／空腹／排泄）を感じて泣くと，親が反応（例；あやす／授乳／おむつ交換）することによって，赤ちゃんは心地よい満足感に満たされ，満足感に満たされた赤ちゃんを見て，親も満足感に満たされる，というような親子のかかわりです。

　他方，虐待環境の中にいる赤ちゃんの場合は，不快感を表出した（泣いた）際に，暴力が返ってきたり，または何も反応が返ってこず無視されたりという体験が繰り返されることで，赤ちゃんは泣かなくなり，この世界は危険に満ち溢れており，周囲の人を信頼できないという不信感が芽生えてしまいます。

　虐待を受けた子どもを理解するうえで不可欠な，トラウマやアタッチメント

については多くの書籍等が出ているので，そちらをお読みください（Terr, 1990／邦訳，2006；庄司ら，2008 など）。

4．しつけと体罰（虐待）：暴力的コミュニケーションから非暴力コミュニケーションへ

　2020 年（令和 2 年）4 月 1 日より，児童虐待防止法が改正されたことにより，親権者が子どものしつけに際して体罰を加えてはならないことが明文化されました。これを機に厚生労働省が作成した「体罰等によらない子育てを広げよう！」と題したパンフレットには，「しつけとは，子どもの人格や才能などを伸ばし，社会において自立した生活を送れるようにすることなどの目的から，子どもをサポートして社会性を育む行為です。子どもと向き合い，社会生活をしていくうえで必要なことを，しっかりと教え伝えていくことも必要です。ただし，たとえしつけのためだと親が思っても，身体に，何らかの苦痛を引き起こし，または不快感を意図的にもたらす行為（罰）である場合は，どんなに軽いものであっても体罰に該当し法律で禁止されます。子どもにしつけをするときには，子どもの発達しつつある能力に合う方法で行う必要があり，体罰で押さえつけるしつけは，この目的に合うものではなく，許されません。どうすればよいのかを言葉や見本を示す等の本人が理解できる方法で伝える必要があります」と説明されています。

　「しつけ」と称して体罰をしている保護者は，次のようによく言います。

　・「私も子どもの頃，親に殴られて育ってきた。きびしくしつけてくれたからこそ，今の自分がある。だから親に今でも感謝している」
　・「言ってもわからないから叩く。素直に親の言うことを聞けば叩いたりしない。これは我が家のしつけのやり方で，赤の他人にとやかく言われる筋合いはない」
　・「何度言っても子どもが嘘をつく。子どもを正直な子に育てるために必死にしつけている。子どもが憎くて叩いたりするのが虐待で，虐待なんてしていない」

　保護者は「しつけ」と自身の行為を正当化しますが，子どもの権利擁護の立場に立ち，子どもにとって有害か（不適切か）どうかで判断する必要がありま

す。体罰を愛情（愛の鞭）として肯定する保護者と対応する際は，保護者が「子どもが言うことを聞かない」と言うのを「子どもに言うことを聞かせられなくて困っている」と言い換えたりしながら「暴力がいけないというなら，どうすればいいんだ」との発言を保護者から引き出し，体罰に代わる方法を提案します。

　体罰に代わる方法として，本稿では「機中八策 ®」という千葉県の児童相談所長の渡邊直氏が考案した非暴力コミュニケーションの方法に基づいて説明します。「機中八策 ®」では感情面には深入りせずにコミュニケーションスキルの問題・愛情の伝え方の問題と意味づけます。親が子どもを注意すると，子どもが反発し，親がそれを大声で注意して，子どもがますます反発する……といった悪循環で暴言・暴力が生じている場合に，親がとるべき言動として，暴力的なコミュニケーションのかかわり方ではなく，非暴力コミュニケーションのかかわり方を提案します。それぞれのコミュニケーションのかかわり方を，シンプルに 8 種類の言動に整理して，頭文字つづりの合言葉で覚えられるように工夫されています。

　暴力的なコミュニケーションは，「（ひ）否定形・禁止」「（ど）怒鳴る・叩く」「（い）嫌味を言う」「（お）脅す」「（と）問う・聞く・考えさせる」「（ぎ）疑問形」「（ば）罰を与える」「（なし）なじる（人格否定）」の 8 種類です。その言動をされた相手が青ざめてしまうような言動ということから「ブルーカード」と名づけ，頭文字をとると「ひ・ど・い・お・と・ぎ・ば・なし」となります。

　一方，非暴力コミュニケーションは「（ほ）ほめる」「（ま）待つ」「（れ）練習する」「（か）代わりにする行動を提示する」「（が）環境づくり」「（や）約束する」「（き）気持ちに理解を示す」「（を）落ち着く」の 8 種類です。その言動をされた人がほっこり温かい気持ちになれるとして「オレンジカード」と名づけ，頭文字をとると「ほ・ま・れ・か・が・や・き・を」となります。

　イメージがわくように，3 歳児健診が終わっても「まだ遊んでいたい」と帰りたがらずにぐずりだした子どもを，母が罵倒する場面に遭遇した保健師が「機中八策 ®」を提案する例をみてみましょう。

　保健師は母の子育てをねぎらってから「さっきはよっぽど困ってのお母さんの心の悲鳴を聞いた。『児童相談所』を聞いたことがあると思うけど，今の時代，児童相談所は法律を盾にダメなものはダメと，きびしいことを言ってくる。時

には子どもを保護してしまうこともある。そんなことにはなってほしくない。実はしつけにもちょっとしたコツがあるんだけれど，おつき合いしてもらえない？」と声掛けして，次のように説明しました。

　例えば，公園で遊んでいる子どもに「家に帰ろう」と声掛けしたのになかなか帰りたがらない場面で，怒鳴ったり叩いたり，脅したりする（ブルーカードを切る）代わりに，①深呼吸をして気持ちを落ち着けてから〈落ち着く〉「あそこまでウサギのようにぴょんぴょんして行けるかな？　どっちが早いか競争しよう」と遊び（ゲーム）感覚で声掛けしたり，②「まだ遊びたい気持ちはわかるけれど」と気持ちに理解を示しつつ〈気持ちに理解を示す〉「滑り台を3回すべっておしまいにする？　それともブランコを10回こいでおしまいにする？」と子どもに選択肢を与えます〈代わりにする行動を提示する〉。③あるいは，公園に出かける前の落ち着いている時に〈環境づくり〉前もって約束をしておく〈約束する〉。「ママが『帰りの時間だよ。家に帰ろう』と言ったら『わかった』と言ってほしい。1回練習してみようか。『帰りの時間だよ』と言ったら何て言うんだっけ？」と質問する。転ばぬ先の杖と言いますが，事前に約束をかわし，さらに練習をしておくことで，子どもが言うことを聞く確率が上がります〈練習する〉。質問に対して子どもが「わかった」と答えることができたら，すかさず「ほめる」となお効果的です〈ほめる〉。ほめることが難しい場合には「認める」ことはできそうですか？　「オレンジカード，ほまれかがやきを」と覚えてもらって，練習すると，暴力的なコミュニケーション（ブルーカード）を非暴力コミュニケーション（オレンジカード）に切り替えるコツがだんだんつかめてきます……。

　「機中八策 ®」では，「ひどいおとぎばなし（ブルーカード＝暴力的コミュニケーション）」ではなく，「ほまれかがやきを（オレンジカード＝非暴力コミュニケーション）」を，合言葉にして八（つの具体）策を提唱していますが，このアイディアが，高知から飛び立った飛行機内でひらめいたことから坂本龍馬の「船中八策」にちなみ「機中八策 ®」と名付けられました。

5．児童虐待対応の特徴：対立から協働へ

　高橋（2003）は「虐待問題の特殊性とは，"危険性"と"緊急性"——子ども

の死に直結する危険性を有する——を指す。例えば，虐待の改善を目指して親に対してケースワークあるいはカウンセリングを実施することと，子どもを生命の危機から守ることとの間で時間との戦いになることがある。“危険度”と“緊急度”を測り損ねたまま，在宅援助を続けると“子どもの死”という最悪の結末に至る可能性すらある」とし，親のニーズに反しても児童相談所が積極的に介入し，子どもを職権で保護するところからかかわりが始まる必要性があるのが児童虐待に対する援助の特徴であると述べています。

　常に虐待により「子どもが死ぬ」という最悪の事態を想定しながら対応していくことが必要で，毎日薄氷を踏む思いで仕事をしていると言っても過言ではありません。そのため，児童虐待対応における初期対応ではリスクアセスメントが中心になります。すなわち，子どもが在宅のままで安全なのか，それとも保護をする必要があるのかを見極めることに主眼が置かれます。児童相談所は，子どもの権利擁護の立場に立つので，保護者から見れば，自分たちは虐待する側の加害者と思われていると認識して児童相談所と対立関係が生じやすくなります。

　このような対立関係を超えて，保護者と児童相談所等の支援機関が，パートナーシップを結び，子どもの安全・安心を協働して構築していく支援方法が，サインズ・オブ・セイフティ・アプローチです（Turnell & Edwards, 1999／邦訳，2004；菱川ら，2017など）。井上（2003）は，「法律・制度」を持ち出して，「利用者（保護者）」も「ワーカー（児童相談所）」も，「法律や制度」に支配されて行動する立場と言う意味では同じなので，子どもの安全な養育という目標に向けて協力関係が成立しうると説明しています（図Ⅲ-1）。「対立」と「協働」，「専門的知識」と「当事者の声」といった葛藤的に捉えられがちな見方を包括的に捉えることが可能になります。

　サインズ・オブ・セイフティ・アプローチの特徴は，子どもの安全・安心で譲れないボトムラインを設定し，マイナスの側面（リスク）だけでなく，プラスの側面（安全や健全さ）にも目を向けて，解決志向アプローチを活用した対話を重ねていくアプローチです。虐待は24時間365日ずっと起きているわけではないと考え，（当事者が意識していない）うまくやれているところ（安全・安心な子育てのできているところ）に焦点を当てる（家族から教えてもらう）といったイメージです。

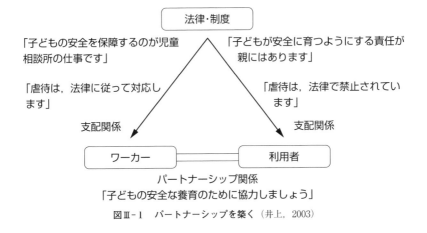

図Ⅲ-1　パートナーシップを築く（井上，2003）

　例えば，「3．しつけと体罰（虐待）」に出てきた体罰をしている保護者には
次のように言うことができます。

・「今までなら子どもを叩いてしまっていたところを，叩かないで言うこと
　を聞かせることができた時や，子どもを叩きたいと思ったのに何とかその
　気持ちを抑えることができた時のことを詳しく教えてください」
・「私たちは大ごとになってしまった状況しか知りません。普段の様子や，
　これまで子育てで心掛けてきたことや工夫してきたことを教えてください」

　児童虐待防止法が施行されたのは 2000 年（平成 12 年）ですが，当初は，児
童相談所が世間に今ほど認知されていなかったため，保護者に，まずは児童相
談所についての説明をするところから始める必要がありました。ところが，今
は「児童相談所（児相）」という名前を出すだけで，虐待（を疑われていると）
の非言語メッセージを受け取る方がほとんどです。児童虐待対応においては，
特に初期段階で家族に与える動揺やストレス等に留意して対応しています。緊
張感が高い場面では特に，不必要に緊張を上げないために細心の配慮を払いま
す。児童相談所職員に対して保護者が大声を出したり机を叩いたりする場面に
遭遇することもありますが，保護者も児童相談所が来たことに著しく緊張して
いて防衛的な反応をしているのかもしれない。あるいは，保護者にしてみれば，
必死に説明しているのに，児童相談所は何と融通が利かない機関なんだと憤慨
しているのかもしれないなどと理解すると，職員から発せられる言葉がまった
く違ったものになります。

6．親子分離の場面：捨てる／捨てられるからお互いを守るへ

　ある保健師から児童相談所に一本の電話がありました。

　「生後3ヶ月の赤ちゃんがいる母子家庭のお母さんに自殺企図があり，赤ちゃんの保護をお願いしたい。家庭訪問するので同行してほしい」

　保健師によれば，母は，妊娠がわかったら交際男性から別れ話を切り出され破局を迎えた20代前半のシングルマザー。「どうせ私なんて……」が母の口癖で，妊娠届が出された時点から気にかけていた。母から「赤ちゃんが泣き止まないから（悲しくて）一緒に死のうと思ったけど無理だった」と，泣きながら電話がかかってきたとのこと。

　早速保健師と筆者で家庭訪問したところ，室内には調度品等は少ないが生活感は感じられ，掃除が行き届いていて，母の生真面目な性格がうかがえました。母は化粧っ気はなく，瞼がはれぼったくて髪も乱れており，見るからに寝不足の様子。母の首筋には真新しい赤い線状の傷があります。母に抱かれた赤ちゃんは，見える範囲には傷等は見られません。

　母の話から，母乳で育てたいと思っていたが出なくなってきたのでミルクに切り替えたが，飲みが悪くて時間がかかり，回数も頻回なこと，赤ちゃんの寝つきが悪くて長時間抱っこで寝かしつけてようやく寝たと思っても布団におろした途端に泣きだすことなどがわかってきました。母は「私がうまくやれないから赤ちゃんが泣く。自分は赤ちゃんもしっかり育てられないダメな母だ」と感じるようになった。「これまでにも死にたいと思ったことはあったけれど，実際に傷つけたのは今回が初めて」で，「赤ちゃんと一緒に（死のう）と思ったけれど，赤ちゃんの顔を見たら，手が止まった」とのこと。

　保健師は母を十分にねぎらってから「お母さんはむしろ頑張りすぎ。お母さんの今の状態を車にたとえると，もうすぐガソリンがなくなると警告ランプがついた状態。ガス欠になると車は止まって動けない。このままではお母さんがガス欠になって倒れちゃう。児童相談所に（赤ちゃんを）あずかってもらった方がいい」と母に伝えましたが，予想どおり「離れたくない」との返事。

　筆者が「お母さんの身内であずかってもらえる人がいないか」と質問しましたが，「両親は離婚して女手一つで育てられた。自分が子どもだったころから

祖母（お母さんの母親）には叱責され続けてきた。妊娠がわかって出産を反対されたが，意地もあって出産を決意した。祖母から嫌味を言われることもあり頼りたくない」とのこと。

保健師が「今は非常事態だから……」と伝えましたが，「祖母には仕事もあるので頼むのは無理」とのこと。保健師は「それなら児童相談所にお願いするしかない。児童相談所と聞くと，子どもを取り上げるところというイメージがあるかもしれないけれど，そうじゃなくて，親子に幸せになってほしいお手伝いをするところ。一人で頑張りすぎないで，行政機関を上手に使ってほしい。このままではお母さんがガス欠になって倒れちゃう。それは親子双方にとって悲しいこと」と伝えました。「でも……やっぱり離れたくない……」と母。

筆者が「ちょっと想像してみてほしい。お母さんのことを大好きな赤ちゃんが，自らを傷つけているお母さんを見たらどんな気持ちになるか……。保健師に電話をかけることができたお母さんならどうすべきかをわかっています」と伝えると，すかさず保健師が「子育てはマラソン。全力疾走でスタートしたお母さんが，ガス欠になってしまったら自力では動けない。そうなる前にエネルギーをチャージしてほしい。親子が一緒に生活するために児童相談所を使ってほしい」と重ねて伝えました。

「……あずけた方が……いいんですよね……」と母。

筆者が「頭ではわかっていても気持ちがついていかないことがあります。あずけた後に，今，何をしているかが気になって，かえって休めないと感じたり，あずけたことを後悔するかもしれません。」と伝えると，保健師から「そんな時は私に話をしてね。お母さんと赤ちゃんを守りたい」と，伝えられました。

母はうつむき，しばし沈黙……。保健師と筆者は信じて待ちます。……やがて母は顔を上げました。筆者は母の目を見てうなずいてから，赤ちゃんをあずかりました。そして，保健師は母に付き添い病院を受診し，そのまま母は入院になりました……。

親子を引き離して，保護者から子どもをあずかる場面での児童相談所のスタンスの一例として取り上げました。これは「虐待」ではなく，母の「傷病」なのでは，と思われるかもしれませんが，親子（無理）心中は，何よりも，保護者によって何らの罪もない子どもが殺害されるものであり，深刻な児童虐待の

一つであるとの視点に立つことが求められています。

　児童相談所は一方的に親を責めたり，子どもを取り上げようとしたりするわけではありません。子どもをあずかる（保護する）ことはゴールではなく，一つの手段です。親子関係のあり方などを支援する次の段階の第２幕の始まりとなります。親子が再び一緒に暮らすことを目指す場合もあれば，親子が一緒に暮らす見通しはないものの，親子としての関係性を再調整していくことを支援していく場合もあります。児童相談所では第２幕も見据えつつ，「親を責める」ためではなく，「親子双方を守る」ための保護であり，悪循環から抜け出すための保護だと，保護者に感じてもらいたいと思いながら働きかけています。

　この事例で筆者らが意識したのは，子育てができないダメな母ではなく，赤ちゃんと母自身の安全・安心を守ることができる母だということと，子どもをあずけるのは親子が一緒に暮らすためというメッセージを伝えることでした。

　筆者が「身内にあずかってもらえる人がいないか」と質問していますが，この事例の場合は，子どもを保護する先が必ずしも児童相談所（施設）である必要はなく，むしろ，身内の方が赤ちゃんの負担は少ないし，何が何でも児童相談所にあずかろうとしているわけではないとのメッセージを伝えることにもなります。

　ここでは保健師は，児童相談所をプラスの存在として母に紹介しています。一方で，多くの場合，保護者が児童相談所にマイナスのイメージをもっています。この場合には，児童相談所を悪役にしたり，児童相談所が保護者に強めに出たりすることで，関係機関が保護者との関係を結びやすくなります。衣斐（2008）は「児童相談所の活用の仕方」と題して，バランス理論を使って整理しています。（図Ⅲ-2）

　実は，「4．しつけと体罰（虐待）」の3歳児健診で出てきた保健師とこの保健師は同一人物になります。初めからこのような役割分担ができていたわけではありません。こちらの意図を説明して一緒に動くことで，お互いがどのように動くことが保護者との関係構築につながるかについての理解が深まりました。児童虐待は家庭という密室で行われます。孤立した子育て（孤育て）をいかに防ぐのか，関係機関の誰かが保護者とつながるために知恵を絞ります。

　なお，多くの場合，子どもは親から「お前が悪いから叩くのだ（きびしく言うのだ）」と言われ続けており，親が暴力を振るったり暴言を吐いたりするの

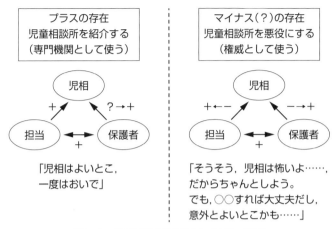

図Ⅲ-2　児童相談所を活用する（衣斐, 2008）

は自分が悪い子だからと，自分に否定的なイメージをもってしまっています。「お前みたいなやつは家の子じゃない」「施設に行ってしまえ」などと言われていたり，「お前が誰かにこのことを話したら家族がバラバラになる」と口止めされていたりすることもあります。子どもは救われたい気持ちと親への裏切りの気持ちで揺れ動いており，子どもを保護するにあたっては，「虐待されたのは『あなたが悪い子』だったからではない。どんな理由があっても，暴力を振るうことは許されない。保護になったのは，『捨てられた』からではなく，みんながあなたを『守ろうとした』から」との肯定的なメッセージとして伝えることがとても大切になります。

7．おわりに：子どもの最善の利益のために

　2016年（平成28年）の児童福祉法等の改正において，児童福祉司の研修受講が（遅まきながら）義務づけられました。児童福祉司として任用されると1コマ90分×20コマの児童福祉司任用後研修を受ける必要がありますが，まだまだ不十分です。例えば，人命を守ることが主要任務の警察官や消防士は，警察学校や消防学校に入り訓練を受けてから現場に出ます。メンタルヘルスの観点からも児童相談所職員の人材育成・研修体制の充実・強化が必要と考えます。

　東（2013）は，人の心の中には大きく分けてＰ（ポジティブ）要素とＮ（ネガティブ）要素が存在し，「心理療法の究極の目的はクライエントの心の中や日常にＰ循環を形成すること」であり，また「家族を健康にする一番のコツは，『家族はいつも成長しつつある』とセラピストが信じることだ。目につくところがたとえどのような悲惨な状況にあっても，内部では成長のマグマがうごめいていると考えるのがよい」と述べています。性的虐待のケースのようにこのように考えることが非常に難しい場合もありますが，親子の物語を，親自身の欲求や要求ではなく，子どもの欲求や要求を満足させる行為として描くために，家族と協働しようと奮闘している関係者にとって，一筋の光明になりそうです。

文　献

東　豊（2013）．リフレーミングの秘訣——東ゼミで学ぶ家族面接のエッセンス（pp. 41, 164）日本評論社

菱川　愛・渡邉　直・鈴木　浩之（編著）（2017）．子ども虐待対応におけるサインズ・オブ・セイフティ・アプローチ実践ガイド　子どもの安全を家族とつくる道すじ　明石書店

衣斐　哲臣（2008）．子ども相談・資源活用のワザ——児童福祉と家族支援のための心理臨床（p. 148）金剛出版

井上　薫（2003）．子ども虐待対応のためのサインズ・オブ・セイフティ・アプローチ　宮田　敬一（編）児童虐待へのブリーフセラピー（p. 45）金剛出版

厚生労働省　体罰等によらない子育てを広げよう！
〈https://www.mhlw.go.jp/content/11920000/pamphlet.pdf〉（2020 年 10 月 1 日閲覧）

西澤　哲（2010）．子ども虐待（pp. 32-33）講談社

庄司　順一・奥山　眞紀子・久保田　まり（編著）（2008）．アタッチメント——子ども虐待・トラウマ・対象喪失・社会的養護をめぐって——　明石書店

高橋　幸市（2003）．虐待のアセスメントと危機介入　宮田　敬一（編）児童虐待へのブリーフセラピー（pp. 75-77）金剛出版

Terr, L.（1990）．*Too scared to cry: Psychic trauma in childhood.* New York: Harper & Row.（テア, L. 西澤　哲（訳）（2006）．恐怖に凍てつく叫び：トラウマが子どもに与える影響　金剛出版）

友田　明美（2017）．子どもの脳を傷つける親たち　NHK 出版

Turnell, A., & Edwards, S.（1999）．*Signs of safety: A solution and safety oriented approach to child protection casework.* New York: Norton.（ターネル, A.・エドワーズ, S. 白木　孝二・井上　薫・井上　直美（監訳）（2004）．安全のサインを求めて　子ども虐待防止のためのサインズ・オブ・セイフティ・アプローチ　金剛出版）

第Ⅲ部 – 第2章
虐待対応現場の実際：
通告から一時保護，そして家族の再構成に至るまで

1．はじめに

　児童相談所（以下「児相」）は，受け付けた相談について，主にはケースワーカーと呼ばれる児童福祉司（以下「CW」）や児童心理司らがこどもや保護者と面接を実施し，こどもを含めた家族に対する社会的および心理的な見立てと相談援助を行う専門的な行政機関です。

　児相には学校や病院，警察などの関係機関，家族やこども本人，あるいは近隣から「虐待かもしれない」との情報が電話などによって寄せられます。これを通告と呼んでいます。通告があったり，児相での相談の中で虐待が疑われる場合，即座に児相の中心メンバーが集まって会議を開き，緊急性の判断，安全確認や調査の方法，一時保護の必要性について検討します。

　児相職員が相談や調査の中で知り得た情報については守秘義務が設けられています（児童福祉法第61条）。しかし，虐待の防止や解決のために個人情報が関係者に提供されることは守秘義務違反にはなりません。いつでも「こどもの安全と安心」が優先されるからです。これは学校や病院などの関係機関にとっても同様です。「保護者との関係性が壊れてしまう」と危惧して通告がためらわれる場合がありますが，虐待の可能性を黙認することで維持されるような関係性はすでに「壊れている」のも同然です。衝突は避けられないかもしれませんが，こどものために新しい関係性をつくり直していく覚悟が必要です。

　本稿では，虐待の通告から一時保護，面接を通じての家族の再構成までを一つの事例を場面ごとに提示し，状況やポイントを交えながら，説明していきます。

2．事例

[1] 通告

　通告から始まる虐待対応は，「相談したい」という家族の希望どころか，家族の了解さえもらえていない状態から児相によるかかわりを始めなければなりません。まずは通告をしてきた学校などの関係機関から情報を集め，介入の判断をしていくこととなります。そしてその通告は，一本の電話から始まります。

　学校からの電話　　○月○日午前 10 時，○中学校の教頭先生から児相へ電話が掛かってきました。○中学校のある地区の担当ケースワーカー（以下，CW）が教頭先生からの電話を受けます。

　教頭「どうやら……本校の 1 年生の A くんが母親から暴力を受けているようなんです」

　教頭先生は緊迫したような声の調子で話し，「詳細をお伝えしたい」と電話を担任の先生に代わりました。担任の先生（女性）が少し震えた声で話した内容は次のとおりです。「今朝，A くんから担任に『昨日，母に叩かれたり，土下座させられた』と話があった。担任が目視した範囲で怪我はない。A くんは『帰るのが怖い』とも言っている。普段の A くんは大人しい生徒で，放課後は何をするでもなく学校に残っていて，担任の雑務を手伝ってくれたり，時に担任に体を寄せて甘えてくる行動が見られる。父母は離婚しており，A くんは母方祖父母宅で暮らしている。昨日は母が祖父母宅に帰ってきていた」。

　CW は教頭先生に電話を代わってもらい，迅速に電話連絡をしてくれたことのお礼と，児相の中で緊急の会議を開いて協議した後に再度学校へ電話させていただくことを伝えました。

　児相での会議　　CW は学校との電話について上司に報告し，児相内で緊急の会議が開かれました。会議には所長や副所長，スーパーヴァイザー（他 CW への指導や教育を担う CW），一時保護所勤務の保育士らが参加しました。情報が共有された後，「今日，CW が学校を訪問して，A くんから直接話を聞く。内容により，一時保護を検討する」という方針が決まりました。

　学校へ電話　　CW は教頭先生へ電話をし，会議の結果を伝えたうえで「面接を実施しやすい時間帯や場所，児相のことを誰からどう A くんに伝えるか」を相談しました。相談の結果，面接の時間帯は昼食後の休み時間 30 分，場所は校長室，A くんには担任より「児相の相談員さんが A くんと話したいと言っている」と伝えることになり

ました。教頭先生から「一時保護になるのか」と質問があり，「Aくんから直接話を聞いてからになるが可能性はあること」「児相の関与について家族に伝えないこと。万が一家族から問い合わせがあっても回答はせず，教頭先生からCWに連絡をください」と答えました。

対応のポイント
①こどもと学校との関係性について情報収集する
　CWは担任の先生との電話の中で普段のAくんの様子を尋ねることでAくんと担任との関係性について情報を集めています。この後予定されてくる「CWがAくんと会う」ことや「学校にAくんの見守りをお願いする」ことをしやすくするために（CWがどのように動けばよいかを判断するために），Aくんの学校内の関係者とのかかわりや関係性についての情報が必要です。CWの頭の中では「今後の話を進める際には教頭先生を通しつつも，担任の先生にも了解を得ながらAくんへアプローチしていく方がよさそうだ」という考えができています。また，学校からの電話を通して，学校の雰囲気や先生間の関係性を把握することで「CWのことを学校に受け入れてもらう」ための準備をしていきます。

② CWによる切り取り方を会議でどう使うか
　CWは「母の別居をフォローしている祖父母がいる」ことや「Aくんは暴力があった翌日には担任の先生に自分から話しかけることができる」といった「強み」として，こどもと家族，こどもと学校とのやり取りに注目しています。こうした「強み」としての切り取り方はCW独自のものの見方に過ぎず，学校や児相の他の職員が同じような見方をもっているとは限りません。CWは学校の先生との電話をしながら，電話の後の児相の会議でどのように報告するのがよいかということも考え始めています。会議での報告の際にはリスクを矮小化しないことを最優先に，家族や学校の強みや肯定的側面についての見方を織り交ぜます。CWと児相との関係性も俯瞰して捉えつつ，会議での決定に積極的に「参加」します。

③学校の傷つきへのケア
　学校や病院などの関係機関側にとっては，児相へ通告した後の展開は予測しづらいものです。学校の先生だからといって虐待事例についての経験があるとは限らず，先の見えない不安を感じられていることがほとんどです。「私たちが通告をしたことは適切な対応だったのか」「あとで保護者から学校が責められるのではないか」「そもそもこどもが言っているのは本当の話なのか」。こうした学校の先生方が抱く不安が過

剰に広がってしまうと，こどもへのかかわりを狭めてしまいかねません。CW は教頭先生や担任の先生を労ったうえで，先生方が感じている不安を当然の反応として扱っていきます。そして，「担任の先生がこどもから話を聞き，すぐに児相へ連絡をくれたこと」や「担任だけでなく，管理職との相談のうえで学校組織として判断したこと」を評価し，適切な通告であったことを強調します。また，児相の方針はあくまで会議で決定されていくとしながらも，今後決定される方針の可能性や「児相はこのケースをどのように捉えているか」といったことについて学校に伝えていきます。児相と学校との関係は，学校とこどもとの関係，さらには児相とこどもとの関係に影響していきます。児相の介入が，学校の傷つきになる可能性を CW は自覚して動きます。

[2] こどもとの面接と一時保護の決定

　初回のこどもとの面接では，よほどこどもが担任抜きでは話せないというような関係性でなければ，面接に学校関係者を同席させません。児相による面接について意図せず保護者に知られてしまった時や仮に一時保護となった時に，保護者の揺れる感情を学校に「ぶつけてしまう」という展開もあり得ます。その際に，学校も悪者だと保護者に誤解させないように，「面接や一時保護といった児相の介入はあくまで児相が判断したこと」と保護者に理解してもらうためです。

　学校訪問　　CW はもう一人 CW を連れて学校を訪問し，目立たないような場所に車を停め，校長室へ。校長と教頭先生には「また後ほど報告と相談をさせてください」と告げて退室してもらい，担任が A くんを連れてくるのを待ちます。

　廊下をのぞくと担任と A くんが歩いてくるのが見えました。A くんは担任に後ろからしがみつき，担任は「A くん，ほらしっかり歩いて……」と促して校長室に入室。A くんと担任に合わせて CW も微笑みました。担任は「さっそく本人と面接されるのでいいですか？」と聞き，CW は「そうですね。どうかな」と A くんに顔を向けます。担任は「一人でお話できますよね」と声をかけ，A くんは「ええ……」と言いながら担任の服の裾を引っ張りました。担任は「じゃあ，CW の先生，私はこれで」と退室。A くんは拍子抜けしたような表情。CW が「行っちゃったね…… 大丈夫？」と声をかけ，A くんは「うん，まあ，いけると思う」とぽつり呟き，ソファに寝転がりました。

　こどもとの面接　　仰向けに寝そべって手遊びしている A くんに，CW から声をかけて自己紹介をし，A くんに話題を合わせて少しほぐれたところで切り出しました。

　CW「僕が今日来たのはね，今朝学校から連絡をもらって，担任の先生から『A くんがお母さんから叩かれたりした』って聞いたからだよ。それで心配して，A くんからお話を聞けたらなって思ってきました。それでね，僕がこうして A くんから聞いたことは他の人には内緒にする。先生とか，友だちとか，家族とか。どうしても言わな

くちゃいけないという時でも必ず A くんにオッケーもらうようにするからね」

　A「そうなんだ。僕は別に話してくれてもいいけど……あっあかんわ，母さんやばあちゃんらには絶対内緒やわ，危なかった……」

　その後，A くんが時折笑顔混じりに話してくれたことは次のとおり。A くんは，近くに別居している母に対して，電話やメールをしなければならない。その回数は 1 日あたり数十回に及び，決められた時刻から少しでも遅れると母に怒鳴られるというもの。

　CW が深刻な表情で「よく続けてこれたね」と言葉を返すと A くんは涙ぐんだ。

　A「どうしてもっと優しい母さんじゃなかったんだろう。母さんの気持ちがわからない。どうして僕にこんなことをするんだろう。僕のことを大事に思ってるって言うくせに……。誰にも話せない。ばあちゃんらに話したら母さんに漏らしてしまう。じいちゃんばあちゃんと母さんは仲が悪いんだ」

　CW「母さんがしてることはおかしいことだと思うよ。A くんが悪いわけじゃない。誰にも話せずにいたんだね」

　A「母さんは週末ごとに帰ってきて，僕の言い方が悪いと言って殴ったり蹴ったりしてくる。小学生の頃から二人きりになると『殺すぞ』と脅されたり，包丁を向けられたりした。次の週末もきっと叩かれるし，会いたくない……」

　そう言ってズボンの裾をまくしあげると太ももに大きな青痣があった。A くんは自分の腕で顔を覆ったが，涙がこぼれ落ちた。

　CW「つらかったね」。

　A くんの嗚咽が少しだけ落ち着いた頃，CW は静かに言葉を続けた。

　CW「親がこどもを叩いたり蹴ったりするのは，してはいけないこと……何があってもね。これ，虐待と言う」

　A「……僕もそう思う」

　CW「まず，A くんの安全確保が必要。そのうえで僕らが母さんと話して，やり方を変えてもらうようにする」

　A「……うん」

　CW「それから，A くんが言ってた，母さんの気持ち，これも聞きたい」

　A「それが一番知りたい。聞いてくれる？」

　CW「必ず聞くよ」

　一時保護の決定　　CW は退室して児相へ電話で報告しました。再び，児相内で会議が開かれました。すでに怪我という結果があること，切迫している状況があること，こどもが保護を求めていることなどから，一時保護が決定されました。

　CW は，A くんから聞いた内容を児相の他の職員や学校に伝えることについて A く

んの同意をもらいました。そのうえで担任と教頭先生らに入室してもらい，面接内容について伝えました。担任は「よく頑張ったな」とＡくんに声をかけ，Ａくんも頷きました。CW は担任にこれまでのＡくんへのかかわりについて感謝を伝え，教頭には今朝連絡をいただけたことは必要なことだったと述べました。

　CW はＡくんと先生方に児相の会議での結果を伝えました。CW は「母と会いたくないというのはＡくんの希望でもありますが，一時保護の決定自体はあくまで児相による判断です」と強調。続けて，一時保護中は学校を休むことになるため，他の生徒たちにどのように説明するかを皆で考えました。また，保護者への連絡や説明はすべて児相が行うこと，もしも保護者が学校へ問い合わせても，「一時保護は児相が決定したこと。児相へ確認してください」と答えてもらうよう依頼しました。CW は本来の予定であればＡくんが帰宅するのは何時頃かを確認し，保護者への連絡はそれまでに行うことを伝えました。GPS 追跡予防のため，Ａくんの携帯電話の電源を切り，Ａくんを車に乗せて一時保護所へ走り出しました。

対応のポイント
①こどもが「話してもいい」と思えるように

　CW はこどもと担任に気づかれないように，二人のやりとりを盗み見しました。また，いったん二人が入室してから担任だけが退室するまでの流れを見ることで，こどもと担任の関係性を見立てています。CW は「Ａくんと担任の間にはやや密着があるかもしれないが，担任は教師と生徒という立場を意識できており，Ａくんもそれに応えられる」と考えました。そして同時に CW はこどもと担任のやりとりに合わせたり，担任とのやりとりをあえてこどもに見せることでこどもと担任との間に溶け込もうとしています。これはこどもに「CW に話してもよい」と思ってもらうための CW の振る舞いです。こどもは，面接が始まって最初から虐待について話してくれるわけではありません。CW に対して「話しても大丈夫だ」と思えて初めて話せるようになるものだからです。

　また，こどもは自分が受けている行為を虐待とは認識していなかったり，「虐待について他者に話してはならない」あるいは「虐待を受けるのは自分が悪い子だから」と考えてしまっていることがあります。CW は「こどもがこのように考えていることで虐待についての情報が制限されているかもしれない」という見立てを常にもちながら話を聞くようにします。そのうえで，CW はこどもが保護者に対して複雑な感情を抱いてしまうこと自体を認めながらも，加

害者である保護者の虐待行為は否定し，「あなた（こども）のせいではないよ」というメッセージをこどもに伝えるようにします。

　②「一時保護」をこどもに相談する
　再び虐待が起きるリスクが高い場合は，こどもの意志とは無関係に「一時保護が決定されたので今から保護所へ行きましょう」とこどもに伝えて，説得を試み，一時保護を決行することがあります。強行的な一時保護は安全確保が一番の目的ですが，こどもに「あなたが置かれている状況は普通ではない」「あなたは大切な存在だ」と教えるためでもあります。ただ，虐待が軽度でこどもの年齢も高ければ，リスクを低く見立てたうえでこどもに「あなたは一時保護されたいと思う？」という主旨の「相談」をもちかけることもあります。こどもの意志尊重だけでなく，置かれている状況に対する気持ちや判断の適切さについて把握し，その後の児相によるかかわりを受け入れてもらいやすくするためでもあります。もちろん，一時保護の判断をこどもにさせるわけではありません。「こどもが一時保護を決定した」といった誤解をこどもや家族にさせないような説明と態度が必要です。

[3]　一時保護の告知
　保護者に「通告がありました」と伝えるのは CW の役割です。通告をされたと知った保護者には怒りや苛立ちや悲しみといったさまざまな感情が沸き起こります。保護者だけで抱えきるにはあまりに強いこれらの感情は，通告を伝えてきた CW を「責め立てる」ことでしか表現できないものです。
　CW は，保護者への伝え方に工夫を尽くしても，「通告があった」すなわち「虐待が疑われた」という事実自体を曲げて伝えることはできません。「保護者と児相」という関係上，この「立ち会い」は避けることはできませんし，こどもの安全にたどり着くためには通らなければならない過程です。
　家庭訪問　　CW が夕刻前に家庭訪問すると，祖母が玄関を開けました。奥から現れた母は眉をしかめて非常に怪訝そうな表情で「何の用ですか!?」と CW に問いました。CW は自己紹介し，A くんの一時保護を伝えました。
　母「保護ってどういうことですか！」
　CW「虐待の疑いがあり，児相の会議で一時保護が決定されました」
　母「返してください！　今すぐ！　今どこにいるのよ!?」

CW「できません。Ａくんは今は安全な場所にいますが，場所はお伝えできません」
祖母「困った……」
母「返してください，返してください，返してくだ……」
　その時，大きな足音が家の奥から迫ってきて，奥の扉が開き，大柄な男性が現れました。祖父でした。祖父は母と祖母を押しのけてＣＷの前に仁王立ちになりました。祖父は興奮し，肩を震わせ，ＣＷに怒鳴りました。
祖父「Ａを返せ！」
ＣＷ「できません」
祖父「今すぐ返せ！　連れてこい！」
ＣＷ「できません。一時保護です。怪我をして，虐待が」
祖父「怪我？　わしが病院へ連れていくわ！　早よ連れてこい」
ＣＷ「病院には私たちが連れて行きます」
祖父「うだうだ言うなや！　お前ら！」
ＣＷ「Ａくんは」
祖父「早く連れてこい！」
ＣＷ「Ａく」
祖父「早く！」
ＣＷ「Ａくんの気持ちが」
祖父「わしの気持ちはどうなる⁉　どうしてくれる⁉」
ＣＷ「Ａくんの気持ちです」
祖父「わしが一番わかっとる！　Ａの気持ちは！」
祖母「おじいさんがわかってくれないって言ってたわ」
祖父「なに⁉」
祖母「あの子はつらいって言っていたわ」
祖父「……！」
母「もう帰ってください，明日そちらへ行きます」
ＣＷ「わかりました」
祖父「……！　なんでわしを無視するんや！」
　祖母は黙って玄関を開け，ＣＷに外に出るようにと促しました。

対応のポイント
　一時保護という決定をＣＷが保護者に伝える際，一番最初に伝える相手は母なのか祖父母なのか，あるいは伝える場面に誰が同席していてもいいのかといった点については，ＣＷがその家族をどう見立てているかによって決定します。一時保護のよう

な，家族にとって侵襲的な社会での決定事項を受け止めるとすれば，家族の誰がどんな形で対応するか，を考えます。事前のAくんとの面接で得た家族に関する情報や，家庭訪問した際の家族の動きによって，CW は瞬間的に判断しています。また，CWは家庭訪問時は一時保護という決定を伝えるだけに留めて，それ以外の「虐待があったかどうか」「虐待をやめてください」といった確認や指導を行わないようにしています。家族にとっては「こどもが一時保護された」と知らされる衝撃の大きな場面ですので，それ以外の確認や指導を行われても感情的にも思考的にも追いつけなくて当然のこととの配慮に基づいています。一時保護の告知という特殊な場面であるため，「緊急事態に対応する家族」という要素を含んではいますが，家族のやりとりを直接的に知ることのできる重要な場面です。

［4］母との面接

　一時保護の翌日，来所した母の表情は暗く，目の下に残るくまからは，あまり眠れていないことが見てとれました。CW は，母にとっては突然の一時保護であったにもかかわらず，翌日には時間どおりに来所してくれたことについて労いの言葉を伝えました。

　CW「昨日，児相が家から引き上げた後，祖父母から責められたりしませんでしたか？」

　母は，自分が虐待を疑われたことへの怒りや納得できない気持ちを感じていると述べました。

　母「児相は私の言い分も聞かずに一方的に虐待だと決めつけるんですか！　私はAを叩いたり蹴ったりなんてしていない。多少，体が当たることはあったかもしれないけど……でもそれは虐待なんてほどのものじゃない。Aも笑って受け止めていました！」

　CW「私は母の言い分ももちろんお聞きしたい。まだ虐待だと確定したわけではありません。疑いの段階でも一時保護は決定されてしまいます。……お母さん，何があったか，教えていただけますか？

　母「……。私はそのつもりはなかったけど，Aにとっては叩かれたと感じたことがあったのかもしれない。でもそれはかつて私が祖父からされていたことなんです。私がしていたことが虐待と言うなら，祖父が私にしたことだって虐待になるのではないですか！」

　CW「ええ，おっしゃるとおり，祖父が母にしたことも虐待かもしれません。でも当時はまだ虐待という言葉が今ほどは知られていなかったし，祖父に叩かれたとしても母はただ我慢するしかなかったのだと思います」

母「えっ！　虐待になるんですね，同じなんですね……私，どれだけつらかったか……」

CW「母がつらかったように，Ａくんも同じ気持ちにさせたくありません。母はやり方を変えられます。その証拠に今，これだけ苦しんでいるなかでも児相へ来てくださったのですから」

母「そんなこと……」

そう言って母は目を潤ませました。

CWは，母がＡくんに求めた電話の回数や言い方についても話題にしました。

母「電話をかけてくる時刻を定めているのに，間違えるＡが悪いんです。もしもあの子が何か悪いことに巻き込まれてたら許せない……！」

CW「悪いことに巻き込まれてたら……心配なわけですね？」

母「こどもを心配するのがおかしいって言うんですか？」

CW「少しもおかしいことではありません。むしろそれはＡくんへの愛情の現れだと思います。ただ……それがＡくんにはうまく伝わっていないように思います」

母「どうしろっていうんですか？」

CW「いえ，こうして母からお話を聞いていると，本当にＡくんのことを大切に思ってらっしゃるんだなということが伝わってきます。せっかくのそのお気持ちがあるのに残念といいますか……」

母は再び涙目になり，「だからどうすればいいんですか⁉」と言葉を強めてCWに問いました。

CW「Ａくんの気持ちを聞いたうえでになりますが，面会をしませんか？　Ａくんと直接会って，母の先ほどのお気持ちを伝えてみませんか？」

母「会えるんですか？　会いたいです。でもうまく伝えられるか……」

CW「大丈夫です。もちろん私も立ち会って，お手伝いします」

母「……こんなことを言うのは変ですが……ありがとうございます」

CW「いいえ。それと，今日母が話してくださったことについては祖父母にも知ってもらいたいと思いますので，また祖父母と一緒に来ていただくことはできますか？」

母「はい，ぜひ，お願いします」

一時保護所で生活しているＡくんの方は落ち着いた状態が続いていました。他に一時保護されている児童と仲良く遊んだり，勉強にも取り組んでいました。児童心理司とＡとの面接によると，唯一祖父がそばにいる時だけは母は大人しく，穏やかな言い方でＡに接してきていたと言います。でも，祖父自身は母のことを面倒がって，不在がちにしてしまうとのことでした。

対応のポイント

① 「CW」と「会議」を分離する

　CW による介入として，虐待についての調査や指導をしていく面接ではありますが，通常の人と人が出会う場面としての配慮をします。強制的な面接設定であるにもかかわらず時間どおりに来所したことへの労いや，一時保護に対する感情的な揺れを認める態度を示します。保護者はこれに困惑します。保護者は「児相の CW は自らが一時保護を実行しておきながら優しい態度を見せるのは矛盾している」と感じていると見立てます。この矛盾を感じた保護者の戸惑いに対して「一時保護の決定は会議によるものであり，CW はその伝達者に過ぎない」という説明を提示していくことで，「CW」と「会議」の分離を試みていきます。実際，虐待の有無の認定や一時保護などの決定は，CW の判断で行うものではなく，児相の職員が複数集まっての合議によって行われるものです。CW は，会議による決定を伝えたり，行使するだけの「担当」でしかありません。しかし，多くの人はこうした児相の決定が会議によって決められているとは知りませんし，特にこどもを一時保護されてしまった保護者にとっては「CW が虐待だと決めつけてこどもを連れ去った張本人である」と考えてしまう方がむしろ自然なことです。CW が一方的に「責め立てられる」のは必至です。この「責め立てられる」のを少しでも減らし，変化を引き起こしやすくするために CW と会議の分離を行うのです。そうすることで，「あなた（保護者）のお話を私（担当）が会議で報告させていただきます。その会議での話し合いによって，今後，こどもが家に帰れるかどうかも決まってきます。だからこそ，私はあなたがどれだけ頑張ってきたか，またこれからどういうことに気をつけていくかということを是非伺いたいと思っているのです」といった台詞を保護者に問いかけることができます。虐待が疑われている段階の場面ならば「虐待の疑いを晴らす」ために，虐待があったと認められてしまった後の場面であれば「再び虐待が起きる可能性は極めて低いと会議で判断してもらう」ために私たちで材料を集めましょうという目標を CW と保護者の間で共有することができるようになります。

② 虐待もコミュニケーションと捉える

　誤解を招いてはいけませんが，虐待もコミュニケーションのひとつです。保

護者から見れば，こどもの何かしらの発言や行動が先にあり，反応としての叩く行為があるという切り取り方をしています。CWは，保護者から見た「虐待へ至るやりとり」について尋ねます。その際，一時的に「暴力というやり方を取らなければならなかった」という文脈に乗せながら会話を運んでいきます。保護者が自責的になったり，CWから非難されるような感覚を一時的に棚上げしつつ情報収集を行うことが目的です。CWの「母も叩かなければならなかったんですね，もちろん，叩くことが許されるわけではないのですが」という言い回しは，加害者である保護者の被害者性に配慮したものとなっています。虐待の加害者とされる母が，かつてこどもの頃に親から虐待を受けていたと述べています。CWが注目しているのは，虐待というものが世代を超えて連鎖的に発生しやすいかどうかといった点ではなく，母がこどもの相談機関である児相のCWに対して「母自身の被虐待体験を語っている」という点です。CWは母と祖父母間の虐待という文脈を通して「いかなる理由があっても暴力は許されない」というものの見方を母が少しでももてるようにと意識して働きかけています。

[5] 合同面接とこどもとの面会

　母と祖父母との合同面接　　合同面接の当日，母，祖母に続いて，少し遅れて祖父が現れました。相談室に入るなり，祖父は眉間にシワを寄せて「なんで来ないかんのや」と呟き，「いつになったらAを返してくれるんや，今から連れて帰る」と机を叩きました。その横で母も眉間にシワを寄せて「もうお父さん，そんなこと言っても仕方ないんよ」と言葉を返しました。間に座っていた祖母は黙ったままです。CWは改めて一時保護の経緯や面接の必要性について説明しました。一時保護中のAの様子について具体的に伝えると，家族は静かにそれを聞いていました。

　母は「仮に私からそんな叩かれたりとか，電話とかするのが嫌なんだったら，それを言ってくれたらよかったんじゃないですか?」とCWに問いました。祖母は「そうやね。言えるようにならなあかんね」と続けました。CWが「Aくんからは言えません。ご家族の側が，Aくんが言えるような家族になってもらわなければなりません。いつ始めましょうか?」と返すと，それまで体ごと外に向けていた祖父がCWの方に向き直り，「どうすればええんや」と顔を近づけてきました。

　CW「どんな理由があれ，親が子を叩くことは虐待です。今も昔も」

　祖父「……」

CW「今も昔も」

祖父「聞こえとるわ」

CW「母もつらい思いをしました」。母，静かにうなずく。

CW「でも今，A くんへの接し方を変えようとしています」

祖父「母が？」

CW「そうです」

祖父「今さら謝れって言うんか？」

CW「祖父には壁になって欲しい。A くんを守るため。そして母を守るための」

祖父「何？」

CW「A くんにとって母を止められるのは祖父だけです。それが母を守ることにもなります」

祖母「私はどうしたらええのん」

CW「祖母は，A くんのつらい気持ちに気づく力があります」

祖父「（母の顔をちらりと見て）……わしやっておまえの心配もしとるわ……知らんかったんか？」

祖母「私もあなたの話を聞かせて欲しいわ」

　これを聞いた母は「おぉー，聞きましたか，CW さん」と突然拍手をして喜びました。

　CW は母と祖父母に対して，日を改めて A くんとの面会を行うことを提案し，この日の面接を終えました。

　翌日，CW は母や祖父母の同意を得た後，昨日の面接内容を A くんに伝えました。

CW「近いうちに母と祖父母と面会をしようと思うんだけど……どうかな？」

A「……母と会うのは怖いけど，うん，いいよ。僕もずっと聞きたかったことがあるから」

こどもとの面会　　CW は，お互いに久しぶりに会った感想を尋ねた後，家族と CW が取り組んできた面接内容を A くんに，A くんと CW が取り組んできた面接内容を家族に，それぞれの前で説明しました。A くんは驚いた顔で CW に視線を送った後，小さな声で漏らしました。

A「……母さんが児相に来て話をしたんだ」

　母は即座に眉間にシワを寄せて怒った表情で言いました。

母「A ちゃん，今，何て言ったん⁉」

　途端に A は萎縮したように肩をすぼめ，涙を浮かべました。祖父母の動きがないことを確認した CW は，祖父に対して手の動きのジェスチャーで母へ睨みをきかせるように求めました。祖父が母の名前を呼ぶと，母も萎縮したように肩をすぼめ，申し

訳なさそうな表情を見せました。同時に，祖母が誰に言うでもない言い方で呟きました。

　　祖母「Aはほめてるんよねぇ，母親のことを」

　　母「え？」

　　母は驚いた表情で顔を上げました。

　　CW「Aは嬉しいんです」

　　Aくんがうなずくのを見て，CWは言葉を続けました。

　　CW「でもそれ以上に，母の気持ちを知りたがっています」

　　今度は母もAくんのうなずきを見逃しませんでした。

　　母「A？　私の気持ちって何よ？」

　　A「……でも母さん，僕が言ったら絶対怒るよ」

　　母「あのな，もうここまできて怒らんよ，大体な……」

　　再びAが肩をすぼめました。CWが母に「それそれ」と言いかけると同時に母も「これがいかんよね」とCWと祖父の顔を一瞥しました（祖父怖い顔）。

　　母「ほら，言ってみ，もう怒らないから」

　　A「……だったら言うけど……母さんは……母さんは僕のことが大切だって言うなら，どうして何回も電話しろとか叩いたりとかしてくるの？　僕がつらいってわかってるはずやんか。なのにどうしてなん⁉　母さんの気持ちがわからないよ……」

　　Aくんは堰を切ったように，震える声で母に問いました。Aくんの背筋はまっすぐに伸びていました。

　　母「昔……Aがまだちっちゃかった時に，私が洗い物をしていたら，Aの食器に洗剤が残ったままご飯を食べさせてしまったことがあったんよ。あの後，Aはひどくお腹を壊して……。それから何度も洗っては確かめて……を繰り返すようになった。洗っては確かめて洗っては確かめて……いつも無事でいるかどうかを確かめないといけない，何とか守ってあげないといけないと思うようになった」

　　A「そんなこと……！」

　　母「だって」

　　A「僕はもう大丈夫だよ」

対応のポイント

①児相に対して抱く不安に配慮する

　虐待を疑われた保護者とその家族は，CWの前で虐待を認めてしまうとこどもを返してもらえなくなるのではないかという不安を感じていることがありま

す。この不安によって，CWによる質問（虐待のことに限らない）に対する保護者とその家族の回答に「歪み」が生じます。例えば「離婚した父が今も同居中」「祖父は精神科に通院歴あり」「多額の借金を抱えている」といった情報も，不安によって歪まされ，開示されづらくなります。つまり，保護者とその家族にとっては「CWに対して何を話すことが求められているのか」がわからないのです。虐待対応のケースワークにおいて，保護者とその家族が虐待を認めるかどうかは重要ではありません。実際には行われていた虐待をCWに対して隠したままだったとしても，安全なやりとりが家族の中で維持されることの方が優先されるからです。

　CWは保護者やその家族と話す際に，常に「今はどの文脈でやりとりしているか」を意識しなければなりません。そして，家庭引き取りへと進むために必要な情報ややりとりを明確に示すことで，歪みの影響を最小限にした情報収集が可能となります。

②こどもとの面会場面で家族のやりとりを変える

　一時保護中のこどもと保護者の面会は，こどもの権利として認められています。面会には次のような文脈を読み取ることができます：「保護者がこどもに安全なやり方でかかわろうとする意思があり，その実行可能性がうかがえること，そしてこどもが保護者と会ってもいいと思えることが児相によって確認できている。さらに面会実現時には虐待的なやりとりをしないことが保護者に期待されている」。この文脈を保護者側とこども側の双方に十分に共有しておくことで，双方の動機を高めて面会へと進めることができます。面会だからといって，ただ顔を合わせてお互いの生活の様子を聞くだけではありません。事前にCWによる下準備をしておくことで，「面会」と称した合同面接場面での介入がしやすくなります。CWは，これまでの家族の中にあった「虐待的なやりとり」に代わる，新しい「安全なやりとり」が生じるように面接室内外で動いています。ただし，必ずしも一時保護という期間で「間に合う」わけではありませんし，そうすべきでない，すなわち施設入所や里親委託などへの継続的な親子分離の時間が必要な時もあります。いずれにしても家庭引き取りが検討される場面においては，引き取り後にはこどもが虐待にさらされてしまう可能性を含んでいるため，CW自身の見立てや，家庭引き取り検討のための会議へ

の「介入」は慎重に行わなければなりません。

　およそ 1 ヶ月にわたる一時保護の間に，合計 4 回の「面会」が行われました。かつて祖父から母に対して向けられた暴力についての謝罪が祖父から母にあったこと，母と祖母が一緒に過ごす時間が増えたことが報告されました。祖父母が見守るなか，A くんは「僕の気持ち」と題した作文を母に向けて読み上げました。その朗読を終えた日の夜，A くんは「家に帰れそうです」と CW に述べました。後日，行われた会議にて「一時保護の解除，家庭への引き取り」が承認されました。

　A くんが自宅である祖父母宅に帰ってからは，2 週間ごとの家族合同面接が行われました。その間，虐待がなくなっていること，A くんが生徒会に入って活躍していること，母から A くんへの電話もなくなり，週末会った時の会話が増えたことが報告されました。

　最初の一時保護からおおよそ 2 年後，「虐待」としての児相のかかわりは終結となりました。

文　献

衣斐 哲臣（2008）．子ども相談・資源活用のワザ——児童福祉と家族支援のための心理臨床　金剛出版

岡田 隆介（2001）．児童虐待と児童相談所——介入的ケースワークと心のケア　金剛出版

吉川 悟（編）（2009）．システム論からみた援助組織の協働——組織のメタ・アセスメント　金剛出版

第Ⅲ部 – 第3章
児童養護施設における子どもと実情，関係者支援：
児童相談所の立場から

1．はじめに

　保護者のいない子どもや，保護者がいても非常に不適切な環境で生活している子どもなどのように，いわゆる家庭で育てられていない子どもが存在します。そのような子どもを社会的な責任で養育したり支援したりすることを，「社会的養護」と言います。これらの子どもは，児童相談所（以下，児相）の決定によって，乳児院，児童養護施設，里親などに預けられ，育てられます。社会的養護の施設は，他にも目的に応じて児童心理治療施設，児童自立支援施設，自立援助ホーム，母子支援施設があります。こうした社会的養護で保護され養育を受けている子どもは，2019年の厚生労働省によると4万5,000人にのぼります。

　入所施設として最も多い児童養護施設は，児童福祉法41条で，「保護者のない児童，虐待されている児童その他環境上養護を要する児童を入所させて，これを養護し，あわせて退所した者に対する相談その他の自立のための援助を行うことを目的とする施設とする」とあります。

　児童養護施設に入所するということは，家庭でそのまま暮らすわけにはいかない，複雑で突然の危機的な出来事が生じたということです。関係者から通告され相談を受けた児相が，子どもを一時保護して行動観察しつつ，家庭環境などをさらに調査し，子どもの発達状況や心理状態を見たうえで，所内での総合的な判断として，入所措置を決定します。

　本論では，児相の立場から，児童養護施設を主として，そこでの子どもや施設の課題と対応例について述べていきます。

2．施設での生活とは？

　児童養護施設の生活の仕組みは，社会が責任をもって子どもを養育していくために，できる限り特別ではない普通の生活ができるように取り組まれています。

　施設の職員は，児童指導員，保育士などで構成され，入所している子どもとしっかり関係づくりをして，一緒に過ごし，生活のいろいろな世話をしつつ育てていくという役割があります。児童養護施設では大抵の場合，1人の職員が3〜4人前後くらいの子どもを担当しています。

　施設は，小規模で家庭に近い状態の方がより丁寧なケアができるということで，「大舎制（大きな建物で大勢（20人以上）が生活する）」から，一つの建物の中で少人数のグループに分かれ，ユニット単位で生活をする施設や，建物の構造自体が小グループで生活する「小舎制」の施設があります。現在「小舎制」が増えてきていますが，それでも現状では1人部屋は少なく，2人部屋以上であることが多いようです。

　子どもの通信手段の携帯電話については，高校年齢から所持を認める施設が最近では増えてきました。しかし契約は保護者が行い，利用料金は子どもがバイトをして支払っているようです。

3．子どもから見た施設入所とその生活

　子どもの立場からすると，それ以上家庭に居られなくなる深刻な事情があって，ある日突然，児相の一時保護所に保護されることになり，その後施設入所が決まっていきます。十分に準備をして家を出てくるということはほとんどありません。またそれ以外に，物心ついていないときから，家庭を知らないまま，乳児院で大きくなり児童養護施設に措置変更されてきた子もいます。

　児童虐待のケースを例に挙げると，生命への影響や将来の心身への影響などが明確に懸念されるような深刻なケースにおいては，ひとまず子どもの安全確保が必要です。これは，保護者の同意なく，子どもを安全な場所に移すということです。子どもが通っている小学校に児相の人がきて，事情を聞かれたうえ

で「一時保護所に行く」という説明を受けることがあります。子どもの意向は確認されながらも，虐待の状況によって親子の分離が必要であると児相が判断すると，子どもは親の同意なく職権で一時保護されます。自身もいくら説明されても理解できないままに，子どもは児相の一時保護所でしばらく過ごし，家から離れて暮らすことが決まって，施設へ移ります。

　虐待から逃れた安堵もつかの間，児童養護施設で多くの子どもたちとの生活を急にはじめなくてはならなくなり，そこに適応しないといけなくなります。見慣れぬ施設環境で，年上，年下の年齢もバラバラな子どもがたくさんいて，世話をしてくれるのも初めて会う大人たちです。不安ななか，生活の土台がごっそり替わったうえに，友達がいたであろう学校から転校しなければなりません。小中学校はその施設から通える学校に行く必要があるからです。そして学校でも新しい対人関係が始まります。大抵は，学期の途中での転校でもあり，なぜ転校してきたのかを言いにくいというようなこともあります。

　入所している子の家庭との交流はさまざまで，家庭に帰省する子どももいますが，虐待を理由に入所しているために，家族との面会を制限されている子もいます。家庭との行き来によって家でお小遣いももらってきて充足する子もいれば，家に帰れない子はそれを羨ましいと感じることもあります。逆に帰省すると家の問題を目の当たりにして，さらに傷つくこともあります。いずれにせよ，年末年始や夏休みもなく 1 年 365 日をずっと施設での集団生活で過ごすことの負担が大きいのです。

4．よくある施設の子どもの問題と実情

　過酷な環境で子どもたちが打ちひしがれているかというと，そうではなく，どの子も比較的人懐かしっこく接してきます。どこかテンションが高めで，賑やかな雰囲気があります。しかしじっくり付き合い始めると，子どもによってはとにかくそわそわと落ち着きがなく物事が長続きしない。ルールや約束が守れないばかりか，人を平気で裏切ることがあったりします。ちょっとしたことで容易にキレることがあり，職員としては困惑してしまいます。子どもの方は「自分は何をやってもダメだ」と自己肯定感が保てないばかりか，「自分が悪いからここへ来た」と実は思い続けていたりもします。困ってしまっているのに

肝心な時に全然「助けて」と言えません。

　このような様子は，虐待的な家庭環境で育ってきたことによる反応性愛着障害や複雑性トラウマを抱えている子どもたちの反応として，よくあるものです。虐待による心理的影響は深刻であり，多かれ少なかれこうした課題を抱えている子が多いのです。

　児童養護施設に入所している子どもの約65％が虐待を受けたことがあり，発達障害やPTSD（心的外傷後ストレス障害），反応性愛着障害など，何らかの障害等を持った子どもは36.7％というデータもあります（厚生労働省，2018）。

　児童精神科など医療機関に通院している子どもが多いのが現状で，実は高度の専門性や医療との連携が必要です。児童養護施設の職員は，保育士，児童指導員，心理療法担当職員などがいますが，実は施設での家庭的な養育だけではなかなかに太刀打ちできないとも言えます。

　施設職員は，こうした複雑な課題のある子どもを多く抱え，夜勤も含め不規則勤務の中で，日々生活をともにしながら養育しています。これは大変な業務で，そう簡単なものではありません。中には，子どもの激しいトラウマ反応にさらされ，対処方法がわからないまま，職員が疲弊していることさえあります。

5．施設と児相

　子どもは家庭で育つのが当然と考えられています。そのように家庭で幸せに育ちたかったと複雑な思いを抱えた状態で児童養護施設に入り，心の傷や愛着の課題を抱えて育っていく子どもには，多くの混乱や試練があります。一方で児相は急増する虐待の初期対応に忙殺されており，入所を決定しその後の経過を把握するべきなかで，すべての入所児のケアを継続して行うには課題は多いというのが現状です。

　さらには児相の職員には担当対象が短い期間で変わるという問題があります。担当地域の割り振りが変わることもあれば，公務員ですので人事異動もあります。子どもにとってみれば大変な状況をくぐり抜けて施設入所したものの，その経過を直接知っている児相職員がいなくなるというような事情も多々あります。職員は経年関与による分厚いケース記録をどうにか確認し，子どもにとっ

ての新たな担当として出会うことになります。

　このような事情の中，被虐待からくるトラウマの反応を起こす子や，何らか
の発達特性をもっていることがわかってくる子も大変多く，施設環境になじめ
ず，次々問題を起こし，不適応状態に陥ることがあります。このようなとき，
施設の方から児相の方に，あらゆる手を尽くしたとして，「措置変更」，いわゆ
る再度の一時保護をして様子を見て欲しいというような依頼がくることがあり
ます。

　児相職員の側からすると，これは大変頭の痛い問題です。居場所のない子を
これからどうしたらよいか，施設変更なのか，しかしどの施設も一時保護所も
定員の空き状況は厳しい状況で，その間に当該の子どもはさらに不安定になる
事態に陥ります。

　入所措置の変更が必要となる場合，変更先を一つ挙げると，児童心理治療施
設があります。「心理的問題を抱え日常生活の多岐にわたり支障をきたしてい
る子どもたち」に，「治療・支援を行う施設」です。ただ地域によってさまざま
で，この施設がない自治体もあります。その場合は，当該自治体以外の児童心
理治療施設への入所について，その施設のある自治体側と協議をしていくこと
になり，入所するまで時間もかかり，仮に入所できたとしてもその後，その施
設へ定期的に訪問し，状況を確認する必要があります。

　実際に，入所措置の変更を求めて，施設から児相に要請があることは少なく
ありません。児相としてはもう少し今の施設の方での工夫の余地はないかと考
えますが，施設としては方策に尽き，他の入所児童への悪影響も考えなければ
なりません。他の子どもも同じく社会的養護の子どもであり，傷つきケアを必
要としているからです。

6. 事例

[1] 施設にいられなくなりそうなユウト君

　X年4月のある週明け，児相に児童養護施設Aより急ぎの電話が入りました。「ユ
ウト君がまた他の子に暴力を振るった。今回はユウト君に合う環境はどこか，一時保
護のうえ，施設変更も検討して欲しい」という内容でした。すぐ所内協議が開かれ，
その週のうちにひとまずユウト君と担当のワダさんに来所してもらうことにしました。

　ユウト君は現在中学2年の男子です。もともと母と暮らしていましたが，小学5年頃より不登校になりゲームに没頭しては母への暴力がひどくなり，対応できなくなった母の相談を受け，一時保護を経て，小学6年の時，児童養護施設Aへと入所しました。保護中に精神科を受診し，自閉スペクトラム症，注意欠如多動症と診断され，通院と服薬治療が開始されました。知的能力は平均域で，入所後は特別支援学級の利用も始めました。

　入所してから不登校は改善したものの他の子どもとのトラブルは多く，職員や学校の先生に対しても，キレては暴言暴力が続きました。何かあるたびに児相に来所し，担当者との面接をしていました。中学1年の終わりに前担当者は施設から「次に暴力が起きたら一時保護をしてほしい」と要請をされていました。

　そのようななか，児童心理司（以下CP）は新しい担当者としてユウト君と担当職員のワダさんに会うことになりました。

1）初回面接

　ワダさんは若手の男性で，ユウト君は落ち着かない様子でした。ユウト君は人懐っこくよく喋りますがやや一方的な話し方で，それにCPが合わせて，来所理由を聞きました。

　ユウト君が一連の話をしました。サッカーをしていたら，ユウト君のプレイに指図してくる子がいて，気づいたらユウト君はその子を突き飛ばし，相手が起き上がれなくなりました。「途中でもう部屋行っとけって言った先生がいて，そのとおりにしておけばよかった」と後悔しているようでした。というのも施設の職員に「ここにいられなくなるかもしれない」と言われたそうです。

　CPはとぼけて「どういうこと？」と尋ねると，ユウト君は「学校も変わって生活やり直すって。でも僕はそれ，できたらしたくないんですけどね」と話しました。

　一時保護所に入所するには調整の期間が必要です。CPはその期間を使ってひとまずできることをしようと考えました。

　そこで，ユウト君に以下のように伝えました。

①今後，頑張っていい方向になっても，施設や児相の上の人がどんな判断をするか。一時保護になるかもしれないこと。

②一番大事なのはもう暴力が出ないよう一緒に直していくこと。

③CPが思うに言動で損をしてしまうタイプのように見えるので，それを工夫して変えていくこと。

　ユウト君の面接が終わってから，児童福祉司も合流しワダさんと話しましたが，CPとの面接の様子をワダさんは興味をもって聞き，温かく笑ってくれました。しか

し「本人のためには別の施設でやり直した方が，学べることも多いという意見が施設の中には根強くあります。他の子も随分辛抱している状況なんです」と言います。

　ワダさんは，継続指導をして一緒に考えてくれるのであれば，ユウト君を今後も施設でみていきたいという気持ちがあること，しかし，施設全体の意見（いわゆる上司）は他の子の手前，何か違う手立てが必要だと考えていることがわかりました。

　この日の面接終了後，所内で相談し，施設のワダさんの上司に電話を入れました。『暴力改善プログラム』を通所で行うプランはどうか？　一時保護を待ってもらう余地があるか？」と確認しました。すると「同じフロアにいる子の声を聴いてもらいたい」との要請があり，後日，児相の職員数人で，施設訪問することにしました。

2）施設訪問

　ワダさんの上司と，中高生 4 人ほどと会いました。児相からは児童福祉司が 3 名とCP とを合わせ 4 名です。1 人ずつ呼んでもらい事情を聴くことにしました。

　「いろいろ迷惑かけていると聞いたんだけど，どんなことがあったのか，教えてもらえるでしょうか。ユウト君とどんなことに取り組んでいったらいいかを考えていくうえでも，とても大切なので教えてください」。

　すると意外にも彼らは，「たくさんで来てくれてご苦労様。僕は大したことなくて，僕より他の子の方が大変だと思うからしっかり聞いてあげて」と話し，嫌だったエピソードを語るものの，おおむね「頑張ってください」と激励されてしまいました。

　子どもたちの様子を報告すると，上司は「このフロアの誰もが帰るところもなくて，ここで辛抱するしかないという思いなんです。その自分たちの大変さをわかってもらえてうれしかったのかもしれません」と話し，上司や子どもたちと，通所しながらユウト君の行動を改善していく方針を共有しました。そして，同行した児相職員の中では，子どもたちやワダさんの上司の「本当はユウト君に他所へ行って欲しいのではなくここで良くなって欲しい」との意向をどうにか汲み取っていきたいという目標がつくられました。

3）第 2 回目面接以降

　ユウト君とは，カッとなって手が出てしまうのを止めるために，ユウト君が自分を客観的に見られるように取り組んでいくこと，そして一緒に取り組んだことを用紙に書き残し，ワダさんに全部見てもらうことの了解を取りました。しかしユウト君はすぐ用紙を裏返そうとします。持って帰って書いてくるようにと言うと，ユウト君は「それ『宿題』って書いてあるけど，もうその言葉だけでするの面倒になるから，『やってみよう』と書いた方がいいんじゃないかな」と指摘し始めました。CP は「そ

うか，よく気がつくな，そういうこと教えてくれたら他の子にも役立つな！」と伝え，ユウトくんをのせようと工夫しました。

　ワダさんから普段の施設の出来事を聴いていくと，以下のようなことがわかりました。

　ユウト：思いつきでパッと失礼なことを言う⇒相手：不快になる⇒ユウト：さらにしつこく言う⇒相手：怒る⇒ユウト：相手以上に怒る⇒職員：ユウトを注意⇒ユウト：職員に暴言

　ユウト君自身にその自覚はあまりなく，いつ尋ねても，ユウト君は「相手が急に怒ってきた」と言います。ただ，この通所が始まり，ユウト君は自分が怒ったことについては，謝りにいくことがあったそうです。そして周りの子どももユウト君が謝ってきたことに対しては許してあげている様子です。

　ワダさんにはユウト君の取り組みの様子を伝え，用紙はすべて施設に持ち帰ってもらい，施設で回覧してもらうようにしました。「やってみよう」についてはワダさんとユウト君で取り組んでもらうようにしました。

　その後，大きな暴力に至ることはなく，揉めごとはいくつかありつつも，それがどういう出来事だったか，通所でも尋ね，ワダさんに確認しながら進めました。

　5回目の通所の時に，これまでの振り返りの一つとして，自分がどんな問題をもっているのか，いくつかの項目を出して評点してもらいました。ユウト君は「キレやすい」「対人関係が苦手」など中心的な項目についても，「あてはまらない」と評点し，自分には関係ないとしていました。同じ項目について，ワダさんから見たユウト君を評点してもらいました。

　6回目の通所で，2人の評点を比べるよう，ユウト君に見てもらいました。ユウト君はワダさんが，「あてはまる」として評点しているのを見ても，反発しませんでした。この後，ユウト君は客観的に自分を捉えてみるということが徐々にできるようになっていきました。

4）第11回面接

　来所するまでの車の中で，ユウト君はワダさんに「俺は誰にでもすぐ暴力を振るう奴で，周りも俺には相当引いていた」と語ったそうです。この頃，ユウト君は暴力はなくなり，施設職員や他児童の言うことを素直に聞く態度ができはじめ，もう施設変更や一時保護が必要だと言う職員はいなくなっていました。何より，同じフロアの子どもたちも，ユウト君のがんばりを認めるようになっていると，ワダさんから報告されました。

　ワダさんは，ユウト君だけではなく，他の子たち一人ひとりについて目標を尋ね，

対応方法をまとめて，施設内で報告をするという取り組みを始めたそうです。

5）まとめ

「一時保護と施設変更」という施設側のニーズに応じつつ，現実的に時間を要することからも，「ユウト君の暴力を改善する」という方針とそのための面接を提示することから始めました。このことは，施設側の要請に応じながらも，「施設変更」の理由となる暴力の改善へという目標を併存させたことになります。依頼に応じて施設へ訪問し，子どもたちや職員に話を聞くことで，それぞれの思いを引き出すとともに，ユウト君の「暴力」の問題へ対応していく関係・体制をつくっていくことになりました。面接では，ユウト君が自分の言動を客観的に見られるように取り組み，それを担当のワダさんと共有し，ワダさんの協力を得て施設全体へと広げていくことで，問題の改善に至りました。これらの取り組みや関係がうまく嚙み合うためには，ユウト君やワダさんだけでなく，施設の子どもたちや職員の関係を意識して働きかけることがポイントと考えられます。

[2] 自立に向けた課題の多いアカネさん

1）ケース概要

X年4月，CPは，B施設に入所中で高1になったばかりのアカネさん（女性）を，前担当者より引き継ぎました。アカネさんはずっと施設生活で落ち着かず，暴言や他児への威圧，器物破損，時には職員への暴力もあった子でした。

アカネさんは高校に進学したものの，遅刻が多く，部屋の片づけができない，なくし物をする，小遣いの浪費等の問題がありました。施設でアカネさんを担当しているニキさんは中堅どころの熱心な雰囲気の女性職員で，アカネさんを小学生の頃からずっと担当し，一緒に定期的に児相へ通所していました。

今のアカネさんを就職させ，一人で暮らしていけるようにするには課題が山積みでした。施設入所の子どもは，高卒後，家族の支援のないなかで自立しなくてはいけませんが，生活リズムの乱れや浪費の問題は，一人暮らしを破綻させてしまうからです。

そもそもアカネさんの家庭は，病弱な母と歳の離れた兄姉のいる5人家族でした。経済的な困窮や母の体調不良をきっかけにアカネさんだけが0歳児の頃に施設に預けられました。幼稚園の頃にいったん家庭に引き取られましたが，多動で言うことをきかないアカネさんに家族がうまく対処できず身体的な虐待があったとして，就学後す

ぐ，再度の施設入所となりました。

　母は兄姉を家庭で育て，すでに自立させていますが，アカネさんのことは施設に預けたままで，施設からの働きかけには必要最低限の対応をしているようでした。母は体の調子が思わしくないこともあってか，家庭に引き取る意思はなく，施設から自立して欲しいという考えでした。

2）初回面接の前に考えたこと

　アカネさんとニキさんの関係性はこれまでいろいろあったがうえにさらに強い結びつきがあると感じました。しかし卒業後の就労や住居の契約に保証人が必要なため，高校卒業までに母に保護者として最低限の役割を果たしてもらう必要がありました。今まで無関心だった母を，施設からの自立という難しい時期に協力させていくことがいかに難しいか，CP は覚悟していました。

3）初回面接以降

　前担当者との間で「暴力をしない」「小遣いを浪費しない」「学校に行く」といった約束事がありました。CP はアカネさんと面接し，どれぐらいできているか教えてもらうと，アカネさんは結構客観的に自分自身を評価できていました。ニキさんと CP での面接では，ニキさんは朝の登校など改善させたいけれど，職員の対応の違いなどもありなかなか思うようにいかないようでしたが，CP からアカネさんの様子を聞いたニキさんは安心した様子でした。

　その後，高1の頃は大きな問題はないものの，遅刻がなかなか治りませんでした。母との接点は最低限で，アカネさんの様子を聞いた母は小言を言うこともありました。CP は「問題が起こり，退学となると母が引き取らなければならない」と言って，母に「就労，つまり自立のための話し合い」として学校でのケース会議に参加をしてもらう作戦に出ました。

　X年12月，アカネさんの欲しかった携帯電話について，どう持たせていくかの話し合いでも，同様の形でセッティングし，母にも参加させました。それで一定のルールを決めて，守れるかどうか様子を見てから持たせる方向になりました。

4）ニキさんの電話相談

　X＋1年1月，ニキさんから電話があり，アカネさんがその日の朝，施設の気の合わない職員と言い合いになり，部屋に閉じこもったとの報告でした。その後，部屋から出てきたアカネさんも頭を冷やしたら頑なにはならず，ニキさんに今朝のことを後悔していると話しました。そこでニキさんは，遅刻が続くとまず働けないし暮らして

もいけないと心配を伝えてみたところ，アカネさんは「住む場所なかったら，お母さんが親なんだから，住まわせてくれるのではないかな」と言ったそうです。ニキさんは「そうやってお母さんに期待していつも辛い思いをしてきたでしょ？」と思い切って言うと，アカネさんはしっかり聞いてくれていたそうです。

5）携帯電話の契約へ

　母に契約してもらわなければならないため，児相でアカネさん，ニキさんと母とで打ち合わせすることにしました。ニキさんが携帯電話に関する施設作成の契約書について説明しました。その時の母子の様子は，アカネさんは母に気を使い，また母もアカネさんに直接話しかけず，必要な話はニキさんに顔を向けて言います。ここへ来てCPは，この親子はニキさんを通してでないとコミュニケーションが取れないことに気づきました。

6）事件勃発

　そうやって頑張っていた矢先，アカネさんは学校で先生に暴言を吐いて，特別な指導を受けることになりました。高校にはニキさんだけではなく母も呼び出され，母は事情を聞いて，呆れてアカネさんにその場で説教をしたようでした。ひとまずその日はそれで終わりました。しかし母が携帯の契約を撤回しないか，CPもニキさんも嫌な予感がしました。

　もう少しで携帯電話の契約日だったため，ニキさんは連絡をくれました。「決めた期間，アカネは無遅刻無欠席で頑張っていた，そのことは評価してあげたい」と考え母に電話すると，母は「いつまで経っても小学生みたい」と言ったそうです。ニキさんは，CPに「そんな批評をせず，せめて顔を見て言ってあげて欲しい」と思いを伝えてきました。そしてそのようななかでアカネさんも何やら母に言いたいことがあるとニキさんに言い出したそうです。

7）「母に話したいことがある」

　そこで母を児相へ呼び，アカネさんを母の前に座らせました。母は学校での出来事を怒っていて，ちゃんと説明するようアカネさんに言います。CPもニキさんも黙って母子のやりとりを見守りました。アカネさんは率直に説明したのですが，母は「昔から一つも変わってない。そんなのでは社会で通用しないよ」と言い，アカネさんはしばらくじっと聞いていましたが「私だって……昔なら引きずってまた手が出たけど，今はもう我慢できるもの。お母さんの言う昔って何？　親口調で言うけど，お母さんだってできてないことあるでしょ」と訴えました。

　母はやっと出た本人の言葉に被せるように「なんでも完璧にできる人なんていない
よ。でもお母さんは警察沙汰はない，手が出るってことは……」
　アカネ「お母さんは私を叩いたり髪引っ張ったりしたじゃない！」
　CPもニキさんもアカネさんがハッキリ言うのを心の中ですごく驚いていました。
　母「ああ，そうよ。認めるよ。確かに私に言う資格はない。そうよ，だからあなた
は自立して。私をあてにしないで」
　ここでCPとニキさんは目を見合わせ，母に見捨てられないか一抹の不安を感じな
がらも，もうここまで頑張ってきた本人に言いたいだけ言わそうという気持ちは一致
していました。
　アカネ「ずっと聞きたかったことがある。どうして私だけ施設に預けたの？」
　母「そうか。それはね，仕方なかった。生きていこうとしたらそうするしかなかっ
た。あなたの意見も聞かずにこれしかないと進めたの。母親としてよくしてあげられ
なかった，それは申し訳なかった。だからこそ別々に暮らすのがいい。これからお母
さんはどんどん年をとっていくからね」
　アカネ「ずっとどう考えてたのか知りたかった。もっと早く聞きたかったけど，で
も昔から気まずくて怖くて」
　母「姉ちゃんも兄ちゃんもアカネみたいなこと，勇気なくて言ってこなかったよ」
　その後，また母は最初の説教モードになりましたが，その後に「携帯電話はもう必
要なので，そのまま契約に進む」と言ってくれました。

8）母のフォローアップ

　後日，母だけ来所してもらい，CPとニキさんとで話しました。母は「アカネは勝
手だ」と愚痴を言い，それからしんみりこれまでの思いを語ってくれました。「毎年
のように児相は担当者が代わり，そのたびに一から説明しないといけなかった。子育
てと仕事でくたくたで，全部しないといけなかった私に，いろいろ注意してくるこの
人たちは，帰ったら誰かいるんだろうな，だからここでこんな働ける」
　ニキさんは「初めてお会いした日，『もうアカネは施設に任す』と言われて，私は，
なんてことを言うんだろうって思いました。でもその頃そんな事情があったってこと，
なかなか想像できませんでした」
　結局その夜もアカネさんのことを考えこうしてご足労願えたことを感謝して，面
接を終えました。

9）その後の経過

　アカネさんはこれまでになく安定し登校できるようになり，遅刻することはなくな

りました。携帯電話はルールどおりに用いることができて，却ってそれが安定につながりました。そしてもう帰省したいと言わなくなりました。最後は早く施設を出たいと一人暮らしの準備をし，地元の会社に就職していきました。

10）まとめ

　アカネさんと担当ニキさんの良好な関係をリソースとし，年齢を考慮して施設退所後の自立を目標としてスタートを切りました。そのためには母の関与が必要なため，関与に拒否的な母に対し，母の「施設から直接の自立」というニーズを「家に帰らされては困る」という不安に読み替えて働きかけ，自立に向けた話し合いに参加させるようにしました。

　自立に向けた方針と長期的な支援のなかで，ニキさんからアカネさんに「母には期待できない」と伝えるなど，さまざまな動きが生じています。アカネさんが希望する携帯電話の契約を話題とし，トラブルがありながらも，アカネさんが身の回りのことができ，母が最低限でもかかわることができるよう話し合いを重ねてきました。二人では話せなかったアカネさんと母でしたが，ずっと気になっていた「なぜ自分だけ施設なのか」についてアカネさんが直接ぶつけ，母が答える機会が生じました。これによって長年の懸念事項が解消され，母もアカネさんの主張を認めての謝罪と携帯電話の契約へと展開したことにより，アカネさんの自立へと進みました。これには，試行錯誤をしながらも，アカネさん，母，ニキさん，高校の関係者と関係をつくり，自立に向けた体制を形成したことが有効と考えられます。

7．さいごに

　ここに示した2事例は，担当職員と子どものかかわりを押さえ，子どもだけではなく周りの人も含めた関係を変えることで，全体が良くなることを目指しています。施設のケースには，担当の職員と上司や他児童，それから別に暮らしている家族も含めた多くの事情を把握したうえでの対応が大切です。家族に連れられて来所するのではなく，立場の弱い子どもがたった一人で岐路に立たされることもあり，社会的養護の子どもたちへの支援とはいかに周囲を動かせ合意形成し，支援システムを構築するということに尽きるのではないかと考え

ています。

文　献

厚生労働省（2018）．児童養護施設入所等児童の調査の概要
全国児童養護施設協議会（2019）．もっともっと知ってほしい児童養護施設

第Ⅲ部 - 第4章

高齢者介護分野における家族・関係者への支援：
ケア体制の構築・維持・安定のために

1．はじめに

　日本は高齢化が進んでいます。人は高齢になると心身の機能が低下し，病気
や怪我を患いやすくなります。つまり，高齢者が増えるということは，何らか
のケアを必要とする高齢者が増えることにつながってきます。高齢者介護は，
現在も今後も重要な課題であり続けます。
　高齢者介護では，介護を必要とする方の状態に合わせてどのようなケアを提
供するか，ということが主要なテーマとなります。しかし，それに加えて介護
を取り巻くささまざまな人々の関係や思いも重要です。介護を受ける高齢者は，
自分が介護を受ける状況になったことや自分の今後に対してさまざまな思いを
抱いています。介護をする家族にも仕事や体調などそれぞれの事情があり，介
護を引き受けることに対して複雑な気持ちがある場合も見られます。また，介
護においては医師や看護師，介護スタッフなどの医療・福祉の専門職がかかわ
ることになりますが，専門職も各職種や立場における価値観，ケアに対する思
い入れがあります。介護は，介護を受ける本人や家族，支援する専門職の思い
や人間関係が複雑に交錯する現場と言えます。
　本章では，高齢者介護の現場における家族や関係者支援の課題を取り上げま
す。そのなかで，事例を用いながら家族や関係者の間に繰り広げられる関係を
どのように理解してどのように働きかけていけばよいかを論じていきます。

2．介護を取り巻く環境と介護支援専門員の役割

[1] 高齢者介護を取り巻く環境
　高齢になると心身の衰えにより怪我をしたり病気になりやすく，若い頃のよ

うに回復しにくくなります。例えば，若い方であれば足の骨を骨折して一時的に歩けなくなったとしても，多くの場合は手術やリハビリを行うことで元どおりに歩けるようになります。しかし高齢者の場合はそのようにはいかず，スムーズに歩行できなくなったり，時には骨折をきっかけに自力では歩けなくなります。仮に歩けなくなると，ベッドから離れる際には車いすが必要となり，食事や入浴・トイレへ行くのも誰かの介助が必要になります。また，身体的に大きな問題がない場合でも，認知症になる方が増えています。認知症の影響によって物忘れが多くなるだけではなく，人によっては「〜を盗られた」と家族に対して被害妄想を向けることがあります。また，外出して道がわからなくなり自宅に帰ることができなくなる，といった症状が出てきます。そのために，家族は常に目が離せなくなり被害的な訴えに対応することで負担が増えてしまうことも起こります。このように，心身の機能低下や病気によって介護を必要とする高齢者は今後ますます増加していきます。

　以前は高齢者に介護が必要となった場合，施設に入所し，病院に長く入院することは少なく，家族が介護を担って自宅で介護を行うことが当たり前と考えられていた時代もありました。しかし，三世代同居家族（子・親・祖父母の三世代が一緒に住む）の減少・核家族世帯の増加といったさまざまな社会の変化もあり，家族の努力だけで介護を行うことは困難となりました。また日本全体で考えると，高齢者が増える一方で少子化によって若い世代が減少しており，多くの高齢者を少ない若い世代が支える状況となっています。

　そのようななか，2000 年より介護保険制度が始まり，介護の必要性に応じて介護サービスを受けることができるようになりました。それ以前にも介護を支える公的なサービスは存在しましたが，介護保険制度により民間事業者の参入によってサービスの量を確保し，介護に関する相談を受ける専門職として「介護支援専門員」（ケアマネジャーと呼ばれます。以下，ケアマネと略します）が位置づけられるなど，介護サービスを受けやすくなりました。また，地域において高齢者にかかわるいろいろな相談ができる機関として地域包括支援センターが創設されるなど，身近な所におけるサポート体制が整備されてきています。

[2] 介護支援専門員の役割とかかわりの実際

　ケアマネの役割は，介護を必要とする高齢者（以下，本人と表記します）やその家族から相談を受け，本人・家族の状況に合わせて介護保険サービスなどのケアを調整しながら介護を支える体制をつくり，それを維持していくことです。以下，ケアマネの業務を具体的に説明します。

　介護が必要となり介護保険サービスの利用を希望する場合，まず市区町村より本人がどの程度介護サービスを必要としているか，「要介護認定」を受けることが必要です（要介護認定を受ける手続きの支援もします）。次に，本人・家族と面談し，本人の病状や日常の動作がどれくらいできるのか，家族がどれくらい手伝えるか，介護のどの部分を手伝って欲しいと思っているのかなどを確認します。健康な人であれば，食事やトイレ，着替え，入浴といったことは当たり前にできますが，介護を要する高齢者は何らかの手助けが必要になります。日常に行うさまざまな動作の中で，何ができて何ができないか，何に困っているかはその方の病気や怪我の状況によって一人ひとり違います。また，家族についても同居か別居か，誰が何をどの程度手伝うことができるかについてもそれぞれの家族で変わってきます。さらに，生活の環境も重要です。例えば一戸建てかマンションか，階段の昇降など移動に支障が見られるか，バリアフリーなど本人をサポートする設備があるか，によっても変わります。このように介護を必要とする方の状況は個別性が高く，一人ひとり必要とされるケアの内容は大きく変わってきます。そのため，本人だけではなく家族・住環境を含めてその人に何が必要かということを理解することが第一歩となります。

　次に，本人・家族の状況と介護に対する希望を踏まえて，どのようなサービスをどのくらいの回数で，どのようなケアを行うのかを考えます。例えば自宅に介護職や看護師が訪問してケアを行う訪問系サービス，日帰りの施設で介護を受ける通所系サービス，車いすや介護用ベッドなどのレンタルといったさまざまなサービスメニューが介護保険制度に位置づけられています。ケアマネは本人や家族の状況を踏まえて必要と思われるサービスを組み合わせて介護計画を作成します。例えば，家族が昼間不在の時間が多いようであれば，昼間を外で過ごせるように日帰りの通所系サービスや短期間の入所サービスを中心に組み立てます。本人が人前に出ることや外出を好まないようでしたら，当面は自宅への訪問系サービスを中心に計画をつくります。

　介護計画の案に本人・家族の同意を得たら，サービスを行う担当者を集めてカンファレンスを行います。そこで本人や家族の状況を担当者間で情報共有し，サービスの時間や回数・ケアの内容などを打ち合わせ，役割分担を行った後にサービスが開始となります。

　しかし，ケアマネの役割は介護を支える体制をつくり，サービスが開始されてそれで終わりではありません。本人や家族の状況に変化があった場合，自宅で介護を続けられるよう何らかの対応が必要です。そのため，介護保険サービスを利用している方にはケアマネが定期的に訪問し，面談をするよう法令に定められています。状況を確認し，本人・家族から希望が出たり，ケアマネがケアの内容を変更した方がよいと判断したら，新しいサービスを提案したりケアの回数を調整することでサービスの体制を整えていきます。ケアマネはできる限り自宅で介護を続けることができるよう，これら一連の作業を繰り返しながら本人や家族を支援します。

　次に，簡単な例を示しながらケアマネのかかわりを見ていきたいと思います。

事　例

　70歳代後半の女性（以下，母と表記します）と50歳代長男夫婦の3人暮らし。母は社交的で活発な性格でしたが，1年程前より物忘れが見られ始め，段々と買い物や料理ができなくなりました。また，物忘れの進行に伴って徐々に自宅へ引きこもるようになりました。さらに，通帳や貴重品の置き場所を忘れてしまい，長男の妻へ「あなたが盗んだ」と訴え，入浴や着替えも定期的に行わず，「しっかりして」と注意する長男の妻との関係が悪化していました。長男夫婦が主治医へ相談したところ，認知症の疑いがあるとのことで介護認定の申請の勧めがありましたが，母は「自分は大丈夫」との思いが強く，サービス利用を拒否していました。長男は仕事で多忙なこともあり妻に対応を任せていましたが，妻とともに母へ介護認定の申請やサービス利用を説得し，母も渋々同意しました。

　認知症（疑い）のケースを例に挙げました。母は物忘れが進み被害妄想も見られていますが，「私はまだ自分は大丈夫」との思いが強くかかわりにくい状況です。長男の妻は被害妄想を向けられ，引きこもりがちな母の対応で負担が強くなっています。長男は仕事が忙しく，妻を助けたいとの気持ちはありますが，実際には十分なサポートができず，妻は不満を感じています。そこで，長男は介護保険のサービスを利用するよう母を説得し，妻の負担を軽減できるよう働きかけました。

　その後，ケアマネと家族で母にどのような対応をしたらよいか話し合いました。母はもともと社交的な方であったとの話を聞いたため，通所系サービスとの相性がよいと思いました。そこで，認知症の対応に慣れており，プログラムを通じて話好きの利用者との交流が見込めるデイサービスを提案しました。当初母はデイサービスに渋々通い，時には休むこともありましたが，同年代の方とおしゃべりを楽しむなどデイサービスに馴染んできた様子が見られました。そこでデイサービスの回数を増やしたところ，母は楽しみに通うようになり，休むこともなくなりました。母の状態は元どおりには改善しませんが，母が不在の時間が増えたことで長男の妻にも自由になる時間ができました。また，ケアマネやデイサービスのスタッフが相談に乗ることで，長男の妻の心理的な負担が軽減できるようになりました。

　サービスを利用してもすべての問題を解決できるわけではなく，なかには支援がスムーズに展開しないケースも存在します。そのような場合でもケアマネは支援者と協力し，本人・家族の状況を把握しながら何らかの介入の糸口を探し出し，少しでも本人・家族の負担を軽減できるよう試みます。

3．高齢者介護における関係性を巡る課題

[1] 家族における課題

　介護を巡り，家族内の関係で問題が生じることがあります。まず高齢者自身にとっては，自分が介護を受ける立場になったことの受け止め方がその後の介護に影響します。例えば，主婦として家族のために家事を頑張ることにやりがいを感じていた女性が，介護を受けることになったとします。自分がケアを受けることを「自分はもう高齢だし，仕方がない」と受け止めるかもしれませんし，「もう家族のために何もできない」と現状を受け入れられないかもしれません。状況の受け止め方は人それぞれで，その人の価値観や性格などが影響します。

　また，家族にとっては高齢者の介護が必要となった場合，介護を取り入れた新しい生活様式をつくる必要があります。介護を誰が，何を，どのくらい引き受けるのか，どの部分を外部の介護サービスに任せるのかを考えなければなりません。家族の事情によっては誰かが仕事を辞めたり働く時間を減らしたりして介護をすることも必要です。また，ケアマネをはじめ今までまったく縁のなかった支援者とかかわることとなります。介護のために，趣味を楽しんで息抜

きをすることが思うようにできず，疲労やストレスがたまってしまう家族もいます。家族は介護のためにそれぞれの事情に応じてさまざまな負担を引き受ける必要が生じます。

　さらに，介護においては今までの家族関係が大きくかかわります。関係が悪かった家族は介護においても悪い関係を引きずり，協力して介護に取り組むことができないこともあります。また，介護をきっかけに家族関係がこじれてしまうこともあります。高齢者とその家族には数十年にわたる家族関係の歴史があり，その関係は介護に大きな影響を与えます。

　このように，介護においては本人・家族のさまざまな思いや感情，長年にわたる家族関係などが複雑に絡み合ってきます。また，それぞれが抱える事情も介護に大きく影響します。本人・家族はそれらに対処して新しい生活や生き方を再構築しなければなりません。それは大きな負担となりますが，介護では避けることができない課題となります。

［2］専門職における課題

　次に，支援を行う専門職においても関係性にまつわる課題があります。高齢者介護において，支援者は本人・家族などさまざまな人たちとかかわりますが，関係性を理解してかかわっていくための理論や視点を学ぶ機会がほとんどなく，現場では悪戦苦闘しています。そのうえ，高齢者介護にかかわる専門職は本人へ必要とされるケアを提供することが主な業務であることから，介護を受ける本人へ視点が偏りがちです。しかし，介護を担う家族も支援を必要としています。支援者がこの点を抑えていないと関係の理解が本人中心となり，家族間の関係性やそれぞれの立場，抱えている事情を理解できず，家族内の対立的な関係に巻き込まれてどのように対応してよいかわからなくなるなど，支援がスムーズに展開できなくなります。

　さらに，支援者同士の関係に目を向けることも必要です。職種や立場が異なるとケアに対する意向の違いが生じやすくなります。支援チーム内で意見の食い違いが大きくなり関係が悪くなってしまうとチームワークが乱れ，支援者同士が対立する危険も生じます。お互いに協力しながら効果的な支援を行うためには，支援者に対してもそれぞれの思いや関係を理解し，互いに配慮していくことが求められます。

4．高齢者介護における家族・関係者支援の実際

事　例

家族構成　70 歳後半の男性（以下 A）と長男夫婦（50 代前半）と次男家族。A は長男夫婦と同居。妻は 10 年前に他界。次男家族は他県在住で，A とほとんどかかわっていない。

相談の経緯　A は屋外で転倒，左大腿骨を骨折して入院・手術となりました。その後しばらく自力では歩行できませんでしたが，リハビリを頑張り，屋内は何とか杖を使って自力で歩けるようになりました。退院後のために要介護認定を申請し，要介護 1 の認定が下りたため，退院に合わせて筆者（以下，CM）とは別のケアマネ（以下，前担当）が支援を始めました。前担当は半年近くかかわりましたが長男夫婦との関係がうまくいかず，最終的に長男夫婦より担当変更の希望が出されました。そこで地域包括支援センターの相談員が仲介に入り，CM に A を担当して欲しいと依頼がありました。

　依頼を受けた際の情報で，不明な点が多いのです。前担当と長男夫婦との関係がこじれましたが，その理由がわからないままだと CM も長男夫婦との関係が崩れるリスクがあります。そこで CM は，関係者より担当交代に至った経過を把握しようと考えました。CM は担当を引き継ぐにあたり，前担当やサービス事業所，地域包括支援センターの相談員とカンファレンスを行い，情報を集めると以下のことがわかりました。

追加情報　A は小さな工場を経営し，長男や数人の従業員と働いていました。A は昔堅気の頑固な性格で家族には我儘で傲慢な態度を取り，加えて酒やギャンブルが原因で家族関係は長年良くありませんでした。A は妻が亡くなった後自営業から引退し，悠々自適に飲酒やギャンブルを楽しみ，長男夫婦と A は距離をおきながら生活していました。

　A は転倒し骨折したため 3 ヶ月程入院をしましたが，何とか一人で行動できるまでに回復しました。退院後はリハビリを続けるため，通所リハビリテーションを開始しました。通所先では真面目でしたが自宅では生活態度を改めず，通所しない時は昼間から飲酒するなど好き勝手に生活しており，それを注意する長男夫婦と対立していました。A は自分に厳しく接する長男夫婦に不満を抱き，通所先や隣近所で「長男夫婦が何もしてくれない」「辛く当たられる」などと大げさに言いふらし，それを知った長男夫婦と喧嘩が絶えませんでした。A の訴えを聞いた前担当や通所先の担当者は，A の立場に立って長男夫婦にもっと A に優しくかかわるように働きかけましたが，それに不満を感じた長男夫婦より担当を変えて欲しいと言われました。

　まだ A や長男夫婦に会っていませんが，この情報より次のように考えることができます。

　A と長男夫婦は，A の性格や飲酒・ギャンブルのため長年対立していました。また，次男が A とかかわりをもたないことも同様の理由と考えられます。長男夫婦と前担当との関係は，最初は問題ありませんでした。しかし，前担当が A の訴えを聞き「長男夫婦に問題がある」と思うようになったため，長男夫婦は今までの苦労や自分たちの気持ちをわかってもらえなかった，と感じて反発しました。その結果，「A と支援チーム」VS「長男夫婦」という対立構図ができあがりました。

　次の段階では，A や長男夫婦と会うこととなります。かかわり方を間違えると，長男夫婦への反発を感じる A，「長男夫婦をどうにかして欲しい」と思う支援者達，「どうせわかってもらえない」と反発している長男夫婦との間で板挟みになるリスクがあります。そこで CM は支援者達の期待は一度棚上げとして，まず介護を担っている長男夫婦との関係に配慮して面談に臨むこととしました。

　初回面談　CM は最初に長男夫婦と面談しました。担当変更の経緯を確認すると，A に対する恨みや自分たちの苦労をわかってくれない関係者への不満を訴えました。CM は，今までの苦労を労い，「A に対して不満を感じ，接し方が厳しくなることは，今までのいきさつを考えると当然と思う」と伝えると，長男夫婦はほっとした表情を見せました。しかし，同時に CM は「高齢である A の性格や行動を今更変えることは難しいと思う」「長男夫婦の負担を減らすためには A の状態が悪化しないことが大切ではないか」と伝えたところ，長男夫婦は CM の発言に賛成し，CM と A への対応を一緒に検討していくことに同意しました。

　その後，A を交えて面談を行いました。担当変更のいきさつを考慮し，CM は仕切り直しのためサービス事業所の変更を提案し，A と長男夫婦の了承を得ました。新しいサービス事業所には担当変更の経過を伝えて，家族関係に配慮して本人や長男夫婦に接して欲しいと依頼しました。また，CM は前担当や地域包括支援センターへ経過を伝え，何かあった際には報告・相談することと取り決めました。

　CM は長男夫婦と協力できる関係をつくるため，A への不満を訴える長男夫婦に対して理解を示しました。長男夫婦は今までの支援者と違い「気持ちをわかってもらえた」と感じ，CM と長男夫婦は A への今後の対応を話し合えるようになりました。しかし，長男夫婦の立場に近すぎると，今度は A と CM との関係がこじれる危険性があります。そのため，A の立場にも立てるよう家族全体のバランスを考えることが必要です。

　また，今までの事業所は長男夫婦が悪いという立場であったため，A と長男夫婦それぞれに配慮しながらかかわってもらえるよう，担当変更に合わせてサービス事業所

も変更しました。サービス事業所には，単に介護サービスを提供してもらえばよい訳ではありません。事業所や担当者には本人・家族との相性，ケアに対する得意不得意などの特徴があります。それらを考慮し，ケースに合わせた事業所を選択することで円滑な支援ができるようになります。

　その後の経過　　CM は定期的に訪問し，A や長男夫婦と面談しました。A からは繰り返し長男夫婦への不満が聞かれましたが，CM は不満を受け止めつつ A をなだめ，A と長男夫婦の関係が悪化しないように対応しました。また，CM は長男夫婦とも面談し，A に対する不満を聞くことでストレス軽減を図るなど長男夫婦を支えるように働きかけました。その結果，時折 A と長男夫婦の間で小さな諍いが見られたものの大きな問題に発展することなく，生活が安定して経過しました。新しい事業所との間においてもトラブルなく経過し，A のサービス利用とケアの提供が継続されまた。

　なお，本ケースは CM が約 2 年間支援を行いました。その間 A は特に怪我や病気もなく過ごしていましたが，突然脳梗塞を発症し入院しました。その後 A が寝たきりとなったため施設入所となり，支援が終了しました。

　長年にわたる対立はそう簡単には解消しません。支援者が自らの価値観で「良い家族になるように」と押し付け，関係をよくしようとして求められていない介入を勝手に行うことは，かえって関係を不安定にするリスクを高めてしまうため，避けるべきです。CM は A の性格や行動，長男夫婦の A に対する接し方を大きく変えようとしていません。それは今までの経過を考えると困難と判断したからです。本人・家族や支援者のニーズをすべて叶えることはできません。また，無理に変わりにくいところを変えようとすることも現実的ではありません。できる限り実現可能な落としどころを見つけ，動かしやすい関係に働きかけることが効果的です。このケースでは CM・長男夫婦・新しい事業所の三者間の関係が動かしやすいと判断し，長男夫婦の負担やストレスを軽減することを落しどころとして働きかけました。

　また，本ケースのように予想外の事故や病気によって事態が大きく変化することもありますが，ケアマネとしてはできる限り在宅での介護が安定して行うことができるように働きかけることが基本となります。

5．高齢者介護における関係性理解と支援のポイント

　担当変更により支援を開始したケースを例に挙げ，家族や関係者への支援について段階ごとに筆者のものの見方や考えを説明しました。介護を要する本人や家族だけではなく，支援者においてもそれぞれの関係性や相手に対する思い

や期待・ニーズがあります。そこで「すべての関係性をよい関係に変えよう」「かかわる人すべてのニーズに応えよう」とすることが必要ではありませんし，そもそも不可能です。ケアマネにとって重要な役割は単にサービスを組むことだけではなく，介護にかかわる人々がそれぞれの役割を果たすことができるように支援することです。そのためには，介護にかかわるさまざまな関係を理解したうえで，どの関係にどのように働きかければよいかを考えていくことが求められます。

　また，Aの事例について経過や社会的な背景を意識しながら家族関係を考察します。

　この事例はAの性格や普段の行動のため，Aと長男夫婦等は長年関係が悪い状況が続いていました。しかし，Aと長男夫婦は共同で自営業を営んでいたため嫌でも長時間顔を合わせることになり，お互いに我慢するしかない状況でした。長男夫婦とは反対に，次男（家族）はAとのかかわりを避けようとしたと考えられます。しかし，Aの妻が亡くなった後，Aは自営業から引退して悠々自適に暮らし始めました。Aの性格や日頃の行いは変わりませんが，Aが自営業にかかわらなくなったことでAと長男夫婦とは接する時間が減ったため，お互いの対立的な関係は表面上緩和されました。しかし，Aが怪我をしたことで長男夫婦はAの面倒を見ることとなり，再びAとのかかわりが増えてきました。Aは以前より衰えているにもかかわらず性格や行動が変わらないため，長男夫婦は今までの不満もあってAに厳しく接しました。その結果，Aが長男夫婦に反発して日頃の行いが改善せず，長男夫婦がAを注意することが繰り返されたためお互いにストレスが増え，さらに関係が悪化するという悪循環になったと考えられます。

　筆者は，上記のように家族関係に影響している背景や経過を捉えながら関係を理解しようとする見方を「関係性に意味を乗せる[1]」と説明しています。ある関係性を「良い−悪い」という軸だけで見ると，その関係の現在の「良い−悪い」というある一断面を切り取っただけの理解に留まり，長い経過をもつ家族関係を十分に把握できません。また，「良い−悪い」という見方は，関係する誰かが「良い」「悪い」といった，関係性の背景にある事情を考慮していない支援者の価値判断につながりやすくなります。その結果，支援者が自分の関係性に対する視点の偏りに気づかないまま支援を行ったり，関係性の理解が不足す

ることにより，不用意な肩入れを行ったり対立に巻き込まれるなど支援体制を不安定にする危険が伴います。

　そこで，目の前の関係性がいつから始まり，どのように変化して今に至ったか，それはなぜか，その関係性はどの場面でどのように影響しているかなど，関係性にかかわるさまざまな背景を一つひとつ理解し，関係性がもつさまざまな事柄に意味づけを重ねていくことで，「良い－悪い」という一面的な見方を超えて現場で役立つ理解につながると考えています。例えば，家族内で意見のズレがあるケースでは単に「仲が悪く意見がまとまらない」と考えるのではなく，「この家族には○○という出来事があったため，△△さんは××について□□と考えている。でも，◇◇さんは××を☆☆と考えているので，××については△△さんと◇◇さんは意見が合わない」といった，より具体的な理解を積み上げることで，それぞれの意向や考え方・それぞれの事情，どの関係のどの部分が変わりやすいかなどを把握し，介護を支える体制を安定させるために望ましいかかわり方を検討できるようになっていきます。

6．さいごに

　高齢者介護において重要なことは，介護を支える体制をつくり必要なケアが提供できる状態を維持していくことです。ケアをコーディネートする立場では，介護を巡る対立を抱える関係を目の当たりにして傍観し，かかわりを避けていくことは困難であり，何らかの対応が必要になります。また，「良い－悪い」といった単純化した視点からの関係性の理解や働きかけには限界が生じます。特に高齢者介護においては，長年の家族関係の歴史やそれにまつわる思い，それぞれの価値観や置かれている状況などを踏まえ，支援者を含めたケアにかかわる関係を理解し，働きかけていくことが要求されます。

　本人や家族，支援者がそれぞれの役割を果たしながら，介護を含めた生活とケアを支える支援体制がより良く機能できるよう働きかけるためには，システムズアプローチの視点による関係の理解やかかわり方が効果的であると考えられます。

注
1）　日本家族療法学会第 36 回大会　自主シンポジウム（「日常業務に活用する家族療法のエッ
　　センス」；渡辺俊之・寺﨑伸一・岩崎和子・福山和女）における筆者の発言

文　献

Herr, J. J., & Weakland, J. H. (1979). *Counseling elder and their families; Practical techniques for applied gerontology*. New York: Springer.（ヘル，J. J.・ウィークランド，J. H.　小森 康永・佐々木 俊也・岩田 秀樹・市橋 香代（訳）(1996). 老人と家族のカウンセリング　金剛出版）

東 豊（2010）. 家族療法の秘訣　日本評論社

大川 一郎・土田 宣明・宇都宮 博・日下 菜穂子・奥村 由美子（編）(2011). エピソードでつかむ老年心理学　ミネルヴァ書房

渡辺 俊之（2005）. 介護者と家族の心のケア　金剛出版

III 福祉のまとめ

福祉分野の支援の特徴

　福祉分野の支援を考える場合の特殊性は，福祉領域の多くの臨床に関連する場所・施設が，法律的基礎によって設置されているということです。つまり，福祉分野の活動基盤が憲法における「生存権」にかかわるところからはじまっているからです。これは，「すべて国民は，健康で文化的な最低限度の生活を営む権利を有する」（憲法25条1項参照）という文言にあるように，人が何らかの形で社会的な生活や活動を行っていくなかで，自分でいろいろな問題を処理することが困難であったり，無自覚に問題を持続させているような場合など，自らが積極的に問題解決を行えなくなり，結果的に社会的なサポートを受けなければならないような状況に置かれた時，この法律的な意味に準じて機能しているのが，福祉分野の支援になります。

　多くの人にとっては，通常の社会生活を送るなかでは，福祉分野のケアを意識したり，支援を受けることが不可欠だと考えることがないのがほとんどです。いわば，社会的活動を行っていれば，福祉的な恩恵を受けないで生活を営むことが基本となっています。つまり，それぞれの人が自らの力で社会活動していくことが前提になっており，それが困難な場合に福祉的支援を受ける権利が発生すると考えることができます。こうした前提に立つならば，福祉分野のサポートやケアとの接点が成立する場に関与する多くの人達は，何らかの形で社会的な場面のなかでの福祉的サービスを受けること，もしくは受けなければならないという状況を余儀なくされている人だと考えられます。

　では，このような援助を受ける側の立場に立って考えてみれば，これまでの援助や支援の前提とは異なる状況があります。例えば，虐待事案を例に考えてみましょう。

　まず，心情的な部分から考えれば，突然第三者から「あなたの対応に問題がある」と言われれば，誰もが良い気分にはならず，困惑や怒りの感情が湧いてくるのが当然だと思います。しかし，虐待の場面を想定すれば，こうした第三者からの突然の介入がなされることも少なくないのです。自分なりにはしつけの一環だと考えていた行為を「虐待」と指摘され，一定期間監視下に置かれるかのような処遇を受ければ，憤慨するのは当然かもしれません。

　また，子どもの反社会的行動，いわゆる非行に困り果てている両親を例に考えてみましょう。両親は子どもの問題を解決するために，一時的な保護を前提として児童相談所に相談をしたとしても，その前提を受け入れてもらえないことになります。それは，児童相談所に子どもの一時保護を依頼したとしても，それまでに児童相談所との

間で継続的な相談の経緯がないことや，特別な緊急性がないと判断されれば，一時的
な保護という両親の要望は受け入れられない結果となってしまいます。
　このような支援を要請していないにもかかわらず介入される場合や，支援を依頼し
たとしても受け入れてもらえない場合など，福祉的支援の現場ではこうした意識のズ
レとも言える問題が多く存在します。これらの問題では，福祉的支援の臨床的サービ
スが，法律的な背景によって成立しているということを理解しておかなければなりま
せん。いわば，それぞれの法律によって援助や支援のあり方そのものが，法的規制に
則った制限や規制が存在しているからです。

福祉分野の支援の問題点

　福祉分野の支援が法律的な規定に準ずるものであるという制限とは別に，現在の支
援に関してもさまざまな問題が残されているといっても過言ではありません。
　例えば，子どもの領域であれば，最も顕著に扱われるのは，児童相談所での「虐待」
が大きな問題として扱われます。子どもの虐待死などが起こった場合，マスコミが中
心となって事件報道がなされ，社会的視点として「事前に対処・対応ができなかった
のか」などの視点がクローズアップされます。そこでの議論の焦点は，「事前に児童
相談所が介入し，虐待死に至る経緯を阻止できなかったのか」に着目され，焦点化さ
れる傾向があります。
　しかし，「虐待の問題」として大きく取り上げるべき問題は，現在焦点化されてい
る「虐待」そのものより，顕在化した虐待が治まった後に，「どのように家族を再構成
していくか」（厚労省，2014）という問題です。いわば，虐待の発見・阻止によって一
時保護などの対応ができた事案の多くは，その後も子どもの施設入所などによって親
子分離が継続していることがほとんどになっています。その結果，多くの児童養護を
目的とした施設では，虐待事案の子どもが多数を占めているのが実状です。いわば，
虐待の問題では，虐待事案の「発見から阻止」という事前のプロセスに注目されるあ
まり，虐待阻止の事後対応として不可欠な「家族の再統合のためのケア」は，重視さ
れていないのです。
　これを示すのは，虐待事案が緊急的介入によって危機的状況の回避に有効に機能し
たとしても，その後の当該家族の関係がどのように修復されているのかについての情
報を耳にすることが，ほとんどないということです。また，施設などで安全な生活が
できたとしても，子どもの側の視点に立てば，安全な中で家族の生活に戻れることが
より望ましいのは違いありません。しかし，虐待の再燃などのリスクを改善するため
の支援や，一旦法的な処置・対処によって切り離された家族の絆を，再度安全な中で
再構築するという支援の必要性は，議論されることも少なく，その必要性は語られては
いても，実質的に手がつけられていないのです。

　確かに，家族の再構成に関する支援の方法論は，それほど容易なものではありません。個々の家族のあり方そのものに対する柔軟性を持った視点で，新たな形の家族を再構成させるための場面を設定し，なおかつそれを持続的で継続的な支援を行うことが可能な体制を作れるかどうかなど，たいへん時間と労力だけでなく，知識と技能を必要とします。したがって，これはすべき支援ではありますが，非常に困難な問題だと考えられます。

　こうした問題を現実的に回避するために，日本の児童福祉領域での対応の多くが「施設入所」となっており，それが結果的に持続してしまっていることが問題となっています。本来であれば，戦後の混乱の時代に生じた「親のいない子どものケア」のために成立した児童養護を目的とした施設が児童養護施設だったはずです。しかし，現在は虐待事案の子どもたちの保護の場所として使用されることが多くなっています。そして，このような被虐待児の行き場として使われるという対応が繰り返されることにより，家族の再構成そのものに焦点が注がれなくなっているのです。これは，本末転倒と言えますが，現実的な問題として，やはり虐待事案の件数増加という実態と，それに対応している専門職員の総数の関係から考えれば，施設入所が増えざるを得ないというのも腑に落ちます。しかし，やはり必要なアプローチを志向すること，いわば，福祉の目的である「それぞれの家族が社会的な支援を受けないでも自律的に活動ができる」という目標に向けた援助を構築する必要があると考えます。

　これらと同様に，高齢者に対する福祉的支援を考えた場合も，いろいろな矛盾を孕んでいます。高齢者の場合も，現場にかかわる多くの人たちが考えるのは，まず日々の生活のなかでの目の前の支援対象者を安定させるという「当面の問題の解消」に焦点が注がれる傾向が強くなります。そのため，日常的に行われている対応が何のためなのかということの目的性が失われてしまうというリスクが常に伴います。したがって，日常的に不可欠な支援にかかわる目標と，例えば「介護サービスを受けながらでも，それぞれの家族が自立的に活動できること」という本来の支援の大きな目標につながっているのかを意識することが求められます。これらが矛盾するものである場合も少なくはなく，「まずは個々の援助を行わなければならない」という大義名分が成り立つため，それぞれの目的を整理することが難しくなると考えられます。

　具体的な形であれば，高齢者の問題とされている行動が解消すればいいのではなく，それらの基盤となる日常生活とどのようにつながっているのか，どう対応することがよいのかを考える必要があります。つまり，身体管理にかかわる食事や入浴などのサポートだけを「介護支援」として考えるのではなく，高齢者の生きがいや日々のモチベーションの向上などのメンタルケアを含む社会生活全体を維持できることを大きな目標設定として，援助を行う必要があると考えられます。

システムズアプローチの有効性

　福祉領域でのシステムズアプローチによる支援の可能性は，これまで手つかずで
あった領域への支援方法の基礎として考えることができます。これまで手つかずで
あった領域とは，多くの人同士がかかわる場面において，支援の方向づけを見出すた
めに，それぞれのかかわっている人の思いや考えを調整すること，と表現できるかも
しれません。

　社会には多くの人のかかわりが存在し，できる限り互いの人が相互扶助的な支援に
なることを考慮しつつ，社会生活を送っています。例えば，近隣の人同士のつながり
や，仕事関係のつながり，趣味や関心事にかかわるつながり，血族的つながり，過去
からの知り合いのつながりなど，人には多くの他の人とのつながりが存在しています。

　しかし，精神的困窮などに陥ってしまっている場合や，福祉的支援を受ける必要が
生じている場合，こうした人とのつながりが希薄になっていたり，一時的に途絶えて
しまっていたりすることが多くの場合に見られます。むしろ，積極的な支援という意
味より，つながりや支援と距離を置いたり，トラブルや対立などによって人とのかか
わりを避けようとする人も少なくありません。

　こうした場面に対して，システムズアプローチの社会実践は，さまざまな意図に基
づいた多くの人のつながりを整理し，可能な限り有効にそれぞれの意図や思いが反映
できるような調整をすることができる方法論だと考えられます。システムズアプロー
チでは，人同士の意図や考え，思いなどの調整をすることを「コンセンサスを構成す
る」と表現しています（吉川，2018）。

　2017 年に成立した公認心理師法では，援助にかかわる人同士の連携の必要性が示
され，加えてクライエントではない関係者に対する支援が職能として明確に示されて
います。しかし，連携も関係者支援も複数の人間の集まりを基本とした活動であり，
そこにどのような指針や方向性が妥当なのかということそのものを，場面や対象や集
まる人同士の間で作り上げることが必須となります。しかし，そのための指標やガイ
ドラインについては，これまで具体的な提案がなされた経緯がありません。

　福祉領域の支援の目的が，「自立的活動の回復」という特殊なものであるとしても，
社会的に孤立するなかでの自立ではなく，社会の多くの人とのつながりを回復させ，
そのつながりのなかで新たな社会的活動を行えることが最も妥当な目標の具現化だと
考えます。そのためには，福祉的支援の多くの関係者との間のコンセンサスを構成す
るとともに，並行してそれぞれの支援者が生活している社会の中での人々とのつなが
りを回復・生成できるようにするためにも，コンセンサスを作り出していくことが求
められています。いわば，福祉関連の専門職の職能としては，最も困難な面について
の支援を行い，社会での人とのつながりのなかで，これからの日常的な活動や相談を
継続できるようになることが必要だと考えます。そのための方法論として，これまで

とは異なるシステムズアプローチによる方法論を活用することが有効であると考えられます。

文　献

厚生労働省（2014）．社会的養護関係施設における親子関係再構築支援ガイドライン
　　〈https://www.mhlw.go.jp/seisakunitsuite/bunya/kodomo/kodomo_kosodate/
　　syakaiteki_yougo/dl/working9.pdf〉（2022年1月30日アクセス）
日本国憲法第25条第1項
　　〈https://www.shugiin.go.jp/internet/itdb_annai.nsf/html/statics/shiryo/dl-
　　constitution.htm〉（2022年1月30日アクセス）
吉川　悟（2018）．不適応への家族を意識した二次支援：家族療法の視点から　日本青年
　　期精神療法学会，*14*(1)，14-23.

IV　教育

introduction

　学校教育は子どもを「教え育む」ことを目的とし，未成熟な子どもを教師が導くという前提があります。発達途上であるからこそ，子どもは学校生活においてさまざまな問題が起こっても当然ですが，教師は勉強を教え，クラス運営など学校教育の専門家ではあるものの，近年増加している不登校やいじめなどの児童思春期における多様で複雑な臨床問題へ対応するスキルは全体的に不足しています。スクールカウンセラー制度が導入されて 25 年以上が経過し，学校臨床は広く紹介され，「チーム学校」など表向きは連携や組織・集団への支援が言及されるようになりました。しかしながら，多くは個別アプローチの延長に留まっており，子どもたち，保護者などの家族，教師などがかかわる学校生活の問題に十分対応しているとは言えない現状があります。

　本章では，スクールカウンセリングと外部機関である教育相談センターを取り上げました。子どもだけでなく，保護者，先生たち・学校などを考慮しての，家族・関係者支援の実際をご覧ください。

第Ⅳ部 − 第 1 章

スクールカウンセリングにおける家族・教職員の支援

1.「学校」ってどんなところ？

　スクールカウンセリングは「学校」というフィールドで行われる心理臨床業務の総称であり，主に小学校・中学校・高校・特別支援学校といった学齢期に通う学校でのカウンセリング業務を示す言葉として使用されています。

　学校は，児童・生徒を個別にではなく学級・学年などの集団で管理し，教職員がそれぞれの役割に応じて協力し合いながら運営されている組織であり，「子どもを教え育むこと＝教育」を目的とし，学習面のみならず集団生活や自立・成長を支えながら児童・生徒の学校生活を多角的に支援しています。スクールカウンセリングはこのような支援の一環として位置づけられています。

　学校では，教職員がそれぞれに異なるさまざまな立場を担っています。例として，自らが受け持つクラスの学級運営を担当し，学習面だけでなく生徒の日常生活や集団適応の支援を主で担うこととなる「担任」，担任の学級運営をサポートする「副担任」や「学年主任」，学校という単位での運営を担う校長・教頭（副校長）・教務主任などの「管理職」，学校全体の保健管理を担う「養護教諭」などが在籍し，協力し合いながらさまざまな業務を行っています。学校運営に関しては，教職員が個々の裁量で動くのではなく，学校単位・学年単位・生徒指導や進路指導などの部門単位で協議され，教職員が共通認識を持ち連携し合いながらチームで対応することが動き方の基本となっています。

　また，学校という組織の実際には「地域の特性や文化」が影響する場合があります。例として，「ヤンチャな子」が多い地域の学校では学習指導よりも生徒指導に力を入れた体制が整っていて，「進学するよりも就職する生徒がほとんどの高校」と「進学する生徒がほとんどの高校」では，テストで赤点を取った生徒への対応や学習面と社会生活面の指導の比重が異なっているなどの違いが見られます。

　このように，多くの立場の教職員が協力し合いチームとして連携をとりながら運営されている「学校」という現場がスクールカウンセリングのフィールドとなります。

2．スクールカウンセラーってどんな仕事？

　スクールカウンセリングに従事するカウンセラーは「スクールカウンセラー（以下，SCと略記）」と呼ばれます。SCは，各都道府県の教育委員会より委託をされることが多く，公務員特別職となります。SCの多くは，非常勤として学校に在籍しており，1校につき週に1〜2日程度・1回につき4〜8時間勤務することとなります。なお，これらの勤務形態は，世論や社会情勢の影響によって今後変わる可能性があります。SCは学校において，児童・生徒の心理に関して高度な知識と経験を持った専門職として配置されており，児童・生徒や教職員，保護者の心のケアや支援を担っています。多くの場合，各学校に1名の配置となりますので，SCは心理職としては一人で業務にあたることとなります。

　SCの主たる活動は，「心理的な問題がうかがえる児童・生徒に対しカウンセリングを通して心のケアをすること」です。多くの学校にはSCが相談業務にあたるための相談室が設けられており，SCは児童・生徒および保護者に対し専門的な支援を行うことを求められます。対象となる問題としては不登校や学校不適応，いじめや対人関係でのストレスなどが挙げられますが，SCのスタンスや学校の特色によって非行なども対象となる場合があります。SCのカウンセリングは，児童・生徒本人の要望で設けられる場合だけでなく，保護者の要望や担任など関係する教職員の要望で設けられることもあります。

　また，カウンセリング業務と同様に重要な活動は「（主に児童・生徒の精神的・心理的な問題に対応している）先生に対するコンサルテーション業務」です。コンサルテーションは教育の専門家である先生たちを対象に，心の専門家であるSCとの間で児童・生徒や保護者への対応を協議・検討するものであり，彼らがより有効な指導やかかわりができるように支援します。児童・生徒や保護者に対しては，SCよりも担任のほうが圧倒的にかかわる時間や機会が多いため，担任を始めとした教職員の児童・生徒や保護者へのかかわりは直接的に

児童・生徒の福祉につながりやすいこともあり，コンサルテーション業務はある意味ではカウンセリング業務以上に重要なものであると言えます。

　また，これらと連動し，「学校でみられる精神的・心理的な問題がうかがえるケースに対する専門的なアセスメント業務」も重要となります。アセスメントは，SC 自身がカウンセリングで直接的に援助を行う際にも，コンサルテーションで先生の動きをサポートする際にも，支援の方針や道程を考えるうえで必要不可欠なものと言えますので，児童・生徒の抱える問題について，「どのような状態・状況の中で問題が生じていて，どのように支援・対応すればいいか」を把握することが求められます。なお，スクールカウンセリングでのアセスメント業務は，相談室で行うものや心理検査のみならず，必要に応じて教室に赴き授業やクラス活動を見学または参与しながら行う場合もあります。

　ここまで述べたように，SC の基本的な活動は「カウンセリング・コンサルテーション・アセスメント」の3点ですが，学校の現状や要請に応じてその他さまざまな業務にあたることもあります。例えば，「精神的・心理的な問題に関する予防的活動」の一環として，「心の健康やストレス対処などをテーマとした集団へのアプローチ」や「知識提供などを意図したカウンセラー便り・相談室通信の作成・配布」などを行うこともあるかもしれません。また，精神的・心理的な状態に影響を与える問題として，いじめや学級崩壊などの対応に関する会議への参加や助言，児童・生徒や保護者，先生へのサポートを行うこともあります。

3．スクールカウンセリングとシステムズアプローチの嚙み合わせ

　本書で取り上げられているシステムズアプローチという対人援助のパッケージは，スクールカウンセリングと相性がよく，さまざまな場面で嚙み合わせのよいアプローチであると言えます。

　まず，スクールカウンセリングにおいては，先述した基本的な業務内容はあるものの，SC として活動する際には「先生や学校組織と SC の間での初期の関係形成」がその実際を大きく左右することとなります。学校はさまざまな事柄に対し「学校」や「学年」といったさまざまなチーム単位で対応しており，SC もそのチームの一員としてさまざまな活動をすることになります。そのために

は「このSCをチームに入れてもいい」「このSCと一緒に仕事をしよう」と先生に思ってもらい，チームに受け入れられなければなりません。部活動のチームなどでもあるように，新しくチームに入った人の初対面での印象が悪ければチームに受け入れることに疑問符がつき，良好な関係を築くことができなければチームとして一緒に活動することが難しくなります。そのような状況下では専門性などはあってないようなものであり，基本的な業務の遂行すらままならなくなってしまいます。そのため，SCは自らの社会性や学校の実状を考慮しながら，先生との関係形成や与える印象などについて常に考え続ける必要があります。また，ジョイニングを通して教職員と協働的な関係を築くことができると，どのような立ち位置や役割を担うことができるとより有効な援助が可能となるかをケースごとに考えることがしやすくなるため，カウンセリング業務のみならずチームとしての対応の効果の向上が期待できます。

　そのうえで，スクールカウンセリングにおいては「学校や先生がSCにどのような働きを求めているか（望んでいるか）」ということを把握する必要があります。例えば，先生が生徒のカウンセリングを希望した際には，従来の心理臨床では生徒個人や問題そのものに着目しますが，そこには「生徒の心理面が安定するように対応してほしい」「生徒が何に悩んでいるかを把握し，（自分と）共有してほしい」「自分が指導・対応する際の助けになるよう生徒の状態をアセスメントしてほしい」などといった担任の要望やニーズが存在しています。このように，「この場におけるこの仕事では，誰から，どのような働きを期待されているか」ということを常に把握できるよう意識することは，より有効な援助へとつながっていきます。

　加えて，SCとして活動する際には「児童・生徒や先生の日常およびそのなかでの関係性を考慮すること」も重要となります。学校は，児童・生徒や先生が学校生活という名の日常を送る場であり，SCの活動は彼らの日常のなかで行われる臨床行為と言えます。そのため，彼らの日常と切り離してケースや問題を考えることはできず，来談型の支援モデル（カウンセラーは基本的に相談室に常駐し，クライエントが来室した際に支援を行う形式）のように特別な場での臨床を行うのみではなく，児童・生徒や先生たちの日常である学校生活とそこでの関係がよくなるよう努める必要があります。

　また，問題を個に帰属するものとして扱うのではなく「関係や状況が抱えて

いるもの」として捉えることは，「変化や解決の糸口を，問題を抱える個人の
みならず関係している他者や集団に見出すことを可能とする」ため，SC の臨
床能力にもよりますが，「見守る」「様子を見る」「本人の意思を尊重する」と
いった従来取られがちな対応以外の方策を教職員や保護者に提供することがで
きます。なお，SC に対し自らの取り組みへのサポートを求める先生は，状況
を見守ることしかできないことに不全感を感じ「生徒や問題に対し『有効な』
支援を行いたい」というニーズを有している場合がありますが，上記の視点で
見出すことができる対応策はこれらのニーズに符合しやすいという利点もうか
がえます。

　その他にも，コンセンサスという視点は，支援や解決に向けて正解ではなく
「最適解」を模索するという新たな視点を導入することを可能とします。問題
や好ましくない状況が続いている際には，問題の変化・解決につながる正解探
しに躍起になってしまい本人やチームが袋小路に迷い込んでいる場合や，本人
と家族やチーム，家族とチーム，チーム間などで共通の認識や目標が共有され
ないままになっている場合がうかがえます。このような，良し悪しや有効無効
といった極論の中で本人やチームが動けなくなっている状況や，正解に執着す
るあまり全員が主体的に変化や解決に向かうことができる最適解が見出せない
状況において，「共通認識（コンセンサス）をチームにつくる」という視点は，
問題を抱えた関係や状況にそれぞれが主体的に動くことができる新たな展開を
持ち込むことを支援することができます。

　ここまで述べたように，学校臨床には「児童・生徒や教職員が現在進行形で
関係をつくり相互作用し合っている日常そのもの」を扱う側面があることから，
従来の心理臨床のパッケージにおいて焦点となっている個々人の内面のみなら
ず，その場にある関係や相互作用からも情報を得ることが有効であり，システ
ムズアプローチはその助けになると言えます。しかしながら，学校臨床はシス
テムズアプローチ単一で対応しきれるものではないため，従来の心理臨床や精
神医学などを学ぶことも大切であると考えています。

4．家族や教職員の支援を意識したスクールカウンセリングの実際

［1］学校不適応が問題となっている A 子さん：チームの主体的な動きをサポートする

「私たちは，あの子にどうかかわってあげればいいんでしょうか？」

　昼下がりの相談室，ならんで座っている３人の女性（担任・養護教諭・母親）が，そろって暗い顔をしながら SC に問いかけています。

　彼女たちの目下の悩みは中学２年生の A 子さんへの対応についてです。A 子さんは，小学校から活発で頭もよく，積極的に行事にも参加し，母親から見て「手のかからない子」だったそうです。中学進学後もクラス委員を務め，勉強や部活に積極的に取り組んでいました。ですが，２年生になりクラスが変わると A 子さんから徐々に笑顔が消えていき，夏を迎える頃には，「お腹が痛い」などと言って学校を休むようになったそうです。また，登校できても，「教室に居づらい」と言って保健室で過ごすことも多くなりました。

　母親は，しばらくの間「頑張りなさい」と A 子さんを叱咤し登校を促していましたが，２学期になると A 子さんは朝何も言わずに泣き出し布団に籠ってしまうようになったそうです。母親はそれでも A 子さんを叱咤しようと試みましたが，「お母さんには私の気持ちはわからない！」と泣きながら激昂されたことをきっかけに，「どのように対応したらいいかわからない」状態になったそうです。母親は，今では登校を強く促すことはできず，A 子さんの休みが増えていっていることを心配しつつも A 子さんの顔色をうかがいながら様子を見ているしかないと涙ながらに SC に語りました。担任と養護教諭も，母親と連携をとり当初は積極的に登校を促していたようですが，A 子さんが悩みや困りごとについて口を開くことはなく，つっこんだ話をしようにも泣き出してしまうことから，どのように対応したらよいかわからず，「無理をさせない」という方向で様子を見ているとのことでした。また，そのような状況の中で近頃は自傷行為も見られるようになり，学校・家庭を問わずめっきり笑顔や口数が減ってしまっていること，たまに登校することはあるが保健室や別室にずっといる状態にあること，今は学校・家庭の双方で常に気を張っているように見えることなどが SC に語られました。ここまでの話を聞いているなかで，SC は

養護教諭との打ち合わせのために保健室を訪れた際にA子と挨拶を交わした
ことがあり，A子は挨拶を返すものの心身の緊張が強く表情が硬い様子が見ら
れたことを思い出しました。

　SCからより詳細な状況について質問をしたところ，A子さんは幼少期の頃
から積極的にものごとに取り組むタイプで友達からも慕われていたこと，家族
は母の他に年の離れた妹と長らく単身赴任をしている父がいること，保健室で
は勉強をしたり読書や絵を描いたりしてほとんど喋らずに過ごしており，様子
を見に来た先生に対して勉強に関する質問はできることや，仲のよい友人が来
た際には楽しそうに会話をしていることなどが語られました。また，家庭でも
勉強をしたり妹の面倒をみたりして過ごしていますが，養護教諭と母の双方か
ら「（学校でも家庭でも）A子さんが自分たちの様子をうかがっている節があ
る」との話がありました。

　そのうえで，「A子さんに対し元の生活に戻れるようサポートしたいが，A
子さんの気持ちや状況もつかめない」「いろいろな方法を試してきたがどれも
うまくいかず，どのようにサポートしてあげればよいかわからない」と，それ
ぞれが口を揃えてSCに語りました。

　ここまでの話の中での具体的な情報を整理すると，家庭内では，

　・母：「今日は学校どうする？」⇒A子：横になったまま無視する⇒母：
　　「どうするの？」⇒A子：無視する＋布団をかぶる⇒母：A子との話を切
　　り上げ学校に休みの連絡をする
　　（学校に行く場合は，母：「どうするの？」⇒A子：体を起こす⇒会話がな
　　いままA子は学校の準備をし，頃合いを見て母が車で待機。乗り込んだA
　　子を学校に送っているそう）

というやりとりが繰り返されていました。学校でも，担任や養護教諭がA子
の気持ちや考えを聞こうとすると同様のパターンが見られ，「A子は精神的に
辛い状況なのだろう」から「無理させない方がいい」と判断し，様子を見てい
るようでした。

　また，A子への対応の仕方について，A子の気持ちと実際がわからないこと
から，母だけでなく担任や養護教諭もA子の様子から推測して動くしかなく，
「サポートしてあげたいのにうまくできない」と感じる対応が繰り返されており，
A子に働きかけることに対して自信を失っている様子がうかがえました。

　これらの情報から，SC は「母・担任・養護教諭が目的を共有して A 子に対応し，母たちが A 子をサポートできるという自信を回復すること」と，「A 子が自らの気持ちなどについて，母や担任に自分から話すことができる状況をつくること」を目標に，A 子ではなく目の前で暗い表情をし続けている 3 人の女性を支援することにしました。

　SC は，担任や母が，「どのような状況の中」であれば自信を持って主体的に A 子にかかわることができるだろうかということを考え，努めてバツが悪そうな表情をしながら「なんでこんな難しい状況で，ちゃんとサポートしなきゃ，と皆さん思いこんでるんですか？」「サポートって『何を』サポートするか明確になってないと，ほんとめちゃくちゃ難しくありませんか？」と訊くと，3 人ともに「やり方はわからないが，気持ちを安定させてあげないといけないと思っている」と答えました。

　SC は「A 子さんの気持を安定させる，がほんとにサポートの一歩目でいいんでしょうか？」と続け，「皆さんが見ることができている A 子さんはどんな様子ですか？　それと，今，見ることができなくなっている様子は何がありますか？」と尋ねると，担任は「急に泣き出してしまいますし，気持ちが落ち着いてないというか，ずっと気を張っていて，緊張している感じがする」と答え，母も「家でもそんな感じで何か思い詰めているような感じで，私が話すときはいつも下を向いてしまって」と話しました。養護教諭も「保健室でもそんな感じで少しでも休んでほしいんですけど，うまく休めていないよう」だと話しました。また，最近見ることができていないものとしては「元気な姿」であり，「落ち着いている様子」や「明るい様子」「笑顔」などは全然見ていないと話しました。

　そこで SC は，「A 子をサポートするためには，A 子に気持ちを話してもらえることが重要」であり，「他者に気持ちを話すには，今見えているものは話しにくくするものが多く，今見えていないものは話しやすくするもののように見える」と伝えると，3 人ともに同意を示しました。そのため，まずは「A 子が自分の気持ちを話せる状態になる」ことをサポートの目的とし，「A 子の緊張をほぐすこと」と「A 子を笑顔にすること」をそのためのステップとして共有したところ，担任・母・養護教諭はそのために自分たちには何ができるかと検討し始めました。SC も彼女たちが提示したアイディアがより目的の達成につ

ながるよう検討やアドバイスを行いました。

　その結果，担任は「A子がその日に取り組んだ勉強などについて労いやポジティブな言葉かけを徹底すること」，母は「腰を痛めたという体裁でA子にマッサージをしてもらい，ありがとうを返した後，お礼に肩もみをすること」「お茶に連れ出し，その流れでリラックスにつながりそうな取り組みにA子を誘い，一緒にやること」，養護教諭は「A子が保健室に来たら1日1回笑わせること」をそれぞれの支援プランとし，3人ともに「まずは自分が緊張したり暗い顔（真顔を含む）をせずに，笑顔でA子にかかわること」を共有し，それぞれが実行に移し始めました。

　その後，担任はA子が登校した際には時間を見つけては様子を見に行き積極的にかかわり，A子のさまざまな取り組みにポジティブな声かけをし続けました。母は，迫真の演技でぎっくり腰を装いA子からのマッサージとA子への肩もみを引き出し，週末には妹を預けてA子と2人で甘いものを食べに行くようになりました。翌週には腰痛予防を目的とした整体にA子と一緒に行けたそうです。養護教諭は，保健室にあるぬいぐるみなどをフル活用した保健室劇場を開催し，A子が保健室に来るたびに笑いを生み出し，その笑い声は徐々に大きくなっていきました。この間，SCは担任や養護教諭にお会いするたびに状況報告を受けており，担任らの取り組みを励まし力づけ続けました。

　こうした取り組みが数週間続いたある日，母の肩もみを受けていたA子は不意に涙を流し「私，なんか，皆とどうかかわったらいいかわかんなくなっちゃった」と語りだしたそうです。母はA子の話を聞き，「一緒に考えよう。できれば担任の先生とかにも力を貸してもらおう」と話しA子も承諾しました。母からの連絡を受けた担任と養護教諭が家庭訪問し4人でA子の悩みについて話し合い，どのように対応するかを検討し，A子を励まし続けたそうです。その翌日，朝から登校してきたA子は，かつての明るさと積極さを取り戻していました。1週間後，自傷行為がなくなったことも含め状況を知るに至ったSCは担任と養護教諭に様子を尋ねました。

　担任：A子も元気に過ごしていて，お母さんも先日お会いした時にはすっかり明るくなってましたよ

　SC：すごいですね。いったい4人でどんな話をしたんです？

担任：先生，女同士の秘密の会話を知ろうとするのは野暮ですよ（笑）

養護教諭：そうです（笑）

SC：あはは，そうですね，すみません（苦笑）

担任：ただ，私たち，頑張りました！

養護教諭：はい，とーっても！

SC：すごいですね，さすがです！

その後，A子の明るさと積極さは卒業まで失われることはありませんでした。

［2］問題行動を抱えたヤンチャなB君：「カウンセラーをぶっ倒せ！」

　B君は「ヤンチャな問題児」として教職員の頭を悩ませていました。「自分の思いどおりにいかないと暴れる生徒」で同級生と喧嘩になることも多く，遅刻や授業中に寝ていることも多い彼は「ワガママ」だと評されていました。問題が起きると，担任（30代，男性）を中心に指導され，その場では反省の弁を述べるものの，定期的に問題行動を起こしていました。そのような状況が続いた高校2年の秋，文化祭の準備作業中にクラスメイトと揉め派手に喧嘩をしたB君は，その際の生徒指導での「俺は悪くない！」と言わんばかりの言動やこれまでの経過を問題視され，別室での謹慎期間中にカウンセリングを受けることとなりました。SCは，B君を相談室に迎える前に担任と話し，B君の状況についてうかがったうえで，担任とはあまり話をしようとはせず，担任が「何でも話すように」と伝えてもB君は担任を頼ろうとしないことが語られました。それらを踏まえSCは，「まずはB君との関係づくりを重視したいので，先生方の指導に反するように見える部分もあるかもしれない」ことを担任に伝え了承を得ました。

　当日，生徒指導の一環という名目で担任同席のカウンセリングを受けるためにムスッとした表情で来室したB君は「お疲れ〜！　お勤めご苦労さん！」とラフに出迎えたSCの様子に拍子抜けしたようでした。その後もSCは自分は教員や生徒指導とは異なる立場であるとB君に示すことを意図したリアクションを中心にフランクな会話を重ね，B君は徐々に自分の気持ちや考えを話してくれるようになりました。それによると今回の件は「クラス企画の作業中」に「時間が足りないので，早くやるためにはどうしたらいいかを考え」「クラスメイトに伝えやろうとした」が思うように動いてもらえず，「全然余裕み

たいな感じ」で「ふざけていたことに腹が立って」「ちゃんとやれと言ったら言い返された」ので「キレてしまった」もので，「殴ったのは悪かったけど，でもアイツらも悪い」と語りました。また，B君がこれらのことについて話す際，担任が「それはわかるけど，でもそれだとよくないと思うよ」などB君の言動を指導しようと試みていましたが，B君は担任の指導を無視し，担任もそれ以上言えずに引くというやり取りが数回確認されました。

　その後もB君とのやりとりを重ね，SCは次のように把握した相互作用・パターンに焦点を当て支援をすることを考えました。

・同級生などとのやりとりにおいて
（文化祭の企画などについて考える場面で）B：こうすればいいと考える⇒B：自分の考えを周囲に伝える⇒周囲：（行動しないことも含め）Bの意図外の言動をする⇒B：自分の考えに従うよう強く求める⇒周囲：Bの言動に反発する⇒B：周囲のリアクションに苛立ち問題行動が生じる

・担任とのやりとりにおいて
担任：Bに話しかける⇒B：無視する⇒担任：引く
また，上記のパターンに加えて，SCは「会話が担任⇒Bの方向でのみ生じており，B⇒担任の方向でのやりとりがない」という仮説を想定していました。

　このことから，SCは，カウンセリングの焦点を「B君が，自分の考えを主張する際に，他者の意見や考えを聞き，相手に合わせることができるようになること」「担任とB君のコミュニケーションを増やしその疎通性を上げ，信頼関係が築けるようになること」の2点とし援助を行うことを考えました。

　そのうえでSCは，カウンセリング中に散見される「B君が担任の話を無視するやりとり」が生じたタイミングで，B君に「もしかして担任の話って，何か怒られてるとか，否定されてるように聞こえてる？」と尋ねると，B君は「そうだ」と答えました。それに対しSCは，「担任の指導はB君を怒り否定する気持ちからではなく，B君を認め，『もったいない』と感じているからこそ」という新たな視点をB君が持てるように働きかけ，「怒っているなら，君にシカトされるたびにヘこんだ顔はしなくない？」「否定して指導したいだけの人なら，わざわざこの場に一緒に来たりしなくない？」などとやり取りを重ねるうちに，B君は少し担任への態度を軟化させ担任の言葉にリアクションを見せるように

なりました。そこで，SC が「ですよね，先生？」と担任に振ると，担任は SC の意図を察したのか B 君に向き直って自らの思いや考えを語り，その話から担任が自分のことを真剣に考えていることを知った B 君は，より態度を軟化させ担任とコミュニケーションをとるようになりました。

　また，そのような状態でやりとりをしているなかで，B 君が「強い男になりたい」ので「筋トレを頑張っている」ことや「自分の意思を持つことを大事にしている」ことなどが話題となりました。そこで SC が，「ほんとに強い男の条件って知ってる？」と聞くと B 君が興味を示したので，「ほんとに強い男は，自分以外の人をよく見て聞いて，時に協力し，時に相手の力をうまく借りることができる」と伝えると，「それ，どういうこと？」と B 君は身を乗り出して尋ねました。

　SC は「試してみよっか？」と言い，「腕相撲，得意？」と聞くと B 君は「鍛えてるから！」と笑いました。「じゃあちょっと僕とやってみよう」と言うと，「先生（SC）と？　担任じゃなくて？」と明らかに細腕の SC との腕相撲対決に余裕の表情を見せました。そうして始まった腕相撲対決は，始める前に B 君の油断をこれでもかと誘い，なおかつ開始の瞬間に（そうとは見せないように細心の注意を払いながら）全力を投入した SC が勝ちました。「うそだろ～，なんでだ～！」と悔しがる B 君に SC は「君をよく見て，君の力を借りたから勝てた」「強くない僕でも君の力を借りられれば強い君に勝てる。強い君が人をよく見てその力を借りられるようになったらめっちゃ強くなるよ」と伝え，「それができる人の強さ，見てみる？」と誘い，「担任さん，腕相撲やりましょう」と担任に声をかけました。そうして始まった担任と SC の腕相撲において，SC は全力を出して勝負に臨みましたが担任（30 代男性，教科は体育）にあっさりとぼろ負けしました。その結果に驚く B 君に SC は「担任さんは，人をよく見てるからこんなにも強いんだよ」と伝えると，B 君は少し考える様子を見せ「……でも，人ってどう見たらいいかわからない」と話しました。SC は「いいお手本でありサポーターが隣にいるよ」と伝えると，担任は「いつでも相談してほしい」と B 君に話し，B 君は強く頷きました。また，SC が B 君に「負けっぱなしは嫌でしょ？」と聞くと「絶対やだ！」と返ってきたので，「人を見る，人の話を聞くことを意識すること」「担任と SC を倒す作戦を立てて練習して，勝てると思ったらリベンジに来ること」を提案すると B 君は了承し，「絶

対次はぶっ倒すから！」と笑って相談室を後にしました。

　SC はカウンセリング直後に担任と打ち合わせを行い B 君への対応の意図を伝え，「腕相撲をきっかけに B 君と指導以外の対話機会を増やすこと」「対話の中で，人を見る，人の話を聞くことついて話をすること」などを担任にお伝えしました。

　担任はその日から，指導以外の B 君とのやりとりを増やし，B 君から担任に話をしてくることも増えたそうです。また，時に腕相撲をしながらのやりとりは学校生活や友人との付き合い方などにも波及し，担任は徐々に B 君とさまざまな話をすることができるようになっていきました。そのような日々が続くなかで，担任と B 君の腕相撲研究はクラスの男子生徒に波及し腕相撲ブームを経てクラスの団結が深まり，B 君が友人との間で苛立ちを感じた場面で問題行動を起こすことなく担任に相談するなどの変化が生じたそうです。この間，SC は B 君に直接的な対応をすることはなく，上記のような状況を担任からうかがっては，担任がより動きやすくなるように対応を考えることを主とした支援を行いました。

　その後，生徒指導の話題で B 君の名前を聞くことはなく，反対にクラスでの活動などにおいて B 君を肯定的に評価する話題を聞く機会は徐々に増えていきました。

　卒業が近くなった時期に「リベンジにきた！」と担任と相談室を訪れた B 君に SC はなす術なくボロ負けしましたが，勝利を喜ぶ B 君と担任のやりとりから強い信頼関係がうかがえたことは言うまでもありません。

5．まとめ：スクールカウンセリングで家族や教職員を支援する

　スクールカウンセリングにおいて SC が家族や関係者の支援を行う際には，関係する先生や組織の関係性，コミュニケーションなどを含めた全体の流れを把握し，どのような支援をすることができると児童・生徒や保護者，教職員の良好な相互作用が活性化され変化や解決に向かう流れを創り出すことができるかを常に考えながら，状況に応じた役割や動きを担えるようになると，よりよい支援が可能になると考えています。また，SC が関係する先生や家族との良好な関係形成に努め，彼らの積極性や意欲を高めつつ，その売りや良さを生か

す展開が創り出せるよう努めることも大事なことであり，システムズアプローチはこれらの実施や検討に役立つものの見方を有していると言えます。

第Ⅳ部 - 第2章
教育相談機関における家族・関係者支援

1. 教育相談機関とは

　教育相談機関とは，太田（2002）によると，一般には各都道府県および区市町村教育委員会によって設置されている公的な相談機関を指します。名称は，総合教育センター，教育相談所など各自治体により異なります。その設置および事業内容は各教育委員会の条例および規則等によって決まっていて，自治体によって教育相談所の設置の有無，形態や内容が異なります。東京都の場合は，東京都によって教育相談センターが設置され，2020年5月現在，都内56区市町村全71箇所の教育相談所（室）が設置されています（東京都教育相談センター，2021）。

　教育相談機関は，「子どもの教育にかかわる問題」についての相談を扱います。その内容はさまざまで，いじめ，友人関係，学校生活，不登校，家族関係，発達障害，自傷行為，家庭内暴力等，非常に間口が広いです。また，行政機関として各学校に指示・連絡を行う教育委員会によって設置されていることから，学校教育や学校現場と密接なかかわりをもっています。教育相談機関の中には，相談のほかにも，教職員を対象とした教育相談の研修や，定期的にスクールカウンセラーとの連絡会を開催するところもあります。また，不登校の児童生徒が学校に復帰できるように支援する教育支援センター（適応指導教室）が併設されているところもあります。

　相談の対象は，就学前〜中学生までの子ども，およびその保護者であり，中には高校生相当年齢まで対象にしているところもあります。ここで「高校生相当年齢」としているのは，東京都では「高校を中退して家に引きこもっていたけれど，自分の道を探したい」「中学校を卒業したけれど進路が決まらずに困っている」といった高校に学籍がないケースも対象としているためです。公的な相談機関ですので，東京都の場合であれば「都内に在住，在学または在勤

している」という条件に当てはまる人が無料で利用できます。

　教育相談の現場で相談員として働いている主な職種は，心理職と，教育職（校長職などを退職した嘱託職員や，指導主事と呼ばれる学校現場から行政に入った現役の教員等）です。最近では，スクールソーシャルワーカーが配置されている自治体もあります。心理職の多くは非常勤で，常勤はとても少ないです。教育職と心理職の割合は自治体によりさまざまで，教育職のみのところもあれば，大半が心理職のところもあります。

　教育委員会が設置する機関ということもあり，学校から相談が寄せられたり，教職員の紹介で来談したりするケースも多くあります。相談を進めるなかで，学校と連携を図ることもあります。心理職にも専門職としての技量とともに，学校組織や文化への理解が求められます。

　なお，教育の分野では，基本的には「未成年の子どもなどを保護する義務のある人」という意味で，親（父母）は「保護者」とされています。本章では，全体の説明では「保護者」と統一して表記し，表現上，家族関係を示した方が適切な場合などは「母親」などと表記します。

2．教育相談機関の特徴：相談システム・相談の構造

[1] 相談申し込みから相談開始までの流れ

　多くの教育相談機関では，電話による相談と来所による相談を行っています。A教育相談センターの場合，まず電話で申し込みの相談をしてもらいます。その内容によって，電話相談での助言で終わる場合や，来所による相談を勧める場合，病院や児童相談所等のより適切な機関を案内する場合に分かれます。相談申し込み受付後，所内会議で検討し，教育相談機関での相談が適切と判断された場合には，面接構造等が検討され，来所による相談が開始されます。

[2] 相談申込みと来談の形態

　A教育相談センターでは，子どもからの電話相談やSNS（メールやLINE）による相談も受け付けていますが，来所相談は，原則として保護者の申込みが必要です。なぜ，保護者の申込みが必要なの？子どもが自分で申込むのはダメなの？と思う方もいるかもしれません。学校内のスクールカウンセラー（SC）

であれば，先生に連れられて相談室に来ることや，休み時間等に子ども自ら話
をしに来ることもあります。しかし，病院でも（少なくとも中学生ぐらいまで
は）子どもだけでは診察が受けられないのと同様に，学校外の相談機関ですか
ら，相談対象が未成年の子どもである以上，保護者の了解は必須となっていま
す。

　教育相談機関では，「子どもの教育に関する相談」を広く扱っていますが，
多くは保護者が「子どもの問題」で来談します。申込時に，「以前，病院で患者
本人（子ども）が来ないとできることがないと言われたのですが，親だけでも
相談できますか」などと確認されることもありますが，保護者のみの相談も
可能です。保護者が通うなかで子どもも来るようになる場合や，初めから保護
者と子どもで来所する場合がありますが，子どものみの来所は，原則的にあり
ません。

［3］面接構造について：並行面接

　保護者と子どもの両者と面接する場合の構造には，相談員一人で両方を担当
する場合と，保護者と子ども本人をそれぞれ別の相談員で担当する場合（並行
面接）がありますが，教育相談機関では並行面接が比較的多く実施されていま
す。どちらの場合でも，まず保護者面接を行い，相談内容を確認し支援方針を
共有します。保護者面接では，子どもの「問題」について相談していきます。
並行して，子ども面接では，遊びを通してかかわるなど，その子どもに合わせ
た表現方法を通して面接を行います。

　並行面接が比較的多く実施されている理由として，それぞれの面接での秘密
の保持について相談者（特に親にすべて伝わってしまうのではないかという子
どもの不安に対して）に安心感をもたらしやすいこと，相談員が親子関係に巻
き込まれずに中立性を保ちやすいこと，親子が一緒に来所して同じ時間に面接
を行えること等が挙げられています（太田，2002）。

　医療機関において，医師と心理士の方針が違うと治療がうまくいかないよう
に，教育相談機関でも担当者同士の連携や方向性の共有が重要になります。

3．対応にあたって考慮するポイント

［1］子どもの相談は保護者から：保護者との関係づくり

　「子どもの相談は，保護者が申込みをする」「必ず保護者も一緒に来所する」
という教育相談機関の前提は，「子どもの問題は親の責任，親が関与すべき」
ということを暗に示すことになります。また，並行面接という構造は，「子ど
もに悪影響を与えている親と分離したなかで，子どもの自由な表出を促す」と
いった考えの個人療法の流れを汲んでおり，あたかも「親が悪い（から分離さ
せる）」というように受け止められてしまいやすいとも言えます。

　教育の分野では，保護者は「未成年の子どもなどを保護する義務のある人」
として扱われるため，まず「子ども」が優先され，親が子どもに適切にかか
わっているか，教育的な善し悪しから見られがちです。そのため，対応に困っ
て相談に来たにもかかわらず，場合によっては，「子どもへのかかわりが不適
切である」と指導され，親が自信をなくし，事態が膠着するといったことが起
こってしまうこともあります。こうしたことから，一番苦労している保護者が
自責的になりやすくなるため，まずは保護者が「子育てを責められず，安心し
て話せる」と感じ，相談への意欲が持てるよう相談を始めていきます。

　子どもの「問題」が，例えば学校でのトラブルが絶えず，毎日のように連絡
帳や電話で連絡があるといったケースでは，保護者はその対応に追われます。
母親が祖父母や父親から責められるなど，周囲の理解が得られず，追い詰めら
れた気持ちで来談するケースもあります。学校からの相談の勧めを，「しつけ
のできないダメな親」と言われたように感じ，周囲の対応による傷つきも重な
り，「学校の対応が悪い！」という訴えとして怒りが表出されることもあります。
これらを抱えて来談した保護者の大変さについて，まずは，保護者なりに，子
どもの「問題」を何とかしようとしてきたことを支え労います。保護者が，子
育ての責任を負わされ，より追い詰められ行き詰る悪循環から脱し，問題解決
に向けて動きやすくなるよう援助関係を築いていきます。

　教育相談機関のシステムや面接構造そのものが，保護者を「悪者」にしてし
まう可能性を相談員が考慮し，子どもの「問題」に変化を生じさせる工夫をす
ることが，家族に不要な自責感や忍耐を強いることなく，問題解決を目指すこ

とにつながると考えられます。

[2] 家庭と学校：それぞれのニーズを考慮する

　子どもの「問題」に対して，学校も家庭も何とか解決しようと努力するなか
で，行き違ってしまい互いを問題視する状態で来所するケースもあります。学
校から「家庭での生活や保護者の対応が問題。学校の立場で対応して欲しい」
というニーズで紹介されてくる場合もありますし，保護者が「学校の対応が問
題。相談センターから学校を指導してほしい」というニーズで来所することも
あります。学校内で活動するSCと違い，教育相談機関が学校を悪者にするこ
とは簡単です。しかし，解決が転校や退学といった方法でもない限り，学校と
家庭のどちらかを悪くいっても解決にはつながりません。保護者や子どもとの
相談を進めるなかで，いったんは学校を悪者にしたとしても，関係改善につな
がるような方向性を模索しながら，調整していくことが必要となります。

　教育相談機関は通常，学校を指導する権限を与えられていません。教育委員
会の機関であって，法令による場合以外は守秘義務があります。法令によるも
の以外で学校と情報共有する際には，保護者の了解が必要ですが，保護者が難
色を示す場合もあり，簡単にはいかないこともあります。学校と近い機関であ
るがゆえに，学校から「何か困ったときに，頼れるところ」という信頼を得て
活用してもらうことも，公的相談機関としての一つの役割です。同時に，来談
者の期待に応え，満足度の高い相談を提供し続けることも当然の責務です。学
校との良好な関係を維持しつつ，目の前の来談者のニーズに応え，中立的な立
場で問題解決をしていくバランスが常に求められる現場であると言えます。

4．実際にはどんなことをしているのか

[1] 適切な相談機関を見極めること：無料の相談機関だからこその仕事

　教育相談に寄せられる相談の間口は広く，内容はさまざまです。そこでまず，
どのような機関で，どのようなかかわりをするのがその相談者にとってよいの
かをアセスメントすることが求められます。本来は病院等の他の専門機関が適
切と思われても，「病院は病気の人がいくところだから」「病院はお金がかかる
から」などの理由で，保護者が不安や抵抗を感じ，比較的身近で無料である教

育相談機関に来所するケースも少なくありません。各関係機関の専門性や役割についてきちんと把握したうえで，適切な専門機関を案内したり，必要な連携をしたりすることも欠かせない仕事です。

［2］アセスメント依頼への対応

　教育相談機関では，学校や保護者のニーズに応じて，相談経過の中で知的・発達検査を行うことが多くあります。例えば，子どもに適正な学習環境を考えるために，子どもの発達や能力に応じた教育の場を選択していく場合や，教育上必要な支援を考えるための材料とする場合などがあります。また，不登校や友達とのトラブルといった問題の背景に発達的な課題があることも少なくありません。心理検査を含めたアセスメントを行い，子どもの知的特性や発達的な課題の特徴を明確にし，家庭でできる生活上の工夫や，学校生活での躓きと対応，進路を考える材料等にし，適切な支援へつなげていきます。

［3］「子どもの問題を保護者と協働して考える相談」と「保護者自身の課題の相談」

　保護者は「子どものことを相談する場」と認識して来談していますが，実際には保護者自身の問題や課題についての相談が必要なケースもあります。通常は，保護者と相談員は「子どもへの適切な援助」について話し合いを進めていきます。しかし，実際には保護者自身が疲弊し子どもと向き合うエネルーがない，アルコールなどの問題を抱え不安定であるなど，親の課題を扱う（親を援助する）面接を行うこともあります。実際の面接経過の中では，子どものことをともに考えたり，親の課題を扱ったりしながら，保護者が子どもの問題を相談員と協働して考えることを目指します。また，例えば子どもの不登校を巡り，父親は「登校への働きかけを」と考え，母親は「無理させないように」と考えているなど，両親の考えが一致せず対応上うまくいっていない場合には，子どもの対応における両親の関係を扱い，働きかけることもあります。あくまでも「子どもの問題への対応」に限定したなかで扱い，例えば離婚するかどうかといった夫婦の問題は他の専門機関へリファーするなど，保護者面接で何をどこまで扱うかは，組織や立場，職種により異なるようです。

[4]「現実的な課題への対応」と「子ども自身の課題への対応」

　教育相談の現場では，進級，卒業，進学といった節目に出会うことが多くあります。そうした節目は，現実的な課題に取り組まざるを得なくなるため，差し迫った課題に追われる一方で，変化のための転機（チャンス）にもなります。その場合，例えば子ども自身の対人関係の持ち方や苦手なところといった課題を，現実的な課題を話題にしながら扱うことになります。しかしながら，子ども自身の課題の克服とその支援を相談することと同時進行が難しいようなこともあり，進路をどうするかといった現実的な課題がある場合にはそちらを優先させることもあります。

　教育相談機関には，利用できる年齢制限があります。相談終結に向けては，子ども自身の課題について，何をどこまで扱えたのかを整理しながら，さらに継続的なカウンセリングが必要と判断された場合には，その先の機関へリファーし，継続的な支援をつないでいく役割も仕事の一つです。

5．事例

①親面接を中心に援助した事例：A子（中学3年生）不登校・情緒不安定

　中学3年生の進級時，A子さんだけが仲の良かった友人とクラスが離れてしまいました。クラスの子は，A子さんから話しかければ応じてはくれるものの，グループにはなかなか入れず，休み時間や昼食時に一人になってしまいました。1学期は10日ほど欠席，夏休み明けからは，夜中に泣いて眠れなくなり，過呼吸も出たため，9月末に心療内科を受診し服薬を開始しました。10月半ばから学校を休むようになり，主治医からカウンセリングを勧められ，母親が相談センターに申込みをしました。

　筆者（以下Th）が保護者面接を担当することになりました。母親は「1学期の間は，学力が心配で泣いても行かせていた。私がA子を追い込んでしまったのかもしれない」と話しました。一方で「担任から『A子が馴染もうとせず，努力が足りない』と言われた」と学校への不満も訴えました。また，A子さんの学校は中高一貫校で，学校からは「欠席が多いと高校進学にひびく。上がれてもついていけないのでは」と話がありました。暗に「追い出す」と言われたように感じた母親は，A子さんに学校を休む条件として「自分のペースでいいから勉強する」ことを課していました。母親は「学校は何もしてくれない。もしも高校に上がれなかったら，訴えてやります！」と涙を浮かべて語り，学校との対決も辞さない覚悟がうかがえました。

　Th は，母親の強い気持ちを受け止めつつ，当機関は学校に対して直接的な働きかけはできないが，学校への対応や家庭での A 子さんのサポートについて相談できることを示すと，母親は相談を希望しました。A 子さんはカウンセリングに消極的だったので，母親が相談を継続し，対応を考えていくこととしました。

　面接を続けるなかで，Th は母親の学校への強い怒りは，親として A 子さんのことを思う気持ちゆえのことと共有しました。母親から A 子さんについて語られた経過をまとめると，幼い頃から身体が弱く入院治療を行うなどがあり，母親は心配のあまり何かあると先回りして A 子さんにかかわっていました。母親は，自分から勉強するタイプでなく，のんびりした性格の A 子さんに高校受験は厳しいと考え，付属中学に合格するよう厳しく勉強させたそうです。母親の苦労と今の学校への強い気持ちが語られ，Th が労い母親の立場を支持していくと，母親から，「A 子の要領の悪さやのんびりした態度を見ると，ついイライラして喧嘩になってしまう」と A 子さんへの対応の難しさが吐露されるようになりました。Th から「思春期は甘えてきたかと思えば悪態をつくなど，腹の立つことも多いが，大人の方が先に気持ちを切り替えることが大事」と伝えると，母親はそれを聞き受け入れるようになりました。次第に，母親から「喧嘩をしても，長引かせないように自分が引くようにした」と工夫して対応していることが報告されるようになっていきました。

　A 子さんの不眠や過呼吸について話題になり，A 子さんは「つらくても援助を求めずに，無理に頑張る」という母親の情報から，Th は A 子さんの「症状」を「つらさを言葉にできずに，無理して頑張っている SOS のサイン」として伝え，母親と共有しました。そのうえで，A 子さんが自ら周囲に援助を求め，症状なく対応できる力をつけていくことを方針としました。この頃，A 子さんは欠席日数を気にして登校する日もありましたが，休み時間は机に伏せて過ごし，一日を何とか乗り切っていました。家庭で元気を取り戻しながら登校を続けていくために，帰宅後に元気がない様子が見られたら，母親から「しんどかったら，無理しないでいいよ」「私にできることがあったら言ってね」などと声をかけ，見守るようにしました。次第に，A 子さんは学校でのつらかったことなどを，母親にぽつぽつと話すようになりました。母親に話せるようになると，A 子さんは少しずつ前向きになり，クラスの子にわからないことを質問するようにもなりました。母親も A 子さんの考えや悩み聞き，学校でどう過ごすかを話し合いながら，サポートしていきました。A 子さんは，少しずつ話せるクラスメイトが増え，休み時間に趣味の話ができるようになりました。

　不登校が改善し，高校にも無事進学した A 子さんは，その後自ら希望して短期留学に行ったり，学校で自分が過ごしやすいように動いたりするようになりました。母親は「強くなった」と A 子さんの成長を感じられるようになり，A 子さんの気持ちや

ペースに合わせるようになりました。

　解　説　　こうしたケースでは，保護者が Th との関係の中で自責的になる必要がなく，子どもに有効な対応を見出すことに意欲的になるよう，保護者を労う姿勢から始めることが重要です。保護者の要求が，学校からすると「苦情」と受け止められる可能性が大きい場合には，「子どもにとって有益なことは何か」の文脈で，誰から，学校の誰に，何をどのぐらい要求するかを，Th と保護者との間で考えることが重要になります。子どもが「問題」に対応できるための親ができる取り組みには，「親が子どもに対応し，子どもの力をつける」「親から学校に働きかけ，担任が対応し子どもの力をつける」などの介入ポイントが想定されます。事例では，母親の情報から担任が積極的に対応する様子がないと推測され，保護者が学校に対応を要求することにより，高校進学への影響などの不利益が及ぶ可能性を考慮し，母親と子どものコミュニケーションに変化を導入する方向としています。母親にとっての「問題」は「学校が対応しないから登校できない」ことでしたが，「症状は A 子さんの SOS であり，登校するためにはサポートが必要」という問題の再構成をし，「A 子さんが症状なく対応できる力をつける」という治療の方向性を母親と共有しています。母親の「先回りして A 子さんに対応する」パターンが，「母親は声かけするにとどめ，A 子さんからの発信や，A 子さんのペースに母親が合わせる」対応へと変化し，結果として A 子さんが周囲に適切な援助を求め，自分から友人とかかわるというコミュニケーションの変化を生み，「問題」が解消したと考えられます。子ども本人へのアプローチが難しい場合にも，「問題」にかかわる全体を見て支援を考えることが有効であったと思います。

②アセスメント依頼の事例：B 男（高校1年生）問題行動

　B 男くんは，授業中に唐突に挙手して質問し，教師に「後で個別に説明する」と言われても，質問を繰り返してしまい，たびたび授業を中断させていました。文化祭の際には，B 男くんは，私語をせず準備するよう注意してもクラスメイトが聞いてくれないことに感情的になり，担任や SC が話を聞き落ち着くよう諭すも，B 男くんは納得いかない様子のままでした。また部活遠征時の集合時刻に遅れた際，「電車の時刻には間に合った」と主張し，顧問から厳しく指導されていました。トラブルが続いたため学校が母親を呼んで面談すると，母親は「B 男は友達付き合いが苦手で，融通が

利かないところもあるが，中学までは先生方の配慮で楽しく生活し卒業できた」と話し，学校側へB男を理解し支援して欲しいと訴えました。それを受けて学校側は「B男が自分の特徴を理解することが必要なため，相談センターで検査を受けて来るように」と母親に提案・説得し，母親がしぶしぶ了承し，来所することになりました。なお，学校から相談センターには「何度話をしても，同じトラブルを繰り返す生徒がおり，保護者の理解も得られずに困っている。SCから検査の必要性があると言われているので対応をお願いしたい」と事前に情報提供がありました。

　筆者（以下Th）が担当することになり，母親から話を聞くと，母親は「中学1年の時にもクラスでもめて，学校から相談に行くよう勧められたけど，B男に障害があると言われたように感じて行けなかった。幼稚園の頃から友達を叩いてしまうようなトラブルもあったけど，小さいことだと思っていたから……」と，相談に至らなかった理由を話しました。Thは，母親が専門機関へ相談することに不安を感じながらも来所したことを労ったうえで，「高校生となった今，B男くんが自分の特徴について理解を深め，対応の引き出しを増やし，自立に向けて考える時間をもてるとよいこと」や「学校に対して適切な理解と対応を示すためにも心理検査を実施し，具体的な支援につながるようにすること」を提案し，母親の了承を得ました。

　学校からすると，「繰り返しの指導で効果がない」ため，「このまま在籍させておくと他の生徒へ影響があるのではないか」「うちの学校では対応しきれない」など，問題が大きくなっていく可能性がありました。そこでThは，学校の認識が「対応困難な問題のある生徒」から「適切な支援をすれば問題なくやっていける生徒」へと変わると，状況の変化に有効ではないかと考えました。

　検査当日，Thが困っていることを尋ねると，B男くんは「人との関係がうまくいかなくて一時期悩んでいたけど，価値があると思う人とだけ付き合っていければいい」と話しました。Thから「自分の得意・不得意を理解して，自分に合うやり方や考え方を整理していこう」と伝え検査を開始しました。

　結果は，全体的な能力は平均域でしたが，次のような特徴が見られました。B男くんは，聞かれていることについて簡潔な説明ができずに，本質からズレてしまう傾向がありました。また，聞いたことを頭の中で覚えておいて活用する力と，社会的な場面でのルールや一般常識の理解力の弱さが見られました。一方で，手本を見て作業する課題では粘り強く取り組み力を発揮しました。検査中のB男くんは，課題により「いくつ答えたらいいですか」などの確認をすることがありました。

　母親とB男くんに結果をフィードバックし，B男くんの生活状況とすり合わせを行いました。B男くんは「中1，高1と問題が起こる。とりあえず突っ込んでいって失敗する」と話しました。また，「人からどう思われるかは気にしない」と話し，周囲と

のズレにはあまり関心がない様子でした。Th から，「自分とは異なる考えや行動であっても，一般論としてわかっておくと，周囲から認められる機会が増え，人間関係にもよい影響があるかもしれない」と伝えると，B 男くんは「少しそういうことも学んだ方がいいかも」と話しました。加えて，質問がある場合には「今，応じてもらえるか」を相手に確認してみることとしました。

　母親は，こうした B 男くんの考えや気持ちを「初めて聞いた」と言い，「小さい頃，友達に手を出してしまうことがあったけれど，伝えたいことを言葉でうまく言えなかったのかも」と振り返りました。家庭でも，B 男くんは，母親が忙しくても気になることを話し続けたり，質問責めにしたりするところがあったため，まずは母親に「今，話をしたいけれどいいか」と確認する練習をすることにしました。母親も「つい感情的になると言い合いになってしまうので，B 男の考えや思いを聴いたうえで一緒に考えたい」と話し，B 男くんも納得しました。

　B 男くんの要望で，学校には SC を窓口として Th から検査結果と家庭での母親と B 男の取り組みを伝え，校内での支援を依頼しました。B 男くんへ指導する際には，言葉で伝えるだけでなく，メモにして確認することにしました。B 男くんが，感情的になった時には，担任が B 男くんの言いたいことを整理し受け止めたうえで，大事なことを伝えるようにしました。B 男くんの見通しの持ちづらさや，自分の価値観で判断してしまう可能性を考慮し，例えば集合時刻に遅れた場合にどうなるのかについては，担任や顧問が B 男くんと事前に話し合うようにしました。指導後には，担任と母親で情報を共有し，家庭でもフォローしていきました。時折行き違いは生じるものの，大きなトラブルになる前に，B 男くんが担任と話をすることで解決できるようになっていきました。

　解　説　　学校内では，「学校：指導する⇒ B 男：納得しない⇒学校：さらに指導する⇒ B 男：感情的になる……」というやりとりが繰り返され，学校が「対応困難」との枠組みを強め，B 男に必要な支援に至らないという悪循環が生じていたと考えらえます。学校と家庭の関係性においても，「家庭も協力すべき」「学校がうまく対応して欲しい」と対立的な枠組みによる行き違いが生じており，保護者は不本意ながら来談に至っています。こうしたケースでは，保護者の相談への動機づけを高める形で，学校のニーズと保護者のニーズとのコンセンサスをつくることから始めることが重要です。

　検査のフィードバックの場では，「事実・結果を伝える」のではなく，「日常の場面に適合させること」が不可欠となります。事例では「わからないことをすぐに質問する」「言いたいことが伝わらず感情的になる」などが，B 男くんの

日常的な他者とのコミュニケーション・パターン（パターン化した相互作用）となっていました。そこを変化させるように，①Ｂ男の意識の向け直し（リフレイム）をし，②具体的な療育的対応（行動処方）の方向づけを共有し，③そのプロセスに母親を巻き込んで，④母親とＢ男のコミュニケーション・パターンや相互作用に変化を導入するといった働きかけが必要です。そのうえで，学校の枠組みが「支援可能」と変更されるよう，②のプロセスに学校も巻き込み，教職員とＢ男とのコミュニケーション・パターンに変化を導入しています。関係者間で生じている悪循環に介入し，学校，家庭それぞれのニーズに考慮した介入が適切な支援，問題解決につながったと思います。

6．まとめ

　学校に近い関係にあることや，保護者の申込みから始まること，並行面接という構造などがもたらす影響は，教育相談の現場の中でも，あまり意識されない事柄であると思われます。来談までの経緯で，学校と家庭が対立していたり，保護者が自責感を強めていたりするような場合には，「問題」が維持され，増幅されるプロセスの中に，相談機関（相談員）も巻き込まれることが容易に生じてしまいます。そのため，事例全体のシステムをアセスメントし，どのような関係性の中で動き，そこに生じている行き詰まりや悪循環は何かをつかむことが必要です。学校，家庭，子どもそれぞれのかかわり，関係性を把握し，問題の解決や子どもの成長へとアプローチしていくことが有効であると考えています。

文　献
太田　智佐子（2002）．教育相談所で働くカウンセラーの仕事　佐々木　正宏・大貫　敬一（共編）カウンセラーの仕事の実際（pp. 106-119）培風館
東京都教育相談センター（2021）．令和3年度東京都教育センター事業概要（p. 54）東京都教育相談センター

Ⅳ　教育のまとめ

教育分野の支援の特徴

　学校教育を中心とした教育の分野では，1990年代後半から文部科学省によるスクールカウンセラー事業が始まっています。ただ，その活動範囲は小中学校内に留まらず，自然災害による多様な影響からの回復，猟奇的事件や交通災害などに対するショック反応の払拭など，その地域ごとの社会的な場面の中で起こった問題への児童・生徒の反応に対して，スクールカウンセラーの対応が要請されることが多くなっています。これは，当初のスクールカウンセラー事業で想定していた職能に留まらず，教育現場での心理的支援という面での多様な対応が可能であるとの前提に基づき，社会的に新たな職能として取り上げられる状況になっていると考えられます。そして現在では，教育現場に関与する場面で起こる心理的要因が関与すると思われる問題に関しては，スクールカウンセラーの存在をその対応の中心に置くことが教育の領域で定着しています（文科省，2008）。

　学校教育は，教職員が児童・生徒やその保護者に対する対応をすることが基本です。しかし，不登校や情緒障害等，通常の児童・生徒に対する対応ではなく，学校に来なかったり，意味なく行動化したりするなどのケースも少なからずあり，その対策として，教職員が足繁く家庭訪問したり，関連する保護者との相談を対応することは，多大な勤務超過となっていました。本来こうした児童・生徒の不適応などの相談は，教職員の主要な職務ではなく，教職員では対応できないことが多く，専門的な立場での対応が求められていたことから，スクールカウンセラー事業が導入されたという経緯があります。

　これまで行われてきたスクールカウンセラー事業は，「全校配置」という目標が優先されたこともあって，それぞれの学校の中でのスクールカウンセラーの立場は，いわゆる非常勤職員としての勤務が現在も続いています。この理由は予算上の問題で，学校教育が公教育である限り，平均的に「全ての学校にスクールカウンセラーを配置する」という目的が設定されたためだと考えられます。ただ，私立学校では1970年代から，また2015年頃から一部の地域の教育委員会に属するという雇用ではありますが，常勤職員としてスクールカウンセラーが処遇されているところも現れています。これは特定の学校だけの児童・生徒に対する問題に対応するのではなく，複数の学校で生じる問題に対応し，改善することを目的としており，教育委員会に属した専任スクールカウンセラーという位置づけになっています（水谷・高原，2018）。今後も児童・生徒の少子化傾向に基づいて，学校教育での心理的支援への期待が膨らむと考え

られるため，こうした常勤スクールカウンセラーという立場が増える可能性はあると考えられます。

教育分野の支援の問題点

　教育現場の心理的な要因に関する相談の特徴の一つは，学校における相談ですから，相談対象が児童・生徒になるはずです。しかし，例えば小学校の低学年の児童の相談であれば，その児童に対する言語的な面接が困難との理由とともに，その児童に日常的に対応している保護者が困難感を訴えており，その保護者を対象とした心理的支援を職務として行うことが非常に多く見られます。いわば，スクールカウンセラーは児童生徒を対象にするのみで心理的支援が行われるのではなく，保護者を対象とした相談を視野に入れて置くべきことが暗黙のうちに職能として位置づけられているのです。

　こうした保護者への面接，いわばクライエントではない対象に対する面接は，伝統的な臨床心理学では「コンサルテーション」と呼ばれることが多いと考えられます。コンサルテーションは，非常に多様なやり方があるとされていますが，逆に言うと明確な定義や方法論に関することが明示されていない領域です。加えて，多くの現場では，「心理面接」と「コンサルテーション」が曖昧なまま実施されていることが多く見られます。こうした誤解は，臨床心理学領域における後進指導やカリキュラムなど，教育の問題が多くを占めていると考えられますが，近年まででは，職能団体での研修などを含めて，コンサルテーションの実態を学ぶチャンスがごくごく限られてしまっているというのが実状です。

　コンサルテーションに関しては，具体的な方法やガイドラインが設定されているわけではないと考えるべきで，まだまだこれから発展すべき領域として考えるのが妥当だと考えられます。しかし，実際の教育現場で行われているコンサルテーションは，いくつかのタイプがあり，その内の問題解決に向かうものだけをここでは取り上げます。

　まず，母子関係そのものを視野に入れ，母子並行面接などを行っているようなコンサルテーションです。これは，伝統的な心理療法の訓練などの形式として用いられてきた経緯があります。しかしながら，学校での相談でこれを行うことは，一人のスクールカウンセラーが母子それぞれを担当するしかないため，実施されていることも少ないと考えられます。しかしながら，この形式での保護者面接のあり方のみが保護者に対するコンサルテーションとして位置づけられてしまっていることも少なくありません。

　次に，不適応などの児童生徒に対する指導を行っている教職員へのコンサルテーションです。基本的な主体者は教職員ですから，その意図，思い，考えや志向性などを重視すべきなのです。しかし，実際には教育的指導のようなコンサルテーションや，

教職員の困難感を共有することで，精神的負担のみを軽減するコンサルテーションが行われてしまっていることも少なくありません。このような不適切なコンサルテーションが行われてしまうので，クライエントではない人にどのように対応すべきかについて，臨床心理学領域では明確な指針や指導方針を定めていないためだと考えられます。

　そして，教育現場特有のコンサルテーションとしては，児童・生徒の友人関係，クラス内の問題など，任意集団で生じている問題に対するコンサルテーションです。これには教職員が関与することもありますが，ある種の集団に対するコンサルテーションで，これに対するガイドラインは，これまでにはなかったと考えられます。したがって，実質的な対応を考えた場合，あくまでもそれぞれのスクールカウンセラーの特性そのものを反映させて，さまざまな理論的背景のないままでのコンサルテーション的対応がなされていると考えられます。

　しかし，こうしたいくつもの問題があるコンサルテーションですが，教育現場からの要請は年々強くなっています。その中では，うまく相談が展開することを期待してコンサルテーションを受けることが多く見られます。いわば，今後はこうしたコンサルテーションを適切にできることがスクールカウンセラーという職能には不可欠になっていると考えるべきです。

システムズアプローチの有効性

　こうしたスクールカウンセラーの職能として，教育現場からの要請に応じるためには，個々の児童生徒に対する心理療法的対応だけではなく，多様な対象に対するコンサルテーション能力が求められており，システムズアプローチはこれに対応できる方法をスクールカウンセラー事業の初期の段階から提案しています。それは，システムズ・コンサルテーションという名称で紹介したものです（吉川，1999；吉川ら，2019）。

　コンサルテーションの基本構造としては，支援者か援助者であるコンサルティが，自らの職務の中で対応している事例に対して，何かの困難や行き詰まり，または今後の展開などに自信のなさなどがある場合に，コンサルタントに対して依頼が生まれるものだと考えます。したがって，最も重視しなければならないのは，コンサルティの主体性を確保することが最も重要だと考えられます。これに対して，教育的コンサルテーションは，コンサルティを未熟で不適切な振る舞いをする者との前提があるため，コンサルティの主体性は守られません。また，共感的コンサルテーションでは，コンサルティの主体性は維持できるでしょうが，コンサルティがかかえている事例のこれからの展開に役立つかは不明です。

　重要なのは，コンサルティが主体的に見ている視点に合わせて，事例を再度アセス

メントし直すところからはじめ，そこでコンサルティが意図している展開に沿った働きかけや展開を，できる限り容易な手続きで具体的に示すことが重要となります。詳細については，拙著などを参照していただき，システムズアプローチによるコンサルテーションであるシステムズ・コンサルテーションの具体的手続きを踏襲していただければと考えます。

　いずれにせよ，これまで具体的な対応のガイドラインが示されてこなかったコンサルテーションの手続きを含め，スクールカウンセラーとして必須の職能であるコンサルテーション活動が自由に行えるようにすることは，その職能の一つとしてだけではなく，教育現場の要請に応えるためのより高度なスキルになると考えられます。

文　献

水谷　章一・高原　晋一（2018）．名古屋市における学校援助職の常勤化
　　〈https://www.city.nagoya.jp/kyoiku/cmsfiles/contents/0000074/74050/
　　gakkouennzyosyokunozyoukinnka.pdf〉（2022 年 1 月 30 日アクセス）
文部科学省（2008）．スクールカウンセラーについて
　　〈https://www.mext.go.jp/b_menu/shingi/chousa/shotou/066/gaiyou/
　　attach/1369846.htm〉（2022 年 1 月 30 日アクセス）
吉川　悟（1999）．システム論からみた学校臨床　金剛出版
吉川　悟・赤津　玲子・伊東　秀章（2019）．システムズアプローチによるスクールカウンセリング：システム論からみた学校臨床［第 2 版］　金剛出版

V　家族問題

introduction

　家族問題は，一般に言及されることは多いものの，有効な支援やその実際があまり周知されていない領域です。家族とその姿は多種多様であると言われる一方で，「親（夫婦・家族）は〜であるべき」といった家族観・価値観が大きく影響し，支援者も「いい・普通の家族像」に近づける支援といった善悪判断と対応で語られることもあります。また，家族療法というと歴史的な経緯から奇抜な介入技法が目立ってしまったり，支援対象を「家族」とすることで，転じて「家族が悪い」といった文脈を帯びてしまったりという面もあります。それゆえ，支援する側が家族を苦しめていることさえ起こることもあります。

　そして，家族問題の多くは，「葛藤」という用語で語られるため，第三者からの支援が求められることが少ない領域でもありました。いわば，当事者間で解消すべき出来事であり，人間関係にはあって当然の特徴とされていたため，その解消や解決を求められることが少ない領域であったと考えられるのです。

　しかし近年では，少しずつこうした家族問題の解消や解決を求める相談が多くなっています。ただ，それに適切に対応できる専門職が少ないのが現状なのです。

　本章では，夫婦関係の問題としての「浮気」と再婚家族の問題を取り上げました。これらのテーマもなかなか他書では見られませんが，関心が高いものと思われます。家族臨床の具体例として，また家族関係を扱い支援する一例として，参考にしていただければ幸いです。

第Ⅴ部 - 第1章
夫婦関係の問題と支援：
浮気の問題を例として

1．夫婦になること：夫婦関係について

　夫婦とは多くの場合，一組の男女が付き合い，結婚して婚姻関係となり，夫と妻となることを意味します。法律的にも社会的にも，「夫婦」という一つのまとまりとして家族をスタートすることになり，もともと赤の他人であった二人が食事や家事を分担するなど生活をともにする。物理的時間的にも多くかかわり，心理的にも強いつながりを有する特別な関係です。

　結婚して夫婦になるには，さまざまな課題をクリアすることが求められます。若い男女が恋愛しカップルになるには，当人同士の関係だけの話で済むこともありますが，結婚となるとそう簡単ではありません。双方の親や家族に紹介し合い，結婚し，家族の一員になることを認めてもらう。結婚式を行い，広く親族や職場，友人などに紹介する。周りに対し「○○の夫（妻）です」と紹介し，またそのように見られるようになる。また「○○家の一員であるからには××でないと」などと，それぞれの家族の事情・経緯からの要請が加わることもあります。また，法律的にも夫婦関係が規定されており，もし離婚となっても，合意なく一方的に婚姻関係を解消できず，財産分与や子どもの親権の帰属の問題や養育費の支払いが発生するといった責務を負う契約関係でもあります。さらには，生活をともにするということは，ただ単に一緒にいるというだけでなく，夫と妻のそれぞれの日常生活の仕方を一つに折り合わせることが求められます。みそ汁の味付けをどうするか，家計はどちらがどう差配するか，洗濯物のたたみ方や片づけはどうするかなど，単純な役割分担だけでなく，心理的に互いに許容し，心地よく生活していけるやり方をともにつくらなければなりません。

　結婚に対する双方の考え方の違いや抱えている事情の差はあっても，さまざ

まな課題を二人でクリアし，「この人と一緒にやっていこう」と合意がなされて結婚する。そのため，夫婦関係は，カップルとなって「お互いのことを大事にする」というある種の暗黙のルールをつくり過ごしてきたうえで，さまざまな課題をともにクリアしてきている関係と言えます。なお，現在では授かり婚や同性婚，別居婚など多様な夫婦の経緯や形態もありますが，本論では上述したような結婚とその夫婦関係をもとに以下に論じます。

2．夫婦関係とその変化について：家族ライフサイクル

　家族ライフサイクルという言葉を聞いたことがあるでしょうか。個人のライフサイクルと同様に，家族というまとまり・集団にも，ある程度共通した発達段階と周期がある，とする考え方です。発達段階の分け方にはさまざまなものがありますが，以下にその一例を挙げます。①新婚期：結婚して夫婦となり，それぞれの家族をもとにした生活の仕方や経済基盤を新たに夫婦で形成する段階，②養育期・教育期：子どもが生まれ，その養育を担う。夫婦が父母となり，子どもの養育・教育をしながら，安定した家族を形成する，③分離期・成熟期：子どもが成長して自立し，巣立っていく。親はそれを支え，夫婦での生活を見直しつつ，健康面での課題などに対処していく，④完結期：夫婦のどちらかが亡くなるなど，もとの「家族」のまとまりが終わり，子どもの家族に加わるなど異なる家族の形になっていく。これらは一組の夫婦関係をベースに，そのスタートから子どもの養育，子どもの自立など，家族が時間的推移に伴い，その時期ごとの発達課題に対応していくことが求められるというものです。

　つまり，夫婦関係は，その形成過程で親密で良好な関係になったとしても，時間的推移とともに新たな課題に対応することが求められるため，ずっと同じままではなく，その時々で対応できるように関係が変わっていくことになります。子どもが生まれれば，父母として親になり，子どもの世話をどう担うかを夫婦（父母）で対応していくことになる。夫婦二人の時間は取りにくくなり，自由な時間も減るなかで，家族で課題解決できるように，夫婦で協力しなければなりません。子どもが自立し家から巣立てば，家族の時間を夫婦二人で向き合うことになります。こうした家族の形態や機能が変化するなかで，夫婦関係も多かれ少なかれ変わっていく。例えば，父が子育てに協力的でなく，母は不

満ながらも我慢してほぼ一人で子育てを担ってきて，子どもが巣立つ段階となって夫婦で向き合う時にそれまでの夫婦関係の問題が表面化する，といったこともあります。またさらに，家族の誰かが病気になる，父あるいは母が単身赴任などで離れる，といった突然の出来事で夫婦や家族の役割を変えねばならない場合もあります。

　個人が発達していくなかで変化していくように，夫婦・家族というまとまりも変遷していき，夫婦関係も変わっていきます。しかし，発達課題に対応し，柔軟に変化していくことは容易なことではありません。夫婦で対応してもどちらか一方の負荷が大きかったり，うまくいかず誰かの助けを借りたり，行き詰り，問題となったりすることもあります。これらが発展して臨床的な問題が生じたり，夫婦・家族の関係のこじれから発生した問題へうまく対応できないこともあります。そのため，夫婦関係の対応パターンは直接的あるいは間接的に臨床的な問題に影響しており，家族ライフサイクルは，夫婦・家族を理解する重要な一つの指標です。

3．夫婦関係の問題：浮気を例として

　例えば夫が仕事上のストレスで「うつ病」を患ったとします。「うつ病」だから，夫は家で休息し，妻や家族は夫が治療に専念できるように見守ればいい，と思われるかもしれませんが，実際にはそれまでの夫婦関係が影響してきます。夫が家族を顧みず好き勝手をしてきた人であれば，「うつ病」だからと言って，妻が優しく看病する気になれないこともあります。家庭のすべてを夫が決定してきた夫婦であれば，夫の代りに妻が急にあれこれ決めて家族をリードするのに戸惑うかもしれません。夫婦のスレ違いから，夫の居場所が家庭にない場合には，夫は家で休息しにくく，妻も病気とはいえずっと夫が家にいることにイライラしてしまうこともあります。このように，臨床的な問題が生じた際には，それまでの経緯を含めた夫婦関係が影響します。

　夫婦関係そのものの問題として，浮気・不倫の問題が挙げられます。辞書的には，「不倫」は「人の道に背くこと」で，「婚姻関係（結婚している）にありながら，他の異性と肉体関係を持つこと（不貞行為を働くこと）」を意味します。「浮気」は，不倫も含めたより広い定義で，「心が浮ついて移りやすいこと」「相

手が独身・既婚に関係なく，パートナー以外の異性と親しくなること」とされます。浮気の問題が夫婦の関係そのものに影響するのは，夫婦間の信頼関係をひどく損なうものだからです。先述したように，夫婦には，その成立・形成過程で「この人と一緒にやっていこう」「お互いのことを大事にする」「相手の嫌がることはしないようにしよう」というルールがありますが，浮気という行為はこれを破ることになります。当事者にとって「浮気」をする・されることは，夫（妻）が妻（夫）を大事にせず，傷つけることをしたことになり，関係そのものを危うくするものです。

　婚姻関係のないカップルの場合であれば，別れるのに比較的制約が少ないでしょう。しかし夫婦・家族となっていると，簡単に「離婚すればいい」とはなりません。それぞれの親や関係者にどう説明するか，財産分与など合意ができるか，法的には苗字が変わることや世間体など離婚にあたっての課題や変化があり，しばしば揉めごとになります。養育すべき子どもがいれば，その親権や養育費，そして子育てをどうしていくか，仕事と子育ての両立，手助けしてくれる祖父母の有無，保育園の手続きや送迎，別れた親と子の面会，住居や職場，経済状況など，非常に多くの現実的な課題に対応しないとなりません。かといって，傷つけられ信頼できなくなった相手と一緒にいることも簡単ではないでしょう。損なわれた関係の中での相手との向き合い方（寝室や夫婦生活含め），家族での外出や行事など，行動としては以前と同じでも，心理的には大きく異なります。夫婦で話し合い，「浮気」について何とか乗り越え，これまでのように生活することもあるでしょう。しかしながら，いったんは乗り越えたとしても，何か夫婦・家族で問題が起きるなどのきっかけで，再燃することもあります。

　「浮気」が発覚し，問題となったとしても，当然のことながら，すぐにカウンセラーとの相談・支援となるわけではありません。当事者たちの間で争いになり，それで離婚することも多いはずです。あるいは，双方の家族にまで波及し，家族間で対立し争い，場合によっては裁判になる場合もあります。法的に争う場合は，弁護士などの法律の専門家が関与しての相談となり，それは心理的な支援と別のものです。

　臨床的に「浮気」が問題化するのは，それが「心や対人関係の問題」として対応が求められ，その対応を当事者が望んだ場合となります。浮気をされた妻

（夫）がうつ病になるなど精神疾患や悩み苦しんでいる，浮気をした夫（妻）が認め反省したものの夫婦関係がギクシャクして家族関係の問題になっているなど，一方または双方，あるいは関係者が悩み，誰かが支援を求めて相談の場につながる形です。

　世間では芸能人などの浮気が話題となる場合，コメンテーターが「良い悪い」の視点から浮気した側を責めるといったことがありますが，当事者たちにとってはそんな評価をされても多くの場合解決にはつながりません。浮気した側が悪く加害者であり，被害者である浮気された側に真摯に謝罪し，で終わる話ではないのです。浮気した側に理由がある場合もあります。「バレなければいいだろう」と軽い遊びのこともありますが，「求めても性生活を拒否され続けた」といったセックスレスの問題，「相手が冷たくし，居場所がなくて代わりの人を求めた」など，浮気した側が「お互いのことを大事にする」ルールを破る，その一線を越えた事情を有していることもあります。

　このようにさまざまな人や要因が関与しており，そのうえで夫婦の間で「浮気」がどう問題になっているかが異なります。そして当然のことながら，それぞれが思い悩み，深く傷つき，うつ病など心の病を患うこともあります。こうしたなかで，何とかしようとしながらもうまくいかず，相談すること自体に抵抗がありながらも，援助を求めて専門家のもとへ訪れることになります。

4．「浮気」の問題の対応で求められること

　浮気をした側が悪く加害者であり，浮気をされた側は傷ついた被害者という二者間の構図になりやすいものです。浮気をされた側は，相手が悪いとして責めるのは当然のことではあるものの，責めるのみではより二人の関係を損ない，壊すことにもなりえます。そのため，たとえ感情的になったとしても，責める以外のやりとりができるようにしないと相談になりません。浮気をされた側は，恨み憎み，事例によっては浮気した側を監視するような場合さえありますが，これでは再度の浮気は防げても，二人の関係は損なわれたままです。一面で加害 − 被害という関係があるとしても，二人の関係をどう再構成していくかというやりとりができるように，セラピスト（以下 Th）が対応していくことがまず求められます。面接場面では当初は双方の否定的な語りが多くなりがちです

が，それを受け止めつつも，夫婦関係がどうだったのか，何をどうしていきたいかを把握できるように，Th が中立的な立場で夫婦とやりとりしていくことが第一に求められます。

　次に大事なのは，「何をもって解決とするか」を相談しながらつくっていくことです。例えば病気であれば治る，不登校であれば元気に登校できる，というように，問題とゴールが明確な事例では，進むべき方向性が決まっています。しかし，「浮気」とそれで損なわれた関係の問題は，援助者側が一方的にゴールを決められず，「離婚する・しない」も援助者の勝手な倫理観・価値観で判断すべきではありません。Th にとっても，自身の価値観が揺さぶられ，問題を自分の価値観・家族観から捉えがちになりやすいものです。しかしながら，夫婦・家族はそれまでの歴史もあり，多様なニーズを有しています。「何をどう解決とするか」は，当事者たちの生き方や関係によって決まるものであり，夫婦が自分の思いや大事にしたいことを語り合いながら，相談をして決めていくことになります。

　こうした話し合いをしていくには，さまざまにかかわる要因を考慮することが求められます。これまでの夫婦や家族の経緯，Cl や家族にとって「浮気」がどのような意味があるのか，何がどのようにして起こり，どう問題となって対応されてきたか。Cl・家族が何を大事にしてきたか・今後どうしていきたいか。これには子どもの有無とその状況，経済状況，住居，それぞれの家族や友人，関係者などが現実的な問題としてかかわることもあります。人生には失敗がつきものとは言いますが，夫婦でやり直していく場合には，浮気した事実は消えないまでも，夫婦・家族関係を再構成して，再びこのようなことが起こらないように，「何とか一緒にやっていこう」と思えるにはどうするか。一方で，離婚する場合には，「そうした決断をしてよかった」と思えるようにするにはどうするか。簡単に結論づけられるものではありませんが，こうした Cl・家族の問題に Th が関与し，支援していくことになります。

　ただし，来談のきっかけが「浮気」であったとしても，その背景として夫婦・家族の課題や問題が関与していることもあります。その場合主訴である浮気の相談から始めるものの，かかわっている夫婦・家族の課題への対応へと面接が展開することもあります。

5．事例

　ここでは，心療内科クリニックにおける「浮気」の問題についての具体的な事例を提示します。この心療内科では，カウンセリングは自費診療で，HP上で「家族問題のカウンセリング」が表記してあるため，しばしば家族関係の問題の相談申し込みがあります。なお，心療内科のカウンセラーを Th と以下で表記します。

[1] 夫の浮気に悩む 40 代女性 A さんとの個人面接

家族構成　A：40 代女性，契約社員。夫：40 代，自営業。息子（大学生）。

面接までの情報　A は不眠と落ち込みを主訴として心療内科クリニックを受診した。2 回の診察の後に A が希望し，カウンセリングとなりました。カルテには，半年前に夫の浮気グセがあり，これまで何度も繰り返していること，相手の女性がわかっていること，夫への不信・拒絶感がある一方で普段は優しくまだやっていけるのではと悩んでいること，知っている事実を夫に言えないこと，が記載されていました。

面接経過　#1：A は「自分で整理がつかないので」とカウンセリングを希望した理由を話しました。最近は A が話をしても，夫がイライラして怒り出し「ついていけない」と言われ，頭が真っ白になってしまう。「自分に悪いところがあったのでは」と思い，問い詰められないし，「（夫から）捨てられるのでは」と夫の機嫌をうかがってビクビクしてしまう，とのことでした。Th が浮気について尋ねると，A は「探偵に調査してもらったので確実」ときっぱり述べました。夫の浮気はこれまで何度もあり，「本気ではなく遊びだと思う」と。夫が急に身なりを気にしだすなどで A が気づき，問いただすと夫は否定するが，しばらくすると終わる，の繰り返し。ただ，夫は元々女グセが悪い人であり，結婚前から浮気はあって，A が「二度と止めて」と伝えると，夫は隠れてするようになった。夫は（父と）愛人であった母との間にできた子で，認知されていない。周囲の反対もあったが，妊娠が発覚したため，結婚することになった，などの経過が語られました。一方で，A は「愛人の子なので，浮気を肯定していて，それを『止めて』と言うのは夫を否定してしまうのでは」「（仕事が）大変だけど A がサポートしてくれない，と夫から言われた」と迷いを示しました。Th は「結婚時に『浮気を認めて』と夫に言われて了承したのか」と尋ねると，A は「いや」と答えました。Th は「もし A がサポートしていたら，夫は浮気をしなかったのだろうか」と疑問を示すと，A は「うーん……」と考えあぐねました。Th は「子どもが大きくな

ると，夫婦関係を見直すことはしばしばあること」「元々の夫の『浮気グセ』と夫婦の課題は別ではないだろうか」と伝え，Ａは「そうかもしれない」と話し，「話を整理しながら，Ａがどうしたいか，どうしていくかを考えていく」ことになりました。

　＃２〜４：Ａから「自分は自信がない。そういう自分でも夫は『そのままでいい』と言ってくれた」ことが語られました。一方で夫の浮気は続いていて，迷い悩むＡに対し「話を整理しながら今後どうするかを考えるために，Ａが自信をつけていく」という治療方針が共有され，面接が展開しました。自信をつけていくために資格取得の勉強をしてみること，Ｔｈから「Ａが悪いのではない」と言われ，夫婦喧嘩でＡが夫に言い返すことができ，自分を責めず少し認められるようになった，などの報告がされました。また，夫婦喧嘩の最中に息子が帰宅したことから，Ａが「離婚を考えている」と伝え事情を説明すると，息子は「母（Ａ）は我慢しないでやりたいことをやって」と理解してもらった，と話しました。

　＃５：自信をつけてきたＡは「離婚した方が楽」と語るものの，「家族となると別」と迷っていました。一方で，弁護士のもとに相談に行ったり，夫は認めなかったもののＡから「浮気していると思っている」ときっぱり伝えたなど，行動に出るようになっていました。Ｔｈが今の夫とのかかわりについて尋ねると，一例として，夫：仕事の愚痴を言う⇒Ａ：愚痴を聞く⇒夫：「マッサージして」と言う⇒Ａ：マッサージをする，というやりとりがわかりました。Ｔｈは「夫は浮気をしていても，愚痴を聞いてもらったり，頼めばＡにマッサージをしてもらえると甘えていて，そのうえでの浮気かもしれない」「夫からの頼みに，Ａが応じないようにしては」と提案すると，Ａは驚き「考えたこともなかった」と話し，試してみることとなりました。

　＃６：面接冒頭からＡはニコニコしていて，「離婚する決意が固まった」と話しました。提案を受けて，「これまで（Ａから）夫にかかわろうとしてきたけど止めた」「自分の時間ができ，まとまってきた」と。また，Ａの変化に夫は戸惑った様子で，夫が女性と連絡を取っている様子がなくなったが，Ａは「（夫を）もう信用できないし，離れて暮らしたい」と話し，「前向きな離婚」について協議しました。フォローアップとなる２ヶ月後の＃７では，離婚後の夫の経済的な援助などの形が決まり，Ａは「気持ちが自由になった」と晴れやかに語り，終結となりました。

解　説

　浮気をされた側のＡさんとの個人面接の事例です。浮気を何度も繰り返され，傷つきながらも，自分に自信がなかったＡさんですが，面接の中で少しずつ自信をつけ，積極的に行動できるようになっていきました。また，離婚するかは定かでなかったため，「離婚も含めて自分で考えられるようにすること」を目

的としました。＃5でのThの提案は，Aのかかわり方が変化することで，夫の態度が変わる（浮気は止まるかも）ことは想定していたものの，それでAがどう思うか（浮気を夫が止めたら，離婚しないでいいのか。それとも離婚を決断するか）までは予測していませんでしたが，結果としてAは前向きな離婚を決意し，進んでいくことになりました。

[2] 夫から性風俗通いを告白された女性Bさん（30代）の事例

家族構成　　B：30代女性，パート。夫：30代，会社員。長男，長女（ともに小学生）。

面接までの情報　　医師のカルテによると，Bは3ヶ月ほど前に夫から性風俗店に通っていると告白された。その数ヶ月前から夫が無断外泊することが増えていた。Bは母として子育てに夢中で，夫を放っていた面もある。夫婦喧嘩した後に，夫から「Bを嫌いになった」と言われ，以後夫から無視されている。眠れず食事が喉を通らない。処方により多少眠れ，落ち着ける時が増えたが，根本的な解決はされていない。その後，Bより希望があり，カウンセリングとなりました。

面接経過　　＃1：Bは「限界でどうにもならず受診した」「夫のことが解決しないままなので相談したい」と語りました。Bが夫に風俗通いについて責めると喧嘩になり，Bから夫の手を握ろうとしても拒否される。夫は「俺は変わらない」「するなら別居」と言う。息子が「ママ（B）に優しくして」と言っても，夫は「俺はまた我慢するのか」と怒ってしまう，という状況が話されました。

　夫婦の経過をまとめると，12年前に結婚。3年前に夫が「このままでは先が見えない」とC社に転職するも，ひどいパワハラなどがあり，夫がうつ的になった。Bも後押しし，2年前にD社へ転職した。この頃に10周年の結婚記念日があったが，夫が何もしなかった。Bは「うつだからしょうがない」と思いつつも，夫への愛情が冷め，以後セックスレスのようになり，より子育てに目を向けるようになった。1年前に夫から求められ，セックスをしたものの嫌だった。夫はD社へ転職後は，多忙ながらも安定している。夫はもともと亭主関白だが，とても優しく家庭にかかわってきた。ただ最近は，子どもも成長し習い事などを優先していて，夫が拗ねている部分がある，とのこと。

　Bは夫への怒りを示す一方で，「家族としてやり直したい」と訴えました。Thは「夫なりに『ずっと我慢してきた』という部分があり，それが夫婦関係に影響している可能性」を伝えたうえで希望を尋ねました。Bは「夫婦二人での相談を」と話しましたが，Thから「次回はBのみで相談したい」と伝え，Bが了承しました。＃2：

Th は「夫から歩み寄る姿勢がないため，やり直すためことを考えるなら，B からになる」「でも B がその気持ちになれなくても当然」と伝え，どうしたいかを尋ねました。すると B は自分が両親から愛情を感じずに育ち，非行に走りなげやりになっていたが，夫と出会って立ち直り結婚したと過去の経緯を語り，「家族を手放したくない」と落涙しながら訴えました。一方で，B は「自分の家族への執着が夫の負担になっているのでは」と語り，Th は「結婚し3年前まではそれでうまくいっていたのであり，今回のこととは別ではないか」と伝えると，B は頷き，夫婦関係の再構築を目的とすることになりました。

　#3：夫婦で来談。B は「落ち着いてはいるが，夫婦で話しても平行線のため，夫に（同席を）お願いした」と話しました。夫は「よくわからないが，ためしに来てみた」「前は（責められ）もっときつかった」「今は迷っている」と話しました。B は「以前は夫によりかかっていた」が，今は改善し，やり直したいと訴えました。夫は「前は B が子どものようだった」「今の距離感ならいいが，近づくと前に戻るのでは」と語りました。Th から「どうなったらいいか」について夫とやりとりして，夫から「たまに（B に）甘えられたらいい」という話を引き出し，それを聞いて B が驚きました。しかし，夫は「溝が埋まるとは思えない」と言い，B は「家族でやり直したい」と希望したため，Th と B で「夫が甘えられるように」相談をし，機会を見て夫にも来談してもらうこととしました。

　#4：Th から B に夫の家族関係について尋ねていき，夫がもとの家族においても頼られずっと我慢してきたことがわかりました。B は頼れる人を求めて夫を選び，結婚後も夫に「頼ってばかりだった」と話しました。甘え下手な夫が，時には B にも甘えられるようにする方向性を共有し，B ができることを試すこととしました。#5：B が夫に頼り切りにならず，夫の疲れに B が配慮してマッサージすることがあり，夫婦の会話が増えた。#6：夫婦面接。B が変わり，夫は「家庭の居心地が良くなった」と語りました。引き続き夫婦関係の改善をしていく方向となったが，Th が性風俗通いについて確認すると，夫は「B が嫌がるから止めている」と話しました。#7：夫の機嫌はいいが，夫が風俗通いを続けている確かな証拠が出てきて，B は「もう無理なのか」と訴えました。Th は「B が努力して夫婦関係が改善し，夫が続ける理由がなくなっている」と伝え，対応を協議。このまま夫が風俗通いを続けるなら，B が離婚も考えることを夫に証拠とともに突きつけてみることとなりました。#8：B が突きつけ，夫が認めず，大喧嘩に。その後，ひょんなことから明らかな証拠が出てきて，B が泣き喚いた結果，夫が認め真摯な謝罪がなされました。風俗通いは止まったが，やりとりがギクシャクしており，また B は夫を「信用できない」と話しました。今の夫婦のやりとりを Th が聞き出し，B は「夫に安心させてほしい」が，夫からすると

責められているように感じて誤解され言い合いになっていることがわかったため，B
がして欲しいことを夫に明確に伝えてみることに。＃ 9：夫婦で来談。B からハグを
求め，夫が応じ，以前よりも仲良くなった。B は「もう一度あったら離婚する」とクギを刺し，夫は頷きました。B は「吹っ切れ，自分が強くなれた」と語り，終結となりました。

　解　説

　当初 B さんは，夫の性風俗通いに怒りつつも，「自分が悪かったのか」と迷いも示していました。浮気された側からすると当然ではありますが，夫が「俺は変わらない」と頑なであるため，やり直すのであれば，B さんから歩み寄らねばなりません。B さんの気持ちが揺れ動いているため，「夫婦での相談」を希望されたものの，Th は「B さん一人で」と依頼し，＃ 2 で B さんの夫や家族についての強い思いを確認しています。そして，「家族でやり直す」ように，夫の要望に B さんが沿う形で，夫婦関係の改善（B が夫に頼りっぱなし⇒お互いに頼り合えるように）をしていきます。ただし，夫は夫婦関係が改善し家庭の居心地がよくなっていても，認めず風俗通いを続けていたため，妻から働きかけて止めさせることとなりました。なお，詳細は記していませんが，＃ 4 で夫が本当は離婚を望んでいないと想定されることを確認したうえで，Th は面接を展開しています。

［3］夫の浮気を主訴とした 40 代夫婦との面接

　家族構成　　夫：40 代自営業，妻：40 代，会社員。妻の両親と同居の 4 人家族
　面接までの情報　　電話予約時の受付メモによると，半年前に家庭の問題があり（原因は夫），一度は解消したと思ったが，時々思い出してしまい，動悸，涙が出る，消えてしまいたい，など弱い自分が出ているので相談したい。責任を感じている夫が同席したいと夫婦面接を希望し，Th が担当となりました。
　面接経過　　＃ 1：妻は「薬を使わずに何とかできれば」と話し，夫は「自分が原因なので，一緒に何とかできれば」と語りました。半年前に夫の浮気が発覚し，夫が認め謝罪。妻は「誰にでも一度は失敗があるから」と許しやってきた。しかし，1 ヶ月前に夫が出会い系サイトを利用していたことが発覚した。Th から妻に「信用しようとやってきたけど，また裏切られて，ショックが大きいということですか」と尋ねると，妻は涙を流しながら頷き，夫は妻の手を握りながら聞いていました。しかし，Th が夫に見解を求めると，夫は非を認めつつも，「自分は性的な欲求が抑えられない

……」とオロオロしだし，今でも性的な考えが頭を占めていて，自慰行為をするが，罪悪感に悩まされてしまう，と語りました。Th が妻に「自慰行為もダメって考えていますか」と尋ねると，妻は「それは別に」「ただ夫の成育歴が……」と話しました。夫は気が小さく風俗店などは利用したことないが，「誰かとまたそういう関係になれるのはと考えてしまう」と述べ，それを聞いて妻が激しく取り乱し，夫はそれを止めて「もう絶対にしない」と訴えました。Th が夫の成育環境について尋ねると，夫は小学生の頃にエロ本を拾い持ち帰ると，夫の母（以下母）に見つかり無言で怒られたことを語り，妻は同情するような様子で夫を見ていました。Th は理解できなかったものの，夫婦が協力して乗り越えたいことを確認し，カウンセリングを継続することとなりました。#2：夫婦ともに「話を聞いてもらって少し落ち着いた」との報告があった。妻は「夫は信用できる人」であり，「元の夫を思い出し，不安定な時間が減った」と。夫は「自分がわからない」と語り，Th からこれまでのことを尋ねていきました。まとめると，夫は支配するような両親（特に母）のもとで育ち，家出して，職人になり，後に独立して工務店の社長になった。その途中で夫婦が出会い，若くして結婚した。夫は社長としてリードする一方で，周りにどう思われるかひどく気にし，そうした神経症的な部分を妻が理解しサポートしてきた。しかし，ここ1，2年は，一人息子に子ども（夫婦にとっての孫）が生まれ，共働きの息子夫婦の子の世話に妻が駆り出されるようになっていた，とのこと。これらの情報を聞き，Th は夫婦が夫の成育歴的な事情も含めて二人で協力してやってきたこと，ここ1，2年は妻の目が離れ夫が不安定になっていた部分があり，それが今回の一件につながっている可能性があること，今回の一件を受けて夫婦で再度協力してやっていこうとしていることを伝えると，夫婦ともに涙を流しながら頷き，「楽になりました」と語りました。#3：夫の不安定さにかかわる要因を協議していき，支配的な母の影響で夫が「（周りから見て）いい子でいなくてはいけない」という考えに囚われていることを共有しました。そこで，Th が夫の囚われた考えに夫婦で対応していく治療方針を提案すると，妻は「これまで支えながらも大変だった」「自分のことで来たけど，是非お願いしたい」と話し，夫も了承しました。

　#4～：以後，治療方針に基づき，囚われた考えについて夫婦と対応を協議。夫の原家族とその影響を話題にし，整理していきました。波はあるものの，夫がその考えに囚われず，自分の気持ちで行動できるようになっていった。しかし，浮気の一件から1年経った頃に，妻が当時のことがフラッシュバックして不安定になり，その対応を行った。またある時に，妻の我慢とその事情として，妻の母に身体障害があり，妻は幼少期からずっと家族のサポート役を担ってきたことが語られ，夫が妻を我慢させずにサポートすることについて協議しました。その後，息子夫婦との付き合い，夫の

原家族との距離の置き方など，夫婦それぞれが抱えていた課題が話題となり，それを夫婦でどう対応していくかについて面接が展開していきました。

解　説

夫の浮気が主訴で来談したものの，妻が夫の非を責め，夫が謝るといった被害－加害の関係を見せる一方で，夫の成育歴的な不安定さを妻が同情しサポートする，という関係も生じていました。Th は当初理解に苦しみながらも，何とかこの夫婦を理解しようと続けました。そして夫婦の経緯と理解を共有した後に，そもそもの夫婦関係の不安定さの理由である夫の課題に夫婦と協力して取り組んでいく流れとなりました。しかし，その後は夫が改善を見せると，妻が不安定になり，妻の課題へ。またある時は息子夫婦の話題に，と夫婦それぞれや周囲も含めた家族にかかわる課題へと展開していきました。なお，本事例の初出と詳細は中野（2015）となります。

6．まとめ

事例で挙げたように，浮気の問題は良い悪いと単純化して考えられるものではなく，さまざまな要因や夫婦・家族の経過がかかわっています。簡単に解決が見出せるものでは決してありませんが，傷つき不安定な夫婦と関係を築き，Th が夫婦と向き合いながら理解しようと努め，試行錯誤しつつもともに解決を模索していくことが求められます。

文　献

中野　真也（2015）．夫の浮気を主訴とした夫婦との家族療法　文教大学臨床相談研究所紀要，(20)．

第Ⅴ部 – 第2章
ステップ・ファミリーの問題と支援
s t e p   f a m i l y

1. はじめに

　再婚とは，一方または双方に離婚歴があるカップルが婚姻関係を結び家族を形成することを指します。現代では，離婚する夫婦が増える一方で，再婚という形で新たな家族が形成される割合も増えてきています。

　通常の結婚と同様に，再婚（結婚）という関係や状況の変化およびその過程において抱えやすくなる問題にはある程度の共通性はあるものの，その実際は家族ごとに異なっています。また，再婚は個人のみを見てその実際を捉えることが難しく，基本的には夫と妻，親と子などといった家族関係や現状の把握によって実際を知ろうとする試みが支援にあたって必要となります。

　なお，再婚においては，双方に子どものいない男女による再婚の場合であっても問題を抱える可能性はありますが，心理臨床の現場において再婚に関係する問題への支援が必要となる事例は「一方または双方に子どもがいる状態での再婚」である場合が多く，筆者の民間カウンセリング機関においてもそのような状況下での来談が年々増えていますので，本稿では"子連れでの再婚"について論じることとします。

2. 「再婚」によって抱える問題とは？

　再婚によって抱えることの多い問題としては，大きく「家族としての信頼関係を築くことに関する問題」と，「新たな家族のカタチをつくることに関する問題」に大別されると考えています。

　まず，再婚は夫婦関係や親子関係など，さまざまな関係に変化を求める出来事と言えます。この変化のプロセスの中での信頼関係の構築に関する困難さが，精神的・心理的な問題へとつながっていると考えられる事例は多くみられます。

　このような信頼関係の構築に関する問題は，多くの場合夫婦間ではなく，「継父・継母（子どもから見て新しく父・母になった人）と子ども間」や「継父・継母と（子どもから見た）祖父母間」での信頼関係の構築の難しさの影響を受けていることがあります。

　再婚した夫婦の間には，再婚する前に一定の信頼関係が築かれています。むしろ，離婚歴がある側は「この人ともう一度家族になりたい」「この人なら子どもを任せられる」など通常以上に強い信頼を寄せていることが多く，離婚歴のない側も「子どもを含めこの人を幸せにしたい」などというように結婚に対し通常以上に覚悟や責任を感じていることも少なくありません。

　しかし，再婚を子どもの立場から見た場合，「自分の新しいパパ（ママ）」となる人に対して，当初から「自分の親になる人」と認識して信頼を寄せることは少なく，まずは「パパ（ママ）が仲の良い人」や「パパ（ママ）の恋人」として認識し関係を築くこととなります。子どもによっては，この段階での信頼や関係を「（新しい）親」と認識した後や再婚後も継続できる場合もありますが，「パパ（ママ）の仲良し」と「自分の新しい親」とでは，日常生活でのかかわりや頻度，距離感などが変化することも相まって，勝手が違うように子どもが感じることも起こり得ます。そのような葛藤がうまく消化されないままでは，「親の大切な人であり，自分の親になる人」に対し「どう気持ちをつくりかかわればいいかわからない」などという状態に陥ってしまい，継父・継母と信頼関係を構築できないばかりか，実父や実母に対しても甘え頼ることがしにくくなるかもしれません。なお，再婚が子どもにどの程度・どのように影響するかは，「子どもの年齢」によってその実際は異なっており，子どもの年齢が上がるにつれて大きくなっていきます。特に，思春期以降では「母（父）ではなく女（男）になっているママ（パパ）への嫌悪感や不信感」などを抱き，その影響がうかがえる問題行動や情緒面の不安定さを呈する場合もあります。なお，子どもとの信頼関係の構築が困難な状況が続くと，対応の過程の中で夫婦間に認識や意欲のズレが生じ違和感や不満が募ることで，夫婦関係そのものが不安定になるなどの別の問題に波及し状況が膠着することも少なくありません。

　同様に，再婚による問題は「再婚する二人にとっての親（子どもから見た祖父母）との信頼関係」にも影響されます。カップルが再婚に至る際，離婚歴のある方の親は再婚相手に対し「一度離婚し傷ついている息子・娘を預けるに足

る人だ」「孫の親として足る人だ」などといった信頼を獲得する必要があります。一方で，離婚歴がない方の親も「継父・継母になる大変さもある中で息子・娘との結婚を認めるに足る人だ」と思えなければなりません。また，それ以外にも「相手の人となりに対する評価」や「再婚に関し抱いている価値観や先入観」，「昨今の再婚家族（および子連れでの事実婚状態）での事件などに鑑みた再婚への不安や心配」などといった事柄の影響を考慮する必要があります。

　次に「再婚によって家族となった全員が了解可能な新たな家族のカタチを作り上げること」に関する問題が挙げられます。まず，子どもとその親（そしてその親世代）で形成されている今までの家族には，家族のカタチを決定づけている「やり方や考え方，かかわり方」などが存在しています。通常であれば，このような家族のカタチは，夫婦が恋愛関係から結婚を経て共同生活を送るなかで徐々に形成され，子どもの誕生やその時々の状況に応じて変化しながら形作られていきます。しかし，再婚のように，カタチがすでにあり家族が過ごしてきた経緯があるなかで，新しく入ったメンバーも含め全員にとって無理のない新しい家族のカタチを作る作業は，調理が進んでいる料理を別の料理に作りかえるようなものであり，その過程は普通に作るときと同じようにはなりません。シチューを作る過程でカレーに作りかえることは比較的容易にできますが，すでに出来上がっているカレーを肉じゃがに作りかえることは困難を伴うものであり，試行錯誤を繰り返しながら「カレー味の肉じゃが」を模索することと同様の苦労と工夫が，新たな家族のカタチを築く過程で求められることとなります。なお，再婚は新しい家族のカタチを作るという大変な作業を，「再婚にかかわる環境の変化」や「子育ての忙しさ」を抱えたなかで行うため，取り組む余裕がない場合も考えられます。また，「継父や継母が遠慮し，元の家族のカタチに合わせようとしてしまう」ことや「子どもの日常を変えないように要請されている」などの理由から，新しい家族のカタチが模索されずにいることも少なくありません。これらの要因などにより新しい家族のカタチが形成されずにいると，さまざまな場面で家族がうまくかみ合わずに個々にかかる負担が大きくなったり違和感や不信感が生じてしまい，家族の関係性や精神面に悪影響となる可能性があります。

3．「再婚」の問題への支援を考える

　再婚の問題への支援においては，問題を個人のみならず，関係の視点で捉えることが肝要と言えますが，面接構造については「夫婦面接か，家族面接か，個人面接か」を吟味し，セラピストが最も支援のしやすい形態を選択しなければなりません。夫婦・家族などの合同面接では，複数の相手の動きとそこでの関係・コミュニケーションや内的な処理過程に同時に対応することが求められるため相応のトレーニングが必要となります。再婚の問題は夫婦でカウンセリングを利用することも少なくありませんが，対応しきれる技量や経験がセラピストに不足しているなかでのカウンセリングは，不適切なかかわりや展開へとつながる可能性があります。このように合同面接にはセラピーそのものが反対にケースの現状を悪化・膠着化させる危険性があるため，面接構造の選択は重要な支援の一歩と言えます。

　そのうえで，「家族およびその関係者との間で，今現在どのような関係が形成され，どのようなコミュニケーション（相互作用）がなされているのか」「家族はお互いにどうかかわり，問題とはどうかかわっているか」「問題に家族はどう対応してきたのか」ということや，「家族がどのように関係を築き，日常を送っているのか」などといった家族の実状・実際について，セラピストが具体的に把握しつつ，これまでの関係の変遷や親世代や環境などの関連要因の影響があるかを吟味することで，実際に即したかたちで状況を捉えることが可能となり，ケースに応じた支援の方向性や手段を考えやすくなります。また，このように家族や家族の実際を把握し，物事の受け取り方や考え方，関係形成，ストレス対処などに関する「家族個々人の特性や傾向」の影響を考慮することでより詳細に現状を捉えやすくなります。

　セラピストは，このようにさまざまな情報を把握したうえで家族に応じた支援プランを検討し，相互の信頼関係や新しい家族のカタチの構築などを通して，家族が問題を抱えることのない日常を送ることができるよう支援することが基本的な対応と言えます。

4．「再婚」の問題をシステムズアプローチで支援する

　再婚に関する問題や問題を抱えている夫婦・家族を支援する際には，「抱えている問題は，あくまで個人ではなく関係（集団）が抱えているもの」として扱うことが肝要と言えますが，システムズアプローチはそのための有効な支援の一つであると言えます。

　まず，再婚に関係する問題でカウンセリングを利用する夫婦や家族は，「価値観や考え方のズレを抱えている」「問題の影響から関係そのものが不安定になっている・対立している構図がうかがえる」「夫婦の一方または双方が，それぞれの認識に基づいた問題意識を持っている」「家族間で求めている変化・未来に差異が生じている」など，共通認識を持てていない状態にある場合が多くうかがえます。そのような状況下でのカウンセリングでは，まずは家族のメンバーそれぞれと平等にかかわり，（自覚のあるなしを問わず）誰かに肩入れすることなく中立性を保ちながら全員との関係を築くことが基本となります。セラピストの中立性が失われると，セラピーが誰かに寄った形で進むことで家族単位での変化につながりにくく，個人の意欲の低下や家族単位での問題の膠着・悪化につながる危険が生じます。このような危険を回避する手段として，システムズアプローチは「中立性を保ったジョイニングによる関係形成」を基本としていることから，セラピストが中立性を保ち家族に支援を行うことを可能とします。

　同様に，再婚にかかわる問題においては「コンセンサス（共通認識）の形成・共有の不足・不備」による直接的・間接的な影響がうかがえる場合が多くあります。その際，システムズアプローチでは家族間での差異やズレを，個々人の内的過程のみならず「関係の構築またはその変化・深化の過程」の影響を受けたものとして捉えるため，その変化ならびにコンセンサスの形成に関し個人ではなく夫婦・家族といった集団単位にアプローチすることが可能となります。

　また，再婚に関する問題は，継父・継母のみに帰結できるものではなく，夫婦や家族，親世代も含めた拡大家族が抱えているものであり，他の家族メンバーの存在や家族間での関係やコミュニケーションなどが影響を与えていると

いう実状がうかがえます。その際，家族などの集団は「1＋1＝2」といった単純な掛け合わせでその実状を把握することは難しいため，そのような状況下においては，家族のメンバー個々人にそれぞれ焦点を当て理解しようとする試みだけでなく，「関係性そのもの」に焦点を当て現状を把握することが必要となります。システムズアプローチはシステムや相互作用という視点から関係性そのものを扱うことに優れており，その視点に基づいた状況把握のうえで，個人に焦点を当てる際とは異なり関係そのものに焦点を当てたセラピーを展開することを可能とするものと言えます。

　再婚に関する問題を抱えている家族は，多くの場合，問題や悩みの影響を受け緊張度が高くなっているなどの深刻な状態にあり，家族であってもお互いに本音で話せない状態に陥っていることもあるため，システムズアプローチにこだわる必要はありませんが関係性を扱うことができるアプローチへの理解と習熟に努める必要があると言えます。

5．「再婚」に関する問題を抱えたケースへの支援例

[1] 家族になる：夫婦の動きを支援する

　「頑張らないといけないのに仕事にも家庭にも集中できない」という主訴を抱えた夫（30代後半，会社員）が，妻（20代後半，主婦）に付き添われ民間のカウンセリング機関に来所したのは梅雨も終わりかけた頃でした。

　セラピストが経緯を訊くと，夫は18歳から同じ職場で努力し，一定のポジションを得て周囲からも頼られ，「これまで仕事で集中できないということはなかった」ものの，春先から「徐々に仕事でのミスが目立つ」ようになり，「家族のために頑張らないといけない」という気持ちとは裏腹に，現在は「仕事に集中できなくなってしまっている」と語りました。家でも「しっかりしなきゃ，明るくしなければと思う」ものの「気づいたら何もせずに時間が過ぎてしまっている」ことがしばしばあり，「妻や子どもに申し訳ない」と辛そうな顔を見せました。春先からの変化として，仕事においては「何も変わりはない」と夫は答えましたが，妻が「仕事ではなく，家庭のせい……私のせいなんです」とセラピストに訴えました。

　セラピストが妻に経緯を訊くと，夫婦は「半年前に再婚」したばかりで，「（妻の連れ子の）小3と小1の姉妹が夫に未だに懐く様子がなく，夫を悩ませてしまっている」と語りました。「交際している間は子どもたちも懐いている様子だったのに，結

婚して同居するようになってから急に態度が変わったような感じ」で，「私も何とか
夫に懐くようにと働きかけているのですが，うまくいかない」「夫に申し訳ない」と妻
は涙ながらに語りました。この妻の語りに対し，「君は悪くない。俺がうまくやれな
いからだよ」と夫が返していたことがセラピストには強く印象に残りました。

　夫婦の再婚までの経緯を尋ねると，夫婦は「1年半前に」「職場の同僚として」出会
い，夫は「最初から結婚を意識して交際をしていた」と語りました。妻は「(夫と出会
う3年前に前夫と別れてから)ずっとひとりで頑張ってきたので，夫のように自分を
大事にしようとしてくれる人が現れて本当に嬉しい」ものの「2人の子どももいるし，
夫に迷惑をかけるのではないか，不幸にしてしまうのではないか」と「最初は遠慮し
ていた」と語りました。ですが，時間を共有するなかで「夫の真っ直ぐな気持ちを受
けて，この人となら」と再婚を決めたとのことでした。また，子どもたちは，交際が
半年を過ぎた頃から夫に会わせるようになり，始めは緊張していた様子はあったもの
のすぐにうちとけ，交際している期間は子どもたちも「今日は○○さん一緒?」と
「夫に会えるのを楽しみにしていた」「次女はしばらく経ったら夫をパパと呼ぶように
なっていた」と語りました。

　夫婦の再婚には，「両家の両親の反対があった」そうですが，お互いに自分の親を
説得し，夫は「どちらの両親も自分たちの熱意に折れて祝福してくれた」と語りまし
た。

　また，春先からの家族の生活については「新居で生活しているが，子どもたちは
(以前住んでいた)妻の実家に週末は泊まりに行っている」こと，週末の泊まりは「子
どもたちが新しい生活に徐々に慣れていけるようにという(妻の)両親の好意」から
現在も続いていることが語られました。家庭内では，妻から「夫が娘たちに話しかけ
ても無視される」ことや，「夫と話すように娘たちに言うと泣き出してしまい話がで
きない」こと，「夫が仕事に出ている時は元気にしているのに，夫が帰ってきた途端
におとなしくなってしまう」ことなどが語られました。夫は「自分が子どもたちの気
持ちを考えてあげられていない」と嘆きつつ，「特に長女が自分と話そうとしてくれ
ない感じがする」「次女だけのときは話せる時もある」と語りました。

　現状については夫婦ともに「(交際期間中と結婚後での)子どもの態度の変化の理
由がわからない」ため，「どのようにすればいいかわからない」と語りました。また，
夫は「長女の学校の連絡帳にサインをしようとしたら(妻のところに)持っていかれ
てしまった」ことが最近あり，「自分はこの子たちの父親になれるのか不安がある」
と語りました。家庭生活において，夫には深酒や横柄な態度なども見られないことも
確認したうえで，ここまでの話からセラピストは家族の現状について次のような情報
を得ました。

【家族のやりとり】
・父：長女に話しかける⇒長女：無視する/離れる⇒父：話を止める
・父：次女に話しかける⇒次女：長女がいない＝話す⇒やりとりが続く
・父：次女に話しかける⇒次女：長女がいる＝話さない⇒父：話を止める
・母：長女・次女に父と話すよう伝える⇒長女・次女：黙る⇒母：父と話すよう更に
　強く求める⇒長女・次女：泣き出す⇒母：（どうしていいかわからず）自分も泣き
　出す⇒父：母を制止し，子どもたちに謝る⇒長女・次女：場を離れる⇒夫婦：（ど
　うしていいかわからず）沈黙する

【姉妹の様子】
・再婚前は姉妹共に継父を慕っていた
・次女のみの場面では普通に夫と話せる
・長女は継父や母の様子をうかがっている感じがする（妻談）
・継父に対する態度は週明けの方があからさまな感じがする（夫婦談）

　これらを踏まえセラピストは「夫が仕事や家庭で集中できないことは，父親として
うまくできていないという焦りからきている」と意味づけると，夫婦は同意を示し，
「夫が父親としての自信を持てること」を目標にカウンセリングを行うことを共有し
ました。
　そのうえで，夫婦に対し「子どもの態度が変わった理由として考えているもの」を
尋ねると，夫は「再婚し父親という立場になってから態度が変わったので，やはり家
族になってしまったことが娘たちには嫌だったのではないか」と話し，今は「自分が
本当の父親ではないからダメなんだとも思ってしまう」と語りました。また，そのよ
うに考えていることで，「娘たちに遠慮してしまっている」状態であり，「本当はもっ
とかかわってあげたいのに不甲斐ない」と辛そうな顔を見せました。それを受け，セ
ラピストは夫婦に対し次のような働きかけを行いました。
Th（セラピスト）：奥さんが旦那さんに求めていたのは，戸籍上で子どもたちの父親
になることですか？　生活上で彼女たちの幸せを一緒につくってくれるパパになるこ
とですか？
妻：彼がパパになってくれたら子どもたちも幸せだなって思ったし今も思っています
（落涙）
Th：（夫に）と，奥さんは仰ってますけど，僕は血縁を重要なものと考えてお手伝い
した方が良いですか？
夫：関係ありませんか？

Th：まったくないと思いますけど？　と言うか，血縁上の父親？をもう1回パパの役割に座らせる気も，座らせた方が子どもたちが幸せになるなんてのも，（妻に）絶対ありえませんよね，お母さん？

妻：（笑いながら）絶対にありえないです

Th：ですよね。（夫に）と言うか，○○さん，今もうすでに十分にパパやれてません？

父：えっ？　そうですか？

Th：はい，だって，子どもとの関係がうまくいかないことを仕事が手につかなくなるくらい，気付いたら時間が経っちゃうくらい思い悩んでるんでしょう？　確かに中身はポジティブな内容じゃないかもしれませんけど，でもこれって（妻に）ねえ，お母さん？

妻：あ……確かに，私，子どもたちのことを真剣に考えてくれる人がパパに，って。この人ならって，それで……（落涙）

Th：（夫に）うん，パパじゃありませんか，立派に？

妻：夫を見て強く頷く

夫：（涙を流し）いいんでしょうか私が父親で？　やれてるんでしょうか私は？

Th：もちろん，と僕が言うのも変なんで奥さんに聞いてください

夫：（妻に）いいのかな？　俺にやれるのかな？

妻：あなたじゃないとだめだし，あなたとやっていきたいし，あなたは一生懸命やってくれてるよ

夫：そうかぁ……そうかぁ

　このようなやりとりの後，セラピストは「子どもたちの態度の変化には，環境や状況に慣れていないなど別の可能性の影響が考えられる」ため，「その実際のところを摑めるように動く」ことと，「お母さんがここまでこの人ならと思えるお父さんの魅力が子どもたちに伝わるようにアピールすること」を提案すると，夫婦は同意を示しました。そのうえで，セラピストは「夫婦同席の場で妻が子どもたちに1日の出来事について話を聞き，夫は多くのリアクションを子どもたちに返すこと」「夫が早く帰れる日に妻が子どもたちに夕食のメニューの希望を聞き，夫が材料を買って帰り料理をして振る舞うこと」を提案し，夫婦からの「子どもたちが起きている間は，《パパ》と《ママ》で統一して呼び合う」という案も含めて実行することを共有しました。またセラピストは，1ヶ月後の次回のカウンセリングまでの間に，子どもたちから「（妻の）実家で祖父母と話した内容について情報を得ること」を夫婦に打診しました。

　1ヶ月後のカウンセリングで状況を訊いたところ，夫婦は「毎日子どもたちの話を聞く時間をつくり，夫は子どもたちの話に多くのリアクションを返し続けた」と話し

ました。子どもたちも，「最初は戸惑っている様子」でしたが，「徐々に慣れてきた」ようで，「夫のリアクションに対して笑うなどの反応を見せるようになってきた」と語りました。また，料理では，夫も始めは苦戦しつつ妻の助力を得ながら実行していたそうですが，上記のような子どもたちから夫への反応が見られるようになったタイミングと前後し，「子どもたちが自分のリクエストしたメニューの時に料理を手伝う」という状況が生じ，「おいしいね」と会話をしながら食卓を囲める機会も増えたことが語られました。

　また，子どもたちは妻の実家に泊まりに行った際に，祖父母から「ママが○○さんのお嫁さんになったから，夫婦のために○○さんが気分転換したりママといる時間をつくってあげないと」と子どもたちが泊まりに来ている理由を説明されていること，行くたびに「（再婚家族でのニュースなどをきっかけに）家で嫌なことや辛いことはないかということばかり聞かれている」ことが語られました。セラピストが「元々親がわりをしていた人が当然持つ心配」なので「親の役割を安心して夫に移譲してもらえるとよい」と伝えると，夫婦はどのようにして祖父母に安心してもらうかを検討し，直近の休日に家族で妻の実家に泊まりに行き，夫が祖父母と晩酌をしながら「自分がいかに子どもたちを愛しているか」が伝わるように対話をすることになりました。また，翌日帰る際に妻から祖父母に子どもたちが安心するので「泊まりに行った時には，家であった楽しかったことを聞くように頼むこと」となりました。そうして迎えた休日で，夫は祖父母の不安を払拭することに成功しました。祖父母からの心配が鳴りを潜めると，子どもたちとパパの関係は急速に改善し，夫は集中力を取り戻し仕事や家庭で余裕をもって生活することができるようになっていきました。

　最後のカウンセリングの際，「もうすでに無視される予行練習もしたので思春期も大丈夫です」と妻と笑い合う夫に〈あえて聞きますが，あなたはあの子たちのなんですか？〉とセラピストが尋ねると，「私はあの子たちの父親です」と夫は自信満々の様子で答えました。それを見て，涙もろい奥さんが泣いてしまったのは言うまでもありません。

［2］新しい家族のカタチ：「これまで」と違う「これから」をつくる
　「気持ちが不安定になってしまう」という主訴を抱えた30代の奥さんが，40代の旦那さんと民間のカウンセリング機関に訪れました。夫婦は1年前に再婚し，夫には小6女児，小4女児，小2男児の連れ子がいましたが，妻は仕事を昼間のパートに変え「夫や子どもたちのために」と頑張っていました。しかし，半年を過ぎたころから，「子どもたちの何気ない行動」が目につくようになり，妻は「（子どもたちに）ちゃんとさせないと」と考え「叱ったり諭したりした」もののうまくいかず，そのやりとり

が続くなかで「子どもたちが，いろいろとガミガミ言われるから，私のことを煙た
がっているんじゃないか」という不安を感じていると語りました。また，「何とか折
れずに頑張ろうと思った」ものの，次第に「自分自身の余裕がなくなってしまった」
ため，「子どもたちに言う言葉がキツくなってしまっている」「そんな自分に自己嫌悪
を感じる」ようになり，精神的に安定せず，不眠や食欲不振，動悸なども生じるよう
になり，仕事も休むようになったと妻は語りました。

　セラピストが，妻の目につく子どもたちの何気ない行動について訊くと，多くの場
合「何かをやるやり方」や「周囲への気配り」に関することだと妻は答えました。や
り方については，「子どもたちには計画性がなく，宿題も朝になって必死にやってい
る感じ」であり，「やらなきゃいけなくなってからやるのが当たり前のような感じ」
で「計画を立て，時間を決めて取り組むように促してもうまくいかない」と語りまし
た。また，気配りについては「やったらやりっぱなし」が多く，「次に使う人のことを
考えていないような様子」が見られるため，「周りの人のことを考えて行動するよう」
促しているがうまくいかないと語りました。

　妻がこれらのことについて思い悩んでいたことについて夫に訊くと，夫は「妻が
（これらのことを）ここまで思い悩んでいるとは思っていなかった」と語りました。
妻に，夫への相談の有無について尋ねると，「夫は仕事で忙しいから相談するのも申
し訳ない」と話しましたが，セラピストがより深い妻の気持ちを訪ねたところ「夫に
も（子どもたちと）似たようなところがあるので話しにくかった」と語りました。ま
た，半年を過ぎたころからの変化について《慣れ》以外の要因についてセラピストが
尋ねると，夫は「自分の仕事が忙しくなったこと」を理由として挙げ，妻も「夫が疲
れて帰ってきているのがわかるので夫婦の時間が取れなくなり，両親としてかかわる
ことがほとんどなくなった」「でも疲れてる夫に無理をさせるわけにはいかないから」
「自分で何とかしなきゃと思った」と語りました。

　ここまでの話の中でセラピストは，現状について，〈再婚後，夫や子どもたちの対
処や取り組み方のパターンと妻の対処や取り組み方のパターンが織り合う機会はな
かったが，妻は夫との夫婦の時間でバランスを取りながら対応していた。しかし，夫
の多忙さにより夫婦の時間でバランスを取ることが難しくなったことで，パターンの
差異が妻にとっての負荷となり，織り合わせがうまくできずまた家族内で新たなパ
ターンが共有されないために，問題が持続し，不安定さなどの症状につながってい
る〉と仮説を立てました。

　そのうえでセラピストが妻に「カウンセリングを通してどのようになりたいです
か？」を尋ねると，妻は「不安定さを何とかして，また頑張れるようになりたい」と
答えました。そこでセラピストは，夫婦と上記の仮説を共有した後，夫に対し「忙し

い夫に無理はさせられないので，自分が頑張って無理できるようになりたい，と奥さん仰ってるんですけど，僕はそのお手伝いをしたほうがいいですか？」と尋ねると，夫は「そんなことはありません。私は妻も無理なく生活できる家庭を築きたいです」と答えました。その言葉を受け，セラピストが妻に対し「と，旦那さんは仰ってますが，いかがですか？」と訊くと，妻は「夫や子どもたちにはこれまでの生活があるので，後から入った私のためにそれを無理して変えてもらうなんて申し訳なくてできません」と答えました。それに対しセラピストが夫に「後から入った私のためにこれまでを変えてもらうのは申し訳ない，と奥さん仰ってるんですが，どう思われますか？」と訊くと，「そんなことはありません。私や子どもたちに遠慮なんてしなくていいし，申し訳ないなんて思わなくていいです」と答えたので，「是非そのお気持ちを奥さんがそう思えるように旦那さんからお話していただけませんか？」と夫に伝えると，夫はセラピストに対して頷いてから妻に向き直り「そんなふうに思わなくていいんだよ」と話しかけはじめました。

　その後しばらくの間夫婦だけの会話が続きましたが，夫が「申し訳ないなんて思わなくていい」「新しい家族のカタチをつくっていければいい」などと伝えても，妻は「あなたたちに無理はさせられない」「私が気にし過ぎているだけで，私自身の問題」などと返し，なかなか話は進展しませんでした。セラピストは，不必要に会話に入ることはせず，それぞれの言葉が意図以外の意味で相手に伝わってしまいそうな場合に限り「すみません，今の○○はどういう意味ですか？」「△△です」「なるほど，△△なんですね。ごめんなさい，どうぞ」などと介入し，ゆっくりでも夫婦の対話が促進されるように働きかけました。このようなやりとりがしばらく続いたものの，夫の「僕は君に無理をさせるために結婚したのでも，君と両親になりたくて結婚したのでもない。君と夫婦になってずっと一緒に居たくて，君を幸せにしたくて結婚したんだ」という言葉をきっかけに夫婦の対話の風向きは大きく変わりました。妻も「ほんとに言っていい？」などと言いながら自分の気持ちを話すようになり，夫は妻の気持ちを受けとめつつ「これまでと違うこれからを二人でつくろう」と妻に伝え続ける事ができるようになっていきました。この段階では，セラピストは相談室を退出しマジックミラー越しに夫婦の様子をうかがっていましたが，その後やりとりが滞ることはなく数十分の対話の末に「一緒に頑張ろう」と涙を流して抱き合う夫婦の姿を見るに至りました。

　セラピストが相談室に戻り，「今後どのようにこれまでと違うこれからをつくっていきますか？」を尋ねると，夫婦はさまざまな意見を出し合いながら検討し，「まずは夫が自らの行動を振り返り，計画性や周囲を考えた行動をとること」，「子どもたちの行動について話しをする際には，夫婦同席で，夫がメインで指導し，妻は夫のサ

ポートをしつつ子どもたちのフォローに回ること」をまずは実行することとなりました。また，「1日に10分でもいいので夫婦の時間を作ること」も同時に行うことが共有されました。

　その後，夫婦は二人で共有した内容への取り組みを続けました。時おり，夫や子どもの「なかなか変えられないクセ」に苦戦したり，苦戦するなかでの「妻の申し訳なさ」の反撃を受けることもありましたが，夫婦はその都度夫婦の時間やカウンセリングの場で話し合いながら対応を検討し，少しずつ計画性や気配りを持った行動が家庭内で増えていくようになりました。また，そのような変化がつくられていくなかで，子どもたちと妻の関係性にも変化が生じ，「長女が名前じゃなくてお母さんって呼んでくれました」などといった話も聞かれるようになりました。このような報告が増えるにつれ，妻の抱えていた不安定さやさまざまな症状は快方に向かっていきました。

　最終のカウンセリングでは，「子どもたちが宿題を帰ったらやるようになったこと」や「トイレのスリッパの向きを直すようになったこと」などが語られ，「でも，三つ子の魂じゃないですけど，クセはなかなか抜けないですね。特に夫のは」と笑う妻とそれを聞き苦笑する夫の間で「お互いに気持ちを話し合う時間を定期的にとって二人なりを考え続けることができている」ことが語られました。

6．まとめ：ステップ・ファミリーを支援するということ

　再婚によって形成された家族は，それぞれが多くの思いや不安，希望や葛藤などを抱え，お互いに配慮や遠慮をしながら新たな家族のカタチを模索し続けています。セラピストはそのような思いや努力を大切に扱いながら，家族が問題を抱えることのない明日を迎えられるよう，状況を詳細に把握し，家族が自分たちなりを共有していくことができるように支援する必要があります。その際は，セラピストが《良し悪し》や《一般的な家族像》などに囚われることなく，専門的な知識や経験を背景としつつ，目の前の家族にとって《ちょうど良い家族のカタチ》を一緒に探せるとよいのではないかと考えています。

V 家族問題のまとめ

家族問題分野の支援の特徴

　日本における心理臨床の中で家族問題を直接的に扱うということは，従来の臨床心理学の方法論には含まれておらず，実質的な支援が行われてこなかった領域です。学問的には，家族社会学などの視点を参照しながら，主にケースワーカーなどの福祉領域の専門職が家族の相談を受けていた経緯があります。そうしたなか，1980年代後半に，日本に「家族に関係する学会」として二つの大きな学会（日本家族療法学会，日本家族心理学会）ができ，そこを中心として「家族療法」や「家族相談」などの学問的視点が発展したと考えられます。これが日本での家族に対する相談が学術的に取り上げられるようになった大きなターニングポイントになっています。

　それまでの家族に対する研究は，主に家族社会学の中で扱われてきましたが，家族研究そのものは，非常に大きな困難を伴うといわれてきた研究領域になります。それは，「家族」という定義そのものについてあまりにも多様な家族の形態，構造，範囲などがあり，研究として取り扱う以前に多様な要因がありすぎて，それぞれの実態レベルの調査であったとしても，それを持続的に行うことが難しかったというのが実状です。

　例えば，家族そのものがいろいろな構造的特徴を持つ存在であるというところから検討した場合，核家族もあれば三世代同居もあるでしょうし，多世代同居しているような家族もあれば，家族構成員がそれぞれ独立して生活している状態にいる家族もあります。再婚家族や離婚直前の家族，未婚のままでの事実婚のような家族，近年であれば実態としての同性婚のような家族など，数え上げればきりがありません。

　また，家族形態そのものにどのような名称をつけるか，その名前によってその特徴が決定され，共通認識ができあがることも少なくありません。離婚した家族を1960年代までの日本では伝統的家族との対比として「欠損家族」という名称で表していた時代さえありました。こうしたことから，家族社会学の中でさえ，妥当性の高いガイドラインを示すことは難しいとされてきました（岡堂，1991）。

　本稿では，専門的な知見として提供するために，あえて「不倫・浮気の問題」と「再婚家族の問題」として取り上げています。家族としての特徴よりも，類似するようなケース，例えば離婚をしているケースや，離婚問題の相談のケース，ステップファミリーのような再婚家族のケースなど，それぞれ偏った臨床例を体験し，特殊な知見を得ている人も少なからずいます。これらでさえ，臨床心理学領域の相談としてあまり扱われてこなかった相談です。これに加えるなら，「離婚するかしないか」と

いう決断の段階にある相談も，最近では多くなってきたと言われています。

　大切なことは，これらの「家族」に関する相談のケースは，臨床心理学や精神医学などの基礎となっている「疾患」ではないというのが一番大きな問題です。臨床心理学や精神医学は，対象として「疾患の改善」を目的することが基礎となっており，それを意識して疾患の解消を目的としています。しかし，家族の相談の多くは，「曖昧な現在の揉めている関係」に困難を感じているのであって，それをどのように扱うのかということそのものが重要になります。いわば，こうした視点についてはこれまでの臨床研究とは大きく異なり，決定的な指標がないために，個々に目標設定を流動的に定め，それぞれが同意できるうえで相談が実施されるべきなのです。これが決定的に家族との相談が持つ独自性だと考えられます。

家族問題分野の支援の問題点

　これまでの経過の中でも，家族に対する援助の必要性から，戦後すぐの段階から先に述べたように「欠損家族」という名称で，離婚をした一方の親だけの家族に対する名称が用いられ，そのための援助のあり方を検討していたという経緯があります。これは，伝統的な家族のあり方を基本としており，両親と子どもに加えて，祖父母を含めた三世代同居をしているような家族を基本的な「伝統的家族」と位置づけ，それが家族のあり方として正しいという視点が基本になっています。それに対して「欠損」という名前が使われていたという経緯は，この時代的価値観が背景にあることを示しています。

　現在は，非常に多様な家族の形態が存在しており，いずれかが「正しく」「的確な」家族かということを議論することはありません。それぞれの形態の家族が，その家族に合ったあり方の中で社会生活を送っているのだということを前提に，そこで生じている家族内外との関係の問題に焦点が当てられることになります。いわば，一定の定式化したルールを持ちながら，柔軟性のある対応が求められると考えるべきです。

　ただ，ここで重視しておくべきことは，社会文化的影響や他の学問的研究と，本稿で取り上げている問題の捉え方には，大きな違いがあるということです。社会文化的な観点から「不倫・浮気」や「再婚家族」という問題を取り上げれば，必然的に倫理的視点や道徳的視点に大きく引きずられる傾向があります。

　家族相談に対応する場合の最も困難な点は，こうした倫理観や道徳的視点に援助者が引きずられてしまうことです。臨床的な観点で当該の家族に生じている出来事を把握する必要はありますが，その内容ごとに評価を加えずに理解することは，相当な困難が伴います。それは，援助者も一個人としてさまざまな立場の考えがあり，その前提に引きずられないように相談を受けるべきなのですが，なにげない驚きの顔をするなどの反応や，一瞬険しい顔つきになるなどという非言語的反応などによって，個人

的な倫理的・道徳的反応を示しかねないからです。

　それがどうして問題とされるのかといえば，ご夫婦などの複数を対象にした家族相談の場面で，「夫の浮気」という話に否定的反応を示せば，結果的に妻の味方をするという立場で巻き込まれることになります。特にそれが家族内の問題の対立的要因となっている場合，来談した家族の多くは，援助者に対して是非を問うかのような，裁判的視点での要請が必然的に生じているからです。

　加えて，こうした倫理観や道徳観に引きずられることなく，面接を維持できたとしても，これまでにこうした複数間の葛藤的問題や揉め事的な問題の処理に対しては，具体的な処理のためのガイドラインが存在していないという問題に直面します。これまでの多くの援助にかかわる前提には，「困っている人」という個人に対する支援のガイドラインはあるものの，「それぞれが相手のことで困っているもの同士」や「二者間での感情や思いのズレの問題」に対しては，個人心理学の視点はまったく役に立たないものになって，具体的な改善のガイドラインが見出せないのです。

　これまでの多くの家族問題の相談においては，家族の中に一定の病理や逸脱行動などを個人に設定することで，家族問題をその中の個人の問題にすり替えて処理するという傾向がありました。しかし，純粋に対等な関係で，病理的にも行動的にも問題のない二者関係であっても，そこにさまざまな問題が生じるのはごくごく普通のことだと考えられます。したがって，これまでのような一方の人を問題として設定するという方法による家族問題の処理方法は，家族相談の本筋から外れた邪道な方法として考えるべきです。

システムズアプローチの有効性

　家族相談の本質的なところを再度見直してみれば，その多くが「当該の関係の中で生じていること」であり，その関係における「かかわり方の変化」が要請されているのだと考えるべきです。いわば，個々に目的とすべき「変化のあり方」の設定が異なり，「それぞれが望んでいる援助」を行うということが求められています。つまり，関係やかかわり方など，そこで起こってる出来事そのものが変わることが求められているのです。このような「関係に対する働きかけ」を前提として成立している心理療法は，あえて言えばシステムズアプローチが唯一の方法だと考えられます（吉川，2010）。

　システムズアプローチは，家族という一定の実体や決まり切った規定がない複数の人間間で生じている問題に対して，最も有効性を示すことができる方法だと考えられます。先に述べた倫理観や道徳観に基づいて出来事の是非を決めたり，まるで裁判官のような是々非々を志向するのではなく，それぞれの相談ごとに合目的的にそれぞれの家族にとって設定された問題と解決を検討し，その目標ごとに変化を生みだす働きかけを行うことがシステムズアプローチの最も有効な手続きとなっているからです。

　この合目的的であるという指針は，一方では非科学的であるとの誤解や批判を生み
かねないとも言われています。しかし，とてつもない幻想的な事実を目的とするわけ
ではなく，相談対象者の複数の人間間で起こっている実際の出来事そのもの，あえて
言えば繰り返されているパターン化したコミュニケーションを変化の目標としていま
す。そして，その変化の先に設定された目標があると考えれば，それぞれの場面で取
り扱っているのは，実際に起こっているコミュニケーションそのものを変化の対象と
して扱っていると考えられるので，科学的なコミュニケーションのつながりという
データそのものを対象とした科学的介入であると言えます。
　ただ，一部の「家族療法」という名称で臨床サービスを実施している人の中には，
過去の「伝統的家族像」を基本とし，「家族はこうあるべし」的な押しつけに準じた臨
床的スタイルを実施している場合も少なくありません。こうした古く不適切な対応に
基づく「家族療法」的な臨床サービスは，まだまだ今の社会では継続的に続けられる可
能性があります。それは，社会の多くの人の心情には「理想的家族イメージ」への希
望が存在し，それを目標に家族などの集団に対する臨床的援助を展開するのが妥当で
あるという立場が残ってしまうからです。
　ここで再度明確にしておきたいのは，システムズアプローチではこうした「伝統的
家族」や「理想的家族イメージ」などに準じた対応を実施するのではないということ
です。当該の家族との間で，現在の問題となっていることを客観的に理解し，当該の
人たちにとって，現状のどの部分に，どのような変化が起こることが，なぜ必要なの
かを共有するという目標を設定し，その目的に沿って繰り返されているパターン化し
たコミュニケーション相互作用に変化を生み出すことがシステムズアプローチの本質
的手続きであると考えます。

文　献
岡堂 哲雄（1991）．家族心理学講義　金子書房
吉川 悟（2010）．夫婦療法にみる家族変容の原型：「家族」という前提の変容が生み出
　　す現象　日本森田療法学会雑誌，*21*（1），45-50.

第Ⅵ部
現代社会に求められる新たな臨床的視点：
新たな対人支援方法としてのシステムズアプローチの位置づけ

1．今後の臨床教育で期待されていること，求められていること

　本書では，ここまで多くの実践現場の実態を反映し，それぞれの現場で求められている基礎知識だけでなく，特徴的な事例や対応を取り上げながら，今後に向けた実践的な可能性を加味した論考を行ってきた。これらの論者は，すでに臨床実践をそれぞれの現場で継続的に行っているとともに，そのために必要な知識や近接する専門性などを加味し，その基礎となる臨床心理学的知識を積み上げてきた。

　本節では，これからの臨床心理学的支援，対人関係に対する支援などをより実践的に行えるようになるためには，どのようなことを基礎教育として取り組むと良いのかについての試論を示すこととする。したがって，以下では今後の臨床心理学や対人援助学として現場に携わる前段階から，それぞれが基礎的に獲得しておくことがどのように役立つのかを示すこととする。なお，これは試論としての範囲を超えるものではないが，今後の大学院教育などの一部に，これらの内容が含まれる可能性があることを期待するものでもある。

[1] 基礎教育としての基礎心理学

　まず，臨床心理学の基本になる心理学という基礎教育，いわゆる基礎心理学をある程度は勉強し，そのうえで一般的な「人に対する臨床心理学的理解」を高めることは，非常に重要なことだと考えられます。ただし，今後の臨床心理学もしくは対人援助の発展を考えた場合，心理学のみを優先する必要があるのかというと，疑問が生じます。それは本書で取り扱っている対人援助の現場にとって，他のさまざまな専門領域の知識，コミュニケーションに関する新たな視点の考え方，人間関係で生じている出来事を客観的に分析すること，そして

これまでにないガイドラインが必要だと考えられるからです。また，今後の現場で求められることが，これまでのような狭い意味の臨床心理学ではなく，多くの専門性を基礎に置いた実践的応用力が求められると考えられるからです。

　そのため，単純に臨床心理学そのものだけで対人援助の現場に立つための基礎教育を終わらしてよいのかは，大きな課題となるかもしれません。そこには，臨床心理学のこれまでの蓄積とともに，これまでになかった「システムズアプローチ」のような人間関係そのものを客観的に見るための視点や，人間にとって不可欠なコミュニケーション学のような新たな視点を体系づける必要があるだろうと考えます。

　あくまでも人の存在が援助の対象になる以上，人の心理的な特性や，人間関係におけるこれまでに提示されてきた多くの知見を積極的な形で基礎的教育として活用する必要はあると考えます。そのためには基礎心理学の中でも，社会的な場面での理解を促進するような心理学を中心に把握しておくことが必要ではないかと考えます。それは，これまでにも言われてきたような発達心理学だけでなく，集団に対する視点の多様性を含んだ社会心理学や，対人関係学などが望ましいかもしれません。

[2] 基礎教育としての精神医学

　臨床心理学でも対人援助学でも，その基礎教育として基礎心理学を学ぶ必要性と同様に，やはり臨床の現場で求められている医療的知識の基盤となっている精神医学の概要を把握しておくことは不可欠だと考えます。これは単に脳科学を中心とした知見より，病理として人の脳だけでなく身体全体で生じている生理学的な要因を基礎として，妄想や幻聴，強迫観念，不安発作やパニック反応，てんかんなどの異常行動と言われている精神症状や逸脱行動など，個人の中で生じている決定的な要因が明確化されていなくとも，仮説的な可能性を含めて，しっかり把握しておく必要があります。

　ただ，精神医学の知識は，あくまでも現時点までに明確になっていることが示されているのであって，その病理特性が生理学的に十分には解明されていないということも理解しておく必要があります。つまり，脳科学を中心とした生理学的な説明によってすべてが解明されているのではなく，あくまでも現時点で明確になっている部分を基礎として現在の研究が継続されているという前提

で理解することが求められているということです。

　加えて，人の異常行動などの逸脱行為のすべてを精神医学的に解釈するという前提にも危険が伴います。それは，あくまでも精神的な面での病理を適切に理解し，その病理に動かされているかもしれない人との対応をすることが求められているからです。そして，問題とされている病理をコミュニケーションの視点から見直すことなどができることが，これからの可能性として考えられていることです。その意味でも，基礎的な精神医学の知識を獲得しておく必要があると考えます。

［3］基礎教育しての近接の対人援助学

　対人援助の現場には，多様な専門職があることは知られていますが，それぞれが持っている専門的な知識は，基礎心理学，臨床心理学，精神医学などだけではありません。多くの対人援助の職能や特徴は，場面ごとに求められている職能が異なるため，援助方法や対人援助スキル，もしくは基本姿勢などでさえ，多様なものが存在します。例えば，ソーシャルワーカーやケアマネージャー，作業療法士や理学療法士，看護師など，それぞれが持っている知識は，それぞれの臨床現場で使う必要が生じるためにこそ，基礎となっている考え方そのものに大きな違いがあるのです。

　しかし，対人援助の現場は，専門性の多くが重複することも多い領域です。一般的な人の社会的な活動とは異なり，対人援助を受ける必要がある人たちは，それぞれの専門性の違いや特徴を十分に把握しているわけではありません。したがって，援助者の側がこうした基礎的知識を十分に理解し，それぞれの専門性に関連する基礎的な知識を把握しておくことは，援助の実践場面においては，非常に有益だと考えます。

　ただ，近接領域の専門性のすべてを網羅するような研究領域や専門書はなく，それぞれの専門性の概論に関して，大まかにでも把握しておくことが不可欠だと考えます。これまでは本書にあるようないろいろな領域の基礎知識を共有できる場がなく，また基礎教育の段階でも重視されてきませんでした。つまり，専門家同士の間でお互いの専門性の違いを明確に知らないまま，現場に出るなかで互いの知識の違いがわかり，そのうえで調整するということが行われてきました。今後は，多くの対人援助学と呼ばれるような領域の概論を把握してお

くこと，そしてそれぞれの専門的な立場がどのような認識に基づいて活動をしているのか，これを基礎教育とすべきではないかと考えます。

[4] 基礎教育としてのシステムズアプローチ

　システムズアプローチそのものを基礎教育の一部として位置づけることにも意味があると考えます。これまでに扱われてこなかった人同士のトラブルや人間関係の葛藤など，当該の人たちのそれぞれに病理や決定的な逸脱行為がなくても，人同士の間では多様なトラブルや困りことが生じることが当たり前です。しかし，こうした人同士の困りごとを理解するための基礎は何かと言えば，従来からも一部で「コミュニケーションのありかた」と言われることもありました。ただし，これはどのようにすると相手に意図を適切に伝えられるのかや，人の気持ちを逆撫でしないようにするための働きかけ方など，関係そのものを改善するための指標ではありません。

　システムズアプローチでは，コミュニケーションを言語学の語用論的な側面から見直した「コミュニケーション学」ともいうべきものや，「システム論」と呼ばれるような集団の動き方に関するような特性を把握するためのガイドラインや，人集団そのものの集まりの変化するプロセスとしての「サイバネティクス認識論」などが用いられています。これらを「認識論，ものの見方」と呼んでいます（吉川ら，2001；中野ら，2017）。

　これは複雑にかかわっている人間間で生じている出来事など，ある特定の場面で使える物事の見方であり，特殊な認識の仕方として考える必要があると思います。一般的な認識の仕方によって理解したり対処できたりする場合は，単純出来事を認識することで良いと思います。しかし，日常生活の中に善悪の二元論や，すべてを還元主義的に考える議論などで対立している人間関係では，パターン化したコミュニケーション相互作用を変化させるという視点で対応しなければ，援助者でさえもそのパターン化したコミュニケーション相互作用に巻き込まれてしまうことが多いからです。

　システムズアプローチという特殊な認識論に基づくものの見方を活用するのは，パターン化されたコミュニケーション相互作用を把握するという必要がある場合には，顕著に有効です。ただし，日常的にこの認識の仕方を身につける必要はないと思います。これからの対人援助の対象の広がりを考慮した場合，

人間関係間での対立や葛藤，トラブルなどに対応するためには，基礎教育の一部としてシステムズアプローチを位置づけることが今後の大きな課題として提案されても良いと考えます。

2．システムズアプローチの新たな位置づけと可能性

　本書ではここまで「システムズアプローチによる実践の可能性」を示唆しながら，「保健医療」「福祉」「教育」「家族関係」を中心として実践現場の特性を示してきました。ここまでシステムズアプローチの実践を意識した内容としてきたのは，明確なデータ提示がなされることは少ないのですが，現場での活用効果が非常に高いとされているからです。確かに認知行動療法などのような治療データの集積・提示はほとんどされてこなかったという経緯があり，これは今後の大きな課題とされているものだと考えられます。

　しかし，実践的な場面でごく一部の徹底したシステムズアプローチの認識論に基づいて実践している臨床家に対しては，関係ネットワークの中で高い改善効果があるとの評価を受けています。これは，身内晶屓によるものだと考えられるかもしれませんが，実際，本書や関係する著書などの各論者のネットワーク内では，今も継続的にケースの紹介がなされているという事実が，一定の効果があることを示していると考えられます。

　本節では，システムズアプローチそのものに焦点を当て，今後の対人援助の現場での可能性や広がりについて，試論的な部分を含めて示します。そして，システムズアプローチの実践の有効性についての伝播がより広がり，対人援助の世界でのこれまでの常識が次々と変化していくかもしれない可能性について示し，より効果的な臨床的活動の実践者が増えることを期待したいと考えます。

［1］人間間の「関係」を扱う視点の意味と効用

　システムズアプローチの治療や対応場面で扱っているものを，あえて言語化しようとするならば，「コミュニケーションそのものを扱っている」と表現するのが最も適切かもしれません。しかし，実際に面接を受けている場面の当事者の側からすれば，「コミュニケーションを扱われた」と言うより，「関係にかかわることや，意識している話題に触れられた」という表現になると思います。

　当事者からすれば，面接場面で心情風景を語り，その心情の「内容」を伝えているつもりになるのが普通です。しかし，一方の援助者や支援者の側からみれば，まったく別の視点でそれらの提供された話題に検討を加えており，それを表現するなら「単なるコミュニケーションそのもののつながり方を扱っている」というのがシステムアプローチの実態だと思います（吉川，2021, 2019）。

　この「コミュニケーションそのものを扱っている」というような表現に準じた対応をすることが最も有効なのだということを強調するつもりはありませんが，やはり当時者にとって「治療場面での話題をどう受け取られているのか」は気になるものです。そして，当事者の側に立っても，面接場面をどう扱われているのかの理解が進むようにすることも今後は必要になる要素かもしれません。すると，先に述べたように，「関係に関するようなことを扱われている」という印象を与えているという説明が，与えている影響の最もわかりやすい説明になるかもしれません。

　その意味では，システムズアプローチでの対応の実態を簡潔に伝えようとすれば，このテーマにあるような「関係を扱う」という表現を使わざるを得ないと思います。現実に実践場面での当事者に対する援助者の側の話の聞き方からすれば，援助者の頭の中で着目しているのは，「コミュニケーションのつながりそのもの」です。言い訳じみた説明になりますが，断片的には「関係を扱っている」というより，むしろ「コミュニケーションのつながり方を検討している」というのが妥当な表現の仕方だろうと考えます。その「コミュニケーションのつながり方を検討している」と表現すれば，幻想的な捉え方のように思えるかもしれません。しかし，実際に社会的な場面での「パターン化している複数の人間間のコミュニケーション相互作用のつながり」の断片についての話題の中から，象徴的なコミュニケーション相互作用のつながりを表している部分を見つけようとしているのです。

　日常の良好な関係の中にも「パターン化したコミュニケーション相互作用」は存在しているので，「問題がある」＝「パターン化したコミュニケーション相互作用」とは，必ずしも言えません。日常生活を繰り返し行うためには，ある程度日常の中でパターン化したコミュニケーション相互作用を維持できるようにしておかなければ，日常に必要な安定を維持することが難しくなります。つまり，安定的な日常が維持されているなかでは，ある程度のパターン化したコ

ミュニケーション相互作用が，問題を含まないままで成立していると考えられ
ます。こうした特徴的に繰り返されているコミュニケーション相互作用の一部
を取り出し，その特徴を表現するなら，いわゆる「〇〇な関係」として表現さ
れるようなコミュニケーション相互作用が生じていると考えると理解しやすい
かもしれません。

　したがって，援助や支援という文脈において「コミュニケーション相互作用
そのものを扱っている」ということは，そのコミュニケーション相互作用のあ
る部分の断片的なコミュニケーションが，「問題」とされていたり，「苦痛」と
されていたり，「誰かにとって不適切だ」と扱われており，その変化に対して
支援や援助が必要だとされていると考えるべきだと思います。

　このように「コミュニケーションそのものを扱っている」というなかには，
「問題」とか「不適切」とかの用語を使うことによって，ある行動（本来はコ
ミュニケーションそのものですけれど）に，これまでになかった意味が新たに
付与されることがあります。それは，つながっている連続的なコミュニケー
ション相互作用の一部を断片的に区切り，その前後のつながりという因果関係
を構成することで，妥当な説明や意味が付与されれば，「コミュニケーション
そのものを扱っている」という印象ではなく，そこにまるで何らかの新たな
「特性に関する意味を持った言葉」が生み出されているかのように見えたり，
新たに現象を説明しているかのような感覚や，意味が設定されたかのように感
じるなど，ある種の錯覚に陥ることもあります。

　この「特性に関する意味を持った言葉」そのものは，社会的な場面でその言
葉が使われることによって，その言葉の意味により重きを置いて現象を理解す
ることが多くなる傾向が強くなります。いわば，実際に起こっている現象その
ものよりも，定義づけられた言葉から受け取る意味の影響の方が，より象徴的
に機能することもよくあることです。例えば，ある場面のかかわり方として，
言い争いの中で「手を出した」「出さない」とか，「叩いた」「叩いてない」とか，
争っている場面を考えてください。その争いのコミュニケーション相互作用と
いう現象そのものより，あるコミュニケーションを受け取った側が設定した
「手を出した」「叩いた」という「特性に関する意味を持った言葉」を用いるこ
とで，その背景にある「暴力的な行為を働いた」との意味が生じてしまうので
す。言った側も言われた側も，この新たな意味についてのコミュニケーション

に対応することで，「暴力を受けた」というその部分だけが社会的に共有されてしまい，実際の出来事とは異なる事実の理解がなされてしまう危険性さえ生まれてしまうのです。

　これはある種のトリックなのですが，社会的にはそのようには理解されません。なぜなら，多くの人は，「原因と結果」という因果律によって出来事を理解しようとするため，連続して生じているコミュニケーション相互作用の全体を見直すことはほとんどなくなってしまうからです。コミュニケーション相互作用の一部として，「暴力を振るった人」の行為が原因とされ，それに応じた人が「暴力を振るわれた人」として強調されます。いわば，そこで起こっていたコミュニケーション相互作用のある部分だけに付与された意味が，勝手にその人達の関係の全体的特性であるかのように理解されてしまうというトリックが生じてしまうのです。

　援助や相談の場面であっても，援助者は当該の人たちのコミュニケーション相互作用に巻き込まれず，客観的に発言ができるかといえば，非常に困難だろうと思います。また，実際に告げられている「暴力」というコミュニケーションの具体的な行為そのものの変化を目的とすべきである，という縛りを受けることになります。そして，援助の評価として，結果的に「暴力をなくすことができたかどうか」だけが評価されることになります。システムズアプローチであれば，暴力がなくなることを目標にすることもできますが，それはあくまでも暴力という意味がつけられているコミュニケーション相互作用を変化の対象とすることであり，現実の面接場面で相互がわかりやすくなるために「暴力がなくなること」という言葉を使っているだけなのです。この微妙な違いがシステムズアプローチを理解することを難しくしている要因の一つになっていると考えます。

［2］責任主体の消失

　加えて，システムズアプローチの視点から物事を見ることが基本になった場合，日常的な言葉を介した普通のコミュニケーションの世界から離れ，ここまで述べてきた特殊なコミュニケーション相互作用を意識する立場に立つことになります。この立場から物事を見ていく場合，非日常的な視点からの現実の解釈となるため，物事の善悪を決定づけることができなくなります。

　例えば，いろいろなトラブルが生じている場面を想定してください。一般的には，「誰が加害者で，だれが被害者だ」という視点でトラブルを解消しようとする傾向があります。これは，トラブルを引き起こした決定的な存在を想定し，そのトラブルに関与している当事者のいずれかの行為やコミュニケーションについてその良し悪しで判断するというものです。社会的な責任性という視点を重視するならば，いわば裁判のような是非を問うことを目的とするならば，こうした二元論は，有効かもしれません。日常的な視点であっても，「悪い奴がいるから，問題起こって，結果的に誰かが苦しむのだ」というストーリーはわかりやすく，物事を単純化して整理してしまおうとする傾向が非常に強くなると思います。

　しかし，目的が「同様のトラブルが起こらなくなること」とするならば，まず第三者的立場でしなければならないのは，実際に起こっている出来事を観察対象として考えることです。出来事の説明のために使われている言葉の持つ意味を扱わず，実際に起こっている出来事そのものだけを客観的に把握しようとすれば，そこには加害者や被害者という因果論的な筋立ては，幾重にも存在しているのがよくわかるはずです。それは，それぞれの出来事を解釈する立場ごとに，出来事全体の中から都合の良い因果律の部分を取り出し，その因果律の範疇で出来事全体を説明しようとするからです。一方が全体のつながりから切り取った部分は，他方にとっては都合が悪い部分となり，他方はそれとは別の自分に優位な説明が可能な部分を取り出す。この繰り返しがトラブルの原因究明をより困難にしている要因の実体なのです。

　では，こうした立場のいずれにも与しないために，客観的に出来事の全体の把握に努めようとすることが良いと思われます。確かに，この方法が効果的であろうことは意識できますが，実際に第三者的立場から起こっている出来事の全体を客観的に考えること，いわば，臨床的な場面で実際に起こっている出来事そのものを冷徹に「単なるコミュニケーション相互作用だ」として考えられるようになるのは，相当にたいへんなことで，簡単にはできません。それは，人としての感情的な側面を付与したままで話を聞く限り，実際に起こっている出来事に着目しているつもりでも，それぞれが説明したり行ったりしている言葉や行為の意味に引きずられてしまう傾向が強くあるからです。

　それでも第三者的立場の客観的な視点で出来事を観察し，良し悪しを明確に

する二元論的な立場でかかわらないのであれば、決定的な悪者をつくるという
構図にならないというメリットが生まれます。そして、このいずれにも与しな
いという立場を維持できれば、それまでの二元論での争いを繰り返していたや
りとりから、客観的視点からの今後の変化・変容の可能性について検討するこ
とができるようになります。

　しかし、こうした客観的視点に立つことの優位性はあるものの、この立場に
立つならば、必ず留意しておかなければならない禁忌があることも把握してお
く必要があります。それは、人権問題にかかわることです。つまり、対人援助
の現場で最も生じやすい禁忌の一つが暴力です（渋沢, 2010）。人が人に対し
て暴力的にかかわることであっても、客観的視点に立つならば、それは「相手
に対する攻撃的コミュニケーション」として見なし、その影響を推し量ること
が優先します。しかし、暴力にかかわる判断には、より深刻な「人権侵害にか
かわる行為である」という道徳的・法律的・社会的な定義が優先するのです。
臨床的に見るならば、子どもに対する虐待、夫婦間のトラブルに暴力が含まれ
ている場合、高齢者介護の現場での暴力などが顕著な例となります。

　これらの問題については、臨床的援助を行う以前に、暴力を用いたかかわり
自体を禁止・制限した上でないと、援助のためのかかわり自体を中断する必要
があると考えるべきなのです。いわば、人間関係が関与する場面の相談におい
ては、そこにかかわる「人」の人権が守られているという前提でのみ、援助が
成立すると考えるべきなのです。特に第三者的立場の視点に立って出来事の全
体を把握するという客観的視点に立って相談を行おうとするならば、「暴力を
振るう人の行為を肯定する」という立場にも立てる可能性があるという自覚が
必要です。したがって、この視点に立つことそのものが「それぞれの行為の責
任性を問わない」という特殊な立場からの観察であり、そのことを自覚してお
く必要があるのです。そして、「人」の権利にかかわる道徳的・法律的・社会
的な定義を優先させることを留意しつつ、客観的視点に立つことの優位性を活
用することが必要だと考えます。

［3］病理検討の必然性の消失

　臨床心理学や関連する対人援助専門職の基礎講義・訓練では、精神医学の知
識、特に病理診断にかかわる知識が必須なものと考えられてきた経緯がありま

す。確かに社会的場面で生じているとされている多くの相談では，その個人の病理に準じて問題となっているような特異的行動が生じていることも少なくありません。例えば，職場の多忙で混乱しているような相談であっても，不眠や食欲不振，抑うつ気分などが背景にあることも少なくないからです。

　このように持ち込まれる困りごとの相談を考えた場合，クライエント本人の病理性という問題を検討することが第一として求められてきたという経緯があります。これは，問題が発生していることを，個人に内在する病因が反映し，その人の社会生活や社会的なコミュニケーションにその病理が影響しているという考え方から成立しています。したがって，いろいろな問題が起こったときには，まずその問題を生じさせている個人に内在している「病理」を特定することが，優先課題として扱われるという傾向がありました。これは精神医学に基づいた発想の仕方を踏襲しており，因果論的にいうならば「病理が人に波及し，社会的な場に問題を発生させている」という認識がその元にあります。

　しかし，システムズアプローチの認識論では，そうした病理の存在の有無ではなく，人間関係間に起こっているある種の軋轢，もしくは意識のずれが問題とされていたり，人間関係間の葛藤を調整できないことそのものが問題として扱われたり，そこにかかわる人にとっての特定のコミュニケーション相互作用が成立し，特定のパターンを生み出す形を繰り返している，いわばパターン化したコミュニケーション相互作用の繰り返しが問題を作り上げていると見なします。こうした新しい認識の仕方は，単なるコミュニケーションのつながりそのものを変化させれば，有効な問題解決につながるという発想へと展開します。

　ただし，これは合目的的なシステムズアプローチ特有の認識であって，これまでの基礎教育には全く触れられていない考え方になります。重要なことは，どちらが正しいのかという考え方ではなく，システムズアプローチは，現実に生じている問題解決のために，ある種の認識の仕方をすることが有効だという立場の中で考えているため，比較していずれが正しいかどうかということを，今の段階で検討する必要はないだろうと考えます。

　現在の困りごとの相談の中にも，決定的な病理的問題が含まれていない相談も少なくありません。こうした相談に対して，これまでの日本の臨床心理学の主要な考え方では，ロジャースの「自己実現」という考えに準じた対応が主要なものとなっていました。詳しくは述べませんが，その人にとって「現在の自

分の状況」が自分にとってふさわしくない，求めている状況とは大きく異なっていて，とても我慢できる状況ではない，との思いが反映しているのだと考えてきました。この対応においては，病理が扱われることは少なく，クライエントが「求めている自己」が非現実的である場合のみ，病理を考慮する必要があるとされてきました。

　また，対人的なトラブルや葛藤などの困りごとの相談でも，そこにかかわっている人が病理的であるかをスクリーニングするなど，病理との関連についての判断はされますが，多くは病理が深くかかわっていないことが多いのです。こうした相談の現状は非常に脆弱で，二元論的に当事者間の是非を問題として扱ったり，一方の人に「隠れた病理がある」との仮定に準じて対応を検討したり，喧嘩両成敗的にそれぞれの非を相互に謝罪させるなど，これまであまり妥当な対応や学術的に意味がある対応指針が示された経緯はほとんどありません。こうした対象に適切な対応がなされないのは，やはり「病理」に依拠した考え方が多くの対人援助職の現場での認識の元となっていることが反映していると考えます。特に対人的なトラブルや葛藤などの困りごとの相談は，その当事者たちが争っている状況をそのまま相談の場面に持ち込んでくることが多いため，その抑制・鎮静のための対応に終始し，生産的な相談に至ることすら難しいのが実状です。

　システムズアプローチでは，こうした対人的なトラブルや葛藤などの困りごとの相談に対応することが最も有効な手続きになると考えます。先に述べたようにそこにかかわる人の間で生じているコミュニケーション相互作用を客観的にアセスメントし，その一部を変化させることによって変化・変容をもたらすことができると考えるからです。ただ，ここで重要なことは，システムズアプローチでは「病理」をどのように見なし，扱っているのかという問題です。

　現実的には，まだまだ対人援助の現場での精神医学的視点の優勢性は圧倒的なものがあるため，システムズアプローチといえども「病理」を考慮する必要はまだまだあるとされています。現実的にその「病理」の考えに準じて，基本となる合目的的な認識の一部を改変しているわけではありません。いわば，「並行してアセスメントしている」と表現するが妥当だと思います。ただそれは「病理」の変化を目的としたり，「病理」の全体や一部を問題として見なしたり，「病理」を個人に内在した特性として見なしたりするというものではあり

ません。むしろ，精神医療を中心とした関係する多くの対人援助職の専門家にとって，これまでの「病理」を第一選択としてアセスメントするという行為に準じた対応が必須とされている世界で，協働的にかかわるために活用しているものだと考えます。いわば，関係者の中で職能を活用するために「病理」に関する側面のアセスメントを行っているといっても過言ではないかもしれません（Seikla & Arnkil, 2006）。

　将来的には「病理」の中に生じているような問題が本当に存在するか否か，いわば「病理」が事実として存在していたとしても，科学的に「病理」の存在が証明された時でも，対人的なトラブルや葛藤などの困りごとの相談などのように，すべてを病理に還元させるという発想の仕方ではなく，そこの中に起こっている問題そのものを，関係の中に生じているコミュニケーション相互作用の問題として考えるという，別立てでの認識のあり方が体系化されることが望ましいと考えます。これは今後の検討課題であり，現時点でいえるのは決定的に病理を最初の段階で検討すべきであるという，これまでの認識から外れた対応も可能だということです。問題がどのようなコミュニケーション相互作用によって生じているのかというシステムズアプローチの視点を優先し，結果的に「病理」そのものをアセスメントする必要がなくなる可能性があると考えられるのです。

[4] 関係者支援という間接的な臨床相談の可能性

　これまでの多くの「相談」とまとめられるような行為は，基本的に困っている個人が相談を行うという形が前提であり，困っている当事者そのものが相談の場に登場することが前提になっていると思います。ただし，この前提になっている個人が相談の場に登場することの必要性は，その個人に病理が存在し，その病理を改善するために個人が治療の場に登場しなければならないという考えによります。

　公認心理師法（厚労省，2015）が制定されましたが，その定義にこれまでの臨床心理学では取り上げられてこなかった職能が新たに二つ示されました。一つは，「関係者支援」，もう一つは「予防的対応」です。この中の「関係者支援」については，臨床心理学の中ではほとんど扱われてこなかった領域になります。

　クライエントという個人を対象として成立してきた学問体系であり，幼い親

子であっても,「母子並行面接」などという特別な名称での対応がなされてき
たという経緯があります。これは,臨床心理学だけの事実ではありません。医
学も同様に「人の同一性」という絶対的に揺るがない前提に基づいて成立して
きました。その中の精神医学も,医学の一部である限り,同様に「人の同一性」
に準じながら,学問が体系化してきた経緯があります。したがって,この発想
の仕方は,前項で述べたクライエントの「病理」の存在を前提としており,そ
の改善が主要な学問的取り組みとして認められてきたのです。いわば,臨床心
理学にも精神医学にも,こうした関係者支援の具体的なガイドラインはこれま
でに明確にされてことなかったのです。

　システムズアプローチでは,人間関係の中に繰り返されているパターン化し
たコミュニケーション相互作用を問題として設定しています。コミュニケー
ション相互作用にかかわる一部,もしくはコミュニケーション相互作用の全体
を操作すること,またはそのコミュニケーション相互作用が生じている限定的
な環境に変化を与えることができれば,問題とされている人にかかわらない人
だけが相談の場に登場しても,対応できる可能性が生まれます。そして,その
人を介して,直接的にも間接的にも,対象となっている人間関係のコミュニ
ケーション相互作用に働きかけることを目的とするならば,それ自体が新たな
間接的な援助の有効なガイドラインとなる可能性があると考えられます。これ
は,間接的な相談による変化の導入,例えばシステムズ・コンサルテーション
などと同様に,より効果的な結果を生み出すことができる方法です。

　まず,多くの一般的なコンサルテーションは,教育の現場でよく使われてい
るように,教員が生徒にかかわっており,そのケースのかかわり方をより有効
にするためにカウンセラーが教員との間で行う相談を指します。ただし,この
相談の多くは,教員がそのケースで行っている対応の是非・可否・善悪を示唆
するなどの傾向が一般的な対応です。コンサルテーションの中では,教員が子
どもや保護者に適切なかかわり方をすることが求められます。一方,システム
ズ・コンサルテーションでは,生徒やその保護者などの家族の関係に生じてい
る問題を変化させるために,教員が意図している対応が機能的になるように考
慮し,教員の当該のケースへの対応の意欲を向上させることができると考えま
す。システムズ・コンサルテーションでは,生徒の問題を解決するために教員
が機能したと見なされますが,結果的には間接的な相談で,教員がコンサルタ

ントに自分のかかわっているケースについて対応を求め，そこで自分の対応の
仕方そのもの，つまり，教員と本人，もしくはその家族とのかかわり方を変え
ること，教員を含めたコミュニケーション相互作用に自ら働きかけていること
になると考えるのです。ただし，間接的な影響で変化を起こせるのかについて
は，まだまだ充分な知見が示されてはいません。システムズ・コンサルテー
ションによって教員が受けた影響が，どのように波及し，結果的に生徒や家族
の中でのコミュニケーション相互作用に変化を与えたと考えられる可能性を示
唆するものだと思われます。

　しかし，同様にシステムズアプローチの相談の多くは，クライエントといわ
れている本人を含めずに面接している場合が半数を超えていることもあり，そ
れでも通常の相談以上の結果を残しているというデータも一部に見られます。
特に「病理そのものを変化させること」までも視野に入れたデータは，間接的
な相談という形式を持続した中でも一部のデータから有効性が示されています。
ただ，研究デザインのかかえる大きな問題として，これまではクライエントと
呼ばれている本人が，治療効果の評価者となっていました。しかし，間接的な
相談の場合，クライエントを評価者とすべきか，関係者を評価者とすべきかと
いう問題も残っているので，こうしたことが，データが蓄積・公開されない理
由にもなっています。

　また，間接的な変化を導入している場合，結果としての評価には「クライエ
ントの直接的なコミュニケーションの変化」「クライエントへの間接的な働き
かけの効果」，そして「クライエントの生理学的な変化の効果」など，多様な視
点が存在します。このように，間接的な働きかけ特有の多様な問題と評価指標
のなさが問題として残っています。

　しかし，臨床心理学の中でこれまで語られてきた「間接的な働きかけでは変
化は起こらない」というコメントは，まだ一部ではまことしやかに話されるこ
とはあっても，現実的には間接的な相談の可能性が広がっていると考えられま
す。これは従来の個人に限定した相談対象から，より多くの任意集団を対象と
した中での変化を生み出すことも可能だという社会的に新たな職能に関する可
能性を示唆するものだと考えられます。そして，システムズアプローチは，起
こっている人間関係における対立や葛藤，トラブルなどのさまざまな問題だけ
でなく，これまでに対応されてきた多くの個々人の心理的な相談内容にも対処

できる，多様性を持った新たな対人援助職のツールとして，非常に有効なものになると考えます。

[5] これまでとは異なる新たな応用心理学の可能性

　システムズアプローチは，心理学そのものの特性を優先するよりも，人間関係の中に生じているコミュニケーションそのものに着目し，ある意味での非常に狭い視点，いわゆる合目的的立場から，人間関係に生じている関係性そのものを扱うための指標として，繰り返されているコミュニケーション相互作用への着目を提唱しています。そこには，これまでの心理学的な知見の一部を含むものであり，臨床心理学や精神医学の一部の知見も積極的に活用することが含まれていると考えられます。

　しかし，現時点の対人援助活動の中でシステムズアプローチの実践が行われている範囲や領域を考えれば，現在までに非常に多領域で活用され，実践者の総数が増えて，対象となる事例も広がっています。しかし，システムズアプローチに対しては，現時点において社会的に充分な信頼を得ているとは言い難いのが実状です。社会的に知られている範囲であっても，精神科や心療内科のクリニックや個人病院での実践は増え続けてはいても，大学病院の医局や診療科目，対人援助の専門家教育のカリキュラムの中にも，ごくごく一部で取り上げられているだけです。

　現在の精神医学や対人援助の実践の歴史を振り返るならば，10 数年前に「最先端で，最も妥当な方法」は，すでに古くなってしまい，更新され続けています。そこには，より科学的で実践データに基づいた対人援助の方法や立場が取り上げられ，それに従って，社会的実践が広がり，新たな対人援助職にとって必須のスキルとなるという歴史的背景が物語られています。例えば，「精神病理」に対する視点は，時代背景とともに変化し，各国独自の病理的判断基準から，DSM という一定のガイドラインを設定すべき議論となり，WHO によって示された ICD という国際的な疾患基準の中に，精神医学にかかわる疾患も含まれるようになっています。これに準じて，日本の皆保険制度での保険医療領域でも，カルテ記載の前提がドイツ語から英語に変化したり，診断記載が ICD での記載が求められるなど，随分この数年の間でも，変化は生じています。

　別の側面の変化も語られています。精神医学における疾患特性に関する話題

です。例えば，統合失調症の中核群と見なすべき顕著な事例が少なくなり，個々の病理の深刻さよりも多様な病理特性が微妙に併存しているとの話題を耳にすることが多くなっています。そして，1970年代まで「日本の風土病」ともされていた「対人恐怖症」に類する一群の疾患数が激減しています。加えて，1980年代に社会に多く見られた「境界性パーソナリティ障害」の中核群の事例件数が圧倒的に減少したとの報告があります。そして，これらの代わりではないかというように，「ひきこもり」という病理対象とは言い難い行動障害群が圧倒的に増加したとの報告があります（吉川，2012）。

　これらの精神疾患の増減については，社会的変化との相関からの議論が主要となっています。それは，社会的な変化が脳内の器質的・機能的変化にそれほど早く影響するとは考えにくいからです。このことは，「人が社会的な存在である」という前提に基づいており，いわば，日常的な人間関係の中での変化・変容が，社会的変化の最小要因だとすれば，その変化が繰り返されることによって，精神的な問題の特性に影響が生じている可能性があるとの視点を提供していると考えられます。

　ここから導き出されるのは，人間関係におけるコミュニケーションそのものが変わることによって，結果的に病理として認定されてきたことの特性や状態像も変わっていくことを示唆しています。とするならば，仮に脳内の異常な状態が病理としての反応を生み出しているとしても，その反応が生理学的に独立して反応しているのではなく，その人の社会的な存在として日々の中で繰り返されているコミュニケーション相互作用や，定式化しているコミュニケーション相互作用を他者との間で行うための影響と考えられます。疾患としての異常は，その異常を表現するものがコミュニケーションであると考えるならば，新たに病理や疾患特性を再定義することができると考えられます。

　ただ，こうした問題は学術的な仕事であって，市井の臨床家がデータを重ねたからとはいえ，それを追求することは妥当であるかを再度検討しなければなりません。しかし，この可能性を前提とするならば，これまでの一般的な臨床心理学で言われてきた「心理学をベースにした形ででき上がった応用心理学としての臨床心理学」という可能性だけでなく，システムズアプローチが臨床心理学の近接領域での活動ではあるけれども，「これまでの心理学をベースにしない対人援助のための新たな応用心理学」という新たな分野の可能性があると

考えます。

　システムズアプローチの社会実践については，まだまだ未知数で未解決の部分も少なからずありますが，本書において今後の可能性と現時点での限界を含めた現実を提示することによって，これまでにない新たな応用心理学としての可能性を示すことができたと考えます。

文　献

厚生労働省（2015）．公認心理師法
　〈https://www.mhlw.go.jp/web/t_doc?dataId=80ab4905&dataType=0&pageNo=1〉
　（2022年1月30日アクセス）
中野　真也・吉川　悟（2017）．システムズアプローチ入門：人間関係を扱うアプローチのコミュニケーションの読み解き方　ナカニシヤ出版
Seikula, J., & Arnkil, T. E.（2006）. *Dialogical meetings in social networks*. London: Karnac Books.（セイックラ，J.・アーンキル，T. E.　高木　俊介・岡田　愛（訳）（2016）．オープンダイアローグ　評論社）
渋沢　田鶴子（2010）．暴力と家族：アメリカにおける家族臨床の動向　家族療法研究，*27*(3), 258-264.
吉川　悟（2012）．対人恐怖とひきこもり：ひきこもり事例への家族療法的対応の重要性　龍谷大学教育学紀要，*11*, 1-16.
吉川　悟（2019）．家族療法のケースフォーミュレーション　精神療法，増刊第6号，52-59.
吉川　悟（2021）．家族への介入プロセス　熊野　宏昭・下村　晴彦（編）現代の臨床心理学3　臨床心理介入法（pp. 79-96）東京大学出版会
吉川　悟・東　豊（2001）．システムズアプローチによる家族療法のすすめ方　ミネルヴァ書房

編集の終わりに

　編者の立場からの思いと考えを記させていただきたい。

　編者の中野くんとの間で，本書についての企画内容が示されたときに，即座に気になったのは，2009年に出版した拙著『システム論から見た援助組織の協働，組織のメタアセスメント』との類似性であった。ただ，社会にある多様な組織とのつきあい方や援助場面での活用方法などを基本とした，ある意味の専門書であり，あくまでも初学者や多領域におけるシステムズアプローチの実践を基礎としたものがまだ知られていないことに気づいた。いわば，対人援助の多様な場面でのシステムズアプローチの実際は，いろいろな専門書の部分で散見はするものの，それらがどのような場面でどのように実践されているかについて知るための機会がないことにも気づいた。

　それぞれが約10年程度は各領域での実践を積み重ね，システムズアプローチの立場ゆえの困難さを乗り越えつつ，専門領域ごとの留意点や他の援助方法と比べての優位性などもはっきりわかりはじめている人たちに担当していただいた。その上で，一旦ここまでの実践をまとめることを前提として，各自の専門領域への「ある種の招待の文章」から始めてもらい，「そこでの実践のあり方」と「システムズアプローチならではの特徴」を含んだ事例を示していただいたつもりである。そしてその解説についても，できる限り専門用語を用いないでもわかるようにとの工夫をしていただいた。それぞれの担当者ごとの特徴的な記載方法や説明の手続きなどの違いはあるが，概ね同様の「事例を元にした実践の解説」に重きを置いた内容となったものと考えている。改めて各著者に対して，様々な注文に対応していただき，ある意味での一貫性を強要した部分も少なからずあったと思うので，それぞれの伝えたい内容が充分ではないとのご不満もあるかもしれないが，ご容赦いただきたい。

　さて，本書の企画を提案し，基礎的な編集作業に奔走してくれた中野くんは，市井の臨床家から大学の教員として臨床心理学の専門知を伝える立場になった。そこでは，本書で扱っているような多領域の専門性の違いや各領域ごとの留意

すべきことの重要性を，よりいっそう多くの学生に受け止めてもらいたいとの思いが生まれたようである。私が大学教育に身を置くようになった10数年前にも，同じような思いをしていたことが思い起こされる。近接する多領域の違いや共通性，そしてその組織が社会から負っているものの違いによる縛りなど，伝えきれない程の大事な情報があるにもかかわらず，それらを包括的に理解するための基礎となるものが存在していないことに愕然とした記憶がある。机上の学修では身につけるのが困難なものの一つが，近接領域の特性把握とそれぞれの違いや限界設定などである。当時の院生の中には，それを知らないまま現場に出て，その後に気がついたときに呆然とした姿で私の所に来て，そして「どうして大事なことを教えてくれなかったんですか」と喚き散らされることもあった。

　机上の学修に意味がないとは言わないが，臨床実践のために必要なことは，これまでの教科書にはあまり書いていないことが多かった，と今は思っている。その能力が自分に備わっていることに，無自覚なままでいろいろな研修会を実施してきたが，よく言われる台詞が「私はそんな話を聞いたことがなかったが，どこからそんな知識を得たのか」と言われ，当該の専門領域の担当者に尋ねると，「それは私たちの世界では当たり前のことになっています」との回答であった。いわば，横並びに見える対人援助の専門家同士であっても，それぞれがどのような特性を身につけているのかを自覚しているわけではなく，何気なく行っている対応そのものが，その領域に特化したものである可能性が高いのだと気がつかされる結果につながっている。

　加えて，各章を担当した著者の諸先生とのつながりについて述べておきたい。
　彼らの多くは，「心理技術研究所」を主宰していた高橋規子のもとで，何らかの指導を受けていたという共通性があるものがほとんどを占めている。ちょうど10年前に高橋規子は逝去し，その後中野くんが中心となり，その後も研修会が続けられ，それぞれの現場での活躍につながっていると考える。その研修会の講師として10年間かかわり続けてきて，その経緯の中で持ち上がったのが今回の企画であった。それぞれにとって，各現場で実践的に取り組み，その現場ごとの特性を活用した臨床実践につながっているという報告を高橋規子にできたのではないかと考えたい。

　最後に，システムズアプローチという特殊な面だけではなく，特殊な内容の企画を持ち込みながらも，毎回恭しきことばの羅列に目を見張りながらも，「それなりに社会に対して意味があると思える」とのコメントに救われ，企画の修正で出版までお待ちいただいたナカニシヤ出版の宍倉由髙さんに心より感謝申し上げたい。

　本書の最初に中野くんが記したように，より多くの臨床心理学だけではない，対人援助の現場にかかわる多くの初学者にとって，本書との出会いが少しでも意味のあるものとなることを期待したい。

令和4年4月

吉川　悟

索　引

事項索引

242

人名索引

編者紹介

中野　真也（なかの　しんや）
　　　　　現職　国際医療福祉大学赤坂心理・医療福祉マネジメント学部心理学科　講師
　　　　　専攻　臨床心理学／システムズアプローチ／家族療法
　　　　　著作　システムズアプローチ入門：人間関係を扱うアプローチのコミュニケーションの読み解き方
　　　　　　　　（吉川悟と共著　2017 年　ナカニシヤ出版）他

吉川　悟（よしかわ　さとる）
　　　　　現職　龍谷大学文学部　教授
　　　　　専攻　臨床心理学／システムズアプローチ／臨床教育学
　　　　　著作　システムズアプローチ入門：人間関係を扱うアプローチのコミュニケーションの読み解き方
　　　　　　　　（中野真也と共著　2017 年　ナカニシヤ出版）
　　　　　　　　セラピーをスムーズにする：ブリーフセラピー入門（2004 年　金剛出版）
　　　　　　　　家族療法：システムズアプローチの〈ものの見方〉（1993 年　ミネルヴァ書房）他

執筆者紹介（執筆順）

中野　真也　国際医療福祉大学赤坂心理・医療福祉マネジメント学部心理学科　講師
　　　　　　　［I - 第 1 章，II - V 導入，II - 第 2 章，V - 第 1 章］
辻本　聡　　国際医療福祉大学成田病院　臨床講師［I - 第 2 章，II - 第 3 章］
浅野　久木　刈谷病院　精神科医師［II - 第 1 章］
鳥山　晃平　飛騨市こどものこころクリニック　臨床心理士［II - 第 4 章］
岩田　尚大　広島大学病院　臨床心理士［II - 第 5 章］
吉川　悟　　龍谷大学文学部　教授［II - V まとめ，VI］
屋内　安志　県庁児童福祉主管課　福祉職［III - 第 1 章］
髙林　学　　徳島県中央こども女性相談センター　児童福祉司［III - 第 2 章］
遠藤　朋子　徳島県中央こども女性相談センター　児童心理司［III - 第 3 章］
寺﨑　伸一　SOMPO ケア株式会社　介護支援専門員［III - 第 4 章］
大平　厚　　カウンセリングルーム IRIS 代表［IV - 第 1 章，V - 第 2 章］
川口友美子　東京都教育相談センター　心理職［IV - 第 2 章］

家族・関係者支援の実践
システムズアプローチによるさまざまな現場の実践ポイント

2022 年 10 月 10 日　初版第 1 刷発行　　定価はカヴァーに
　　　　　　　　　　　　　　　　　　　　表示してあります

　　　　　　　編　者　中野真也
　　　　　　　　　　　吉川　悟
　　　　　　　発行者　中西　良
　　　　　　　発行所　株式会社ナカニシヤ出版
　　　　　　　〒606-8161　京都市左京区一乗寺木ノ本町 15 番地
　　　　　　　　　　　　　　　Telephone　075-723-0111
　　　　　　　　　　　　　　　Facsimile　075-723-0095
　　　　　　　　　　　　Website　http://www.nakanishiya.co.jp/
　　　　　　　　　　　　Email　iihon-ippai@nakanishiya.co.jp
　　　　　　　　　　　　　　　郵便振替　01030-0-13128

装幀＝白沢　正／印刷・製本＝創栄図書印刷株式会社
Copyright © 2022 by Shinya NAKANO and Satoru YOSHIKAWA
Printed in Japan
ISBN978-4-7795-1669-6 C3011